재능이 뛰어난 사람을 조기에 발굴하여
능력과 소질에 맞는 교육을 실시함으로써
개인의 타고난 잠재력을 계발하고 개인의 자아실현을 도모하며
국가와 사회의 발전에 이바지하게 함을 목적으로 한다.

영재교육 진흥법 제1조(목적)

자신의 능력과 소질에 맞는 책을 만나, 개인의 타고난 잠재력을 계발하고 개인의
자아실현을 도모하며 국가와 사회의 발전에 이바지하는 성장이 이루어지기를
도서출판 세화가 응원합니다.

생소한 물리수업

호기심을 실력으로 바꾸는
브리지 영재 학습

생소한 물리수업

신학수 · 남철주 지음

도서출판
세화

프롤로그

◦ chat GPT로 세상이 떠들썩합니다.

　인공지능이 사람의 지적 능력을 대체할 가능성을 보여주기 때문이지요. 상상만 했던 일들이 현실이 되는 것을 보면 과학기술의 발전이 정말 놀랍다는 생각이 듭니다. 그런데 돌이켜보면 인류의 역사에 이런 놀라운 경험은 늘 있어 왔습니다. 코페르니쿠스의 태양중심설, 뉴턴의 고전역학, 상대성이론과 양자역학을 기반으로 한 현대물리학 등 새로운 학문이 등장할 때마다 인류는 장밋빛 미래상을 기대했었지요. 그러고 보면 지금 우리가 경험하고 있는 인공지능 기술은 새로운 시대를 여는 서막에 불과한 것일지도 모릅니다. 머지않은 장래에 인공지능을 포함한 정보기술뿐만 아니라 생명과학의 획기적인 발전을 기반으로 한 새로운 과학기술이 등장하게 될 것이기 때문이지요.

　앞으로는 정보와 생명과학이 융합된 새로운 과학기술 시대가 시작될 것이고, 웬만한 문제는 인공지능이 해결하게 될 것입니다. 이렇듯 새로운 과학기술은 예측 불가한데다가, 인간의 정체성에 대한 의문도 담고 있어서 간혹 희망보다는 불안이 더 크게 보이기도 합니다.

이런 시대를 살아가야 할 사람이 갖추어야 할 능력은 무엇일까요? 적어도 문제 해결 방법을 스스로 설계할 수 있는 역량은 갖추어야 하지 않을까요? 이러한 역량을 갖추고, 나아가 시대를 이끌어 가는 인재로 성장하려면 어떻게 해야 할까요?

기본으로 돌아가야 합니다. 현대 과학기술의 겉모습에 취하지 말고 과학의 본질을 파고들어야 합니다. 특별히 물리학은 이러한 현대 과학기술의 본질을 이루고 있기에 더욱 관심을 가져야 할 학문입니다.

*호기심을 실력으로 바꾸는 브리지 영재 학습, 생소한 물리수업*은 과학에 흥미를 갖고 있는 초등학교 고학년 이상의 학생을 대상으로 집필되었습니다. 물리학을 포함한 과학에 많은 관심을 가지고 있던 초등학생이 중학생, 고등학생이 되며 과학을 어렵고 지겨운 과목으로만 생각하게 되는 안타까운 현실을 되돌리고 싶었습니다. 그래서 꼭 필요한 내용을 쉽고 재미있게 전달하기 위해 노력하였고, 책을 읽고 나면 자연스럽게 물리학의 큰 그림이 그려질 수 있도록 구성하였습니다.

이 책이 초등과학을 뛰어넘어 더 깊은 과학으로 가는 가교가 되고, 물리학의 기초를 제대로 공부하려는 학생에게 하나의 길잡이가 되어주길. 그래서 이 책을 읽은 학생들이 훌륭한 과학 인재로 성장하는데 작은 도움이 되길 희망합니다.

저자 일동

차례

프롤로그　004
이 책을 활용하는 법　010
등장인물 소개　012

PART 1
온도와 열현상 교실

6,000도의 열을 견디는 온도계를 찾습니다　014

개념문제 044 ｜ 응용문제 048 ｜ 영재문제 050

PART 2
열역학 제1법칙 교실

열역학을 알면 밥맛도 좋아진다　054

개념문제 088 ｜ 응용문제 092 ｜ 영재문제 096

PART 3 열역학 제2법칙과 엔트로피 교실
우리는 날마다 엔트로피를 낮추며 살아간다 098

개념문제 120 | 응용문제 122 | 영재문제 124

PART 4 유체 교실
물에 잘 뜨는 건 실력이 아니라 과학이다 126

개념문제 152 | 응용문제 156 | 영재문제 160

PART 5 전기 교실
우리 사이가 유난히 짜릿한 이유 162

개념문제 188 | 응용문제 190 | 영재문제 192

 **PART 6** 전기장과 축전기 교실

엘리베이터 안에서 휴대폰이 끊기는 이유 194

개념문제 224 | 응용문제 228 | 영재문제 232

 **PART 7** 옴의 법칙 교실

고압 전선에 앉아있는 참새가 안전한 이유 236

개념문제 270 | 응용문제 274 | 영재문제 278

 **PART 8** 반도체 교실

소리없이 세상을 움직이는 것은? 280

개념문제 302 | 응용문제 306 | 영재문제 308

 **PART 9** 자기장과 자성 교실

자석과 플라나리아의 닮은 점 찾기 310

개념문제 332 | 응용문제 334 | 영재문제 336

PART 10　전류에 의한 자기장 교실

나의 양손에 담긴 과학의 비밀 338

개념문제 **358** | 응용문제 **360** | 영재문제 **362**

PART 11　전자기유도 교실

과학자가 존경하는 과학자는 누구일까? 364

개념문제 **388** | 응용문제 **392** | 영재문제 **394**

PART 12　전자기파 교실

세상은 보이지 않는 선으로 연결되어 있다 396

개념문제 **414** | 응용문제 **416** | 영재문제 **418**

정답 및 풀이 **421**

이 책을 활용하는 법

생소한 물리수업②는 실제 세계를 설명하는 물리학인 열역학과 전자기학에 관한 기본 개념의 학습, 적용, 응용을 할 수 있도록 구성되었습니다. 독자들의 어려움을 줄이기 위해 과학 및 물리학 교육과정을 바탕으로 하였고, 물리학의 본질을 설명하는데 불가피한 경우가 아니면 어려운 수식은 피하려고 노력하였습니다.

1단계 일단 재미있게 읽는다.

① 주제

② 선생님과 학생들의 대화를 통해 이번에 배우게 될 내용이 무엇인지 알아본다.

③ 선생님의 깊이있는 설명이 필요한 부분은 본문에서 자세하게 나온다.

2단계 멈추고 반복한다.

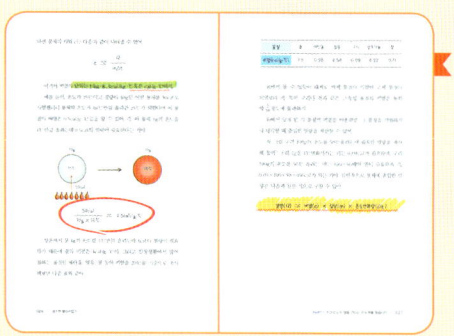

중간중간 어려운 내용이 나오면 읽기 진도가 나가는 것을 잠시 멈추고, 어려운 부분을 반복해서 읽으며 이해한다.

3단계 스스로 확인한다.

❶ 본문을 통해 내가 알게 된 내용이 무엇인지, 이 내용에서 나올 수 있는 문제는 어떤 것들이 있는지 알아본다.

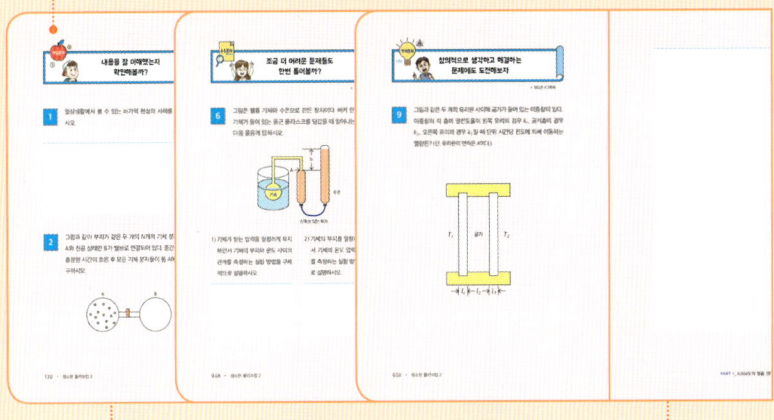

❷ 난이도별로 구성된 개념-응용-영재문제를 풀어보고 나의 실력이 어느 정도인지 가늠해본다.

4단계 궁금증이 해소될 때까지 파고든다.

더 깊이 있는 내용을 알고 싶다면
blog.naver.com/nam24111로 Go, Go~
남쌤의 친절한 답변을 들을 수 있다.

등장인물 소개

신쌤

물리는 정확한 개념을
오류없이 배워야 한다고
늘 강조하시는 선생님

남쌤

어려운 물리를 쉽고, 재미있게
가르칠 수 있는 방법을
늘 고민하시는 선생님

장빛나

나이: 12세
취미: 책읽기, 군것질, 주말의 뒹굴이
어렸을 때는 쌀, 설탕, 밀가루를 요리재료가 아닌 실험재료로 알았을 정도로 실험을 좋아했다. 이름 때문인지 재미있는 걸 배울 때는 머리에서 빛이 난다.

용수철

나이: 12세

취미: 옷무덤 만들기,
         SNS 과학채널 구독하기

파키케팔로사우루스, 드로미케이오미무스…
잘 돌아가지도 않는 혀로 끊임없이 공룡이름을
외우고 외우며 유아기를 보냈다.
세상 모든 것이 궁금한 호기심 덩어리, 모르는
걸 알 때까지 공부하는 집요함이 있다.

나영특

나이: 13세

취미: 새로 나온 과학책 찾기,
         금요일 밤늦게까지 게임하기

17개월 때 자동차 플랩북을 본 이후 모든 돌아가
는 것들을 사랑하게 된 바퀴홀릭 영아기를 보냈다.
기가막히게 설명을 잘하는 타고난 이야기꾼, 잘났
지만 잘난척을 안해서 친구들이 좋아한다.

내꺼로
40도까지 잰 적은
있는데…

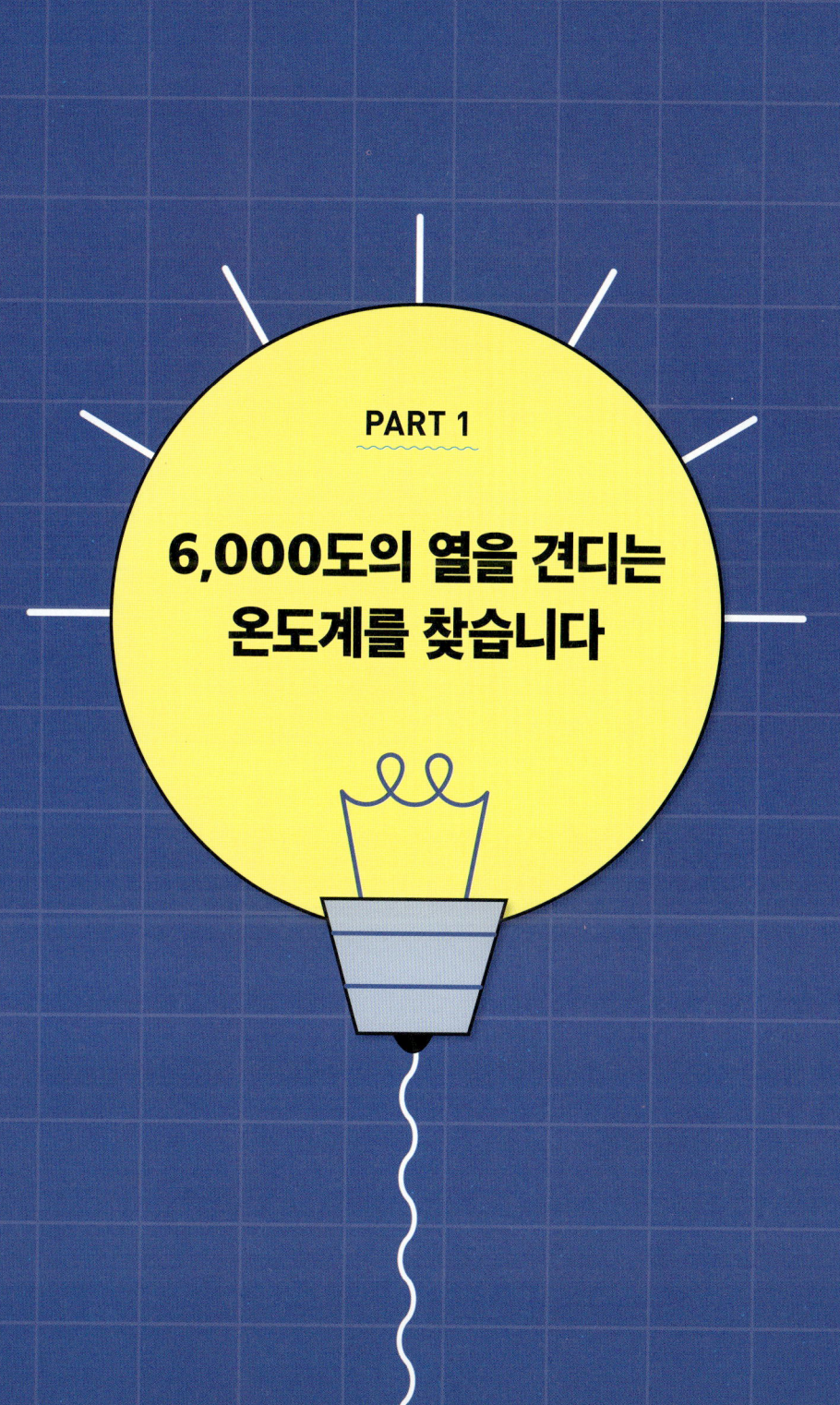

온도와 열현상 교실

열의 정체를
온도로 밝히다

Covid-19로 인해 전 세계가 떠들썩할 때는 체온을 재는 것이 일상이었지. 하지만 사람이 많은 곳에서 일일이 체온을 측정하는 것은 매우 번거롭고 어려운 일이었어. 이때 비접촉식 적외선 온도계가 이런 어려움을 줄여주었지. 지금도 공항 검색대 등을 통과할 때는 이 비접촉식 적외선 온도계가 많이 이용되고 있어. 입국자의 체온을 측정하여 Covid-19는 물론 여러 가지 감염 가능성을 검사하고 있지.

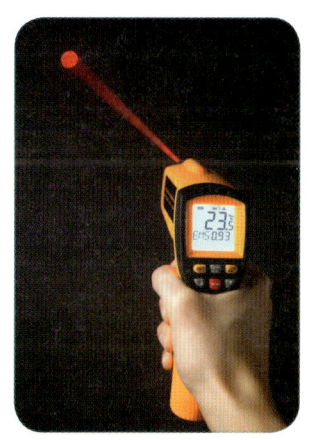

적외선 온도계

적외선 온도계는 물체가 방출하는 적외선의 파장과 세기를 센서로 측정하여 온도를 알아내는 장치인데, 물체에 접촉시키지 않고도 온도를 측정할 수 있어서 매우 편리해.

온도란 물체의 차고 뜨거운 정도를 수치로 나타낸 양이야. 온도가 높으면 물체가 뜨겁고, 온도가 낮으면 물체가 차갑지. 그런데 온도와 열이란 말이 같이 붙어 있는 경우가 많아서 서로 혼동을 일으키기도 해. 그러니까 먼저 온도와 열이 어떤 관계인지 정확하게 정리해보자.

비커에 10℃의 물 500g이 있다고 생각해봐. 이 물을 알코올램프로 가열하면 물의 온도가 올라가고, 얼음과 접촉시켜 냉각하면 물의 온도가 내려가지. 이때 물이 흡수하거나 방출한 열은 물의 온도를 변화시킨다고 볼 수 있어. 즉, 열은 물체의 온도 변화의 원인이라고 할 수 있지. 그런데 열을 온도라는 수치의 변화만으로 설명하기에는 부족한 면이 너무 많아.

본질적인 측면에서 열은 도대체 뭐지? 열과 에너지는 어떻게 다른 걸까?

이런 질문들을 해결하기 위해서는 우선 열과 에너지의 관계에 관한 탐구의 역사를 더듬어보아야 해.

18세기에 조지프 블랙이라는 과학자는 열을 무게가 없는 일종의 액체라고 생각했어. 그래서 이 액체가 물질 내부로 들어가면 데워지고, 물질로부터 빠져나가면 차가워지는 것이라고 했지. 그리고 열의 기본 단위는 물 1파운드의 온도를 1℉ 올리는 데 필요한 열량이라고

도 정의했어.(훗날 국제표준 단위계를 도입하여 물 1kg을 1℃올리는데 필요한 열량으로 재정의 함) 18세기 화학 혁명의 주역인 라부아지에까지도 이 액체를 열을 지닌 원소, 즉 열소(caloric)라고 불렀지.(111쪽, PART 3_열에 관한 카르노와 줄의 관점 참고)

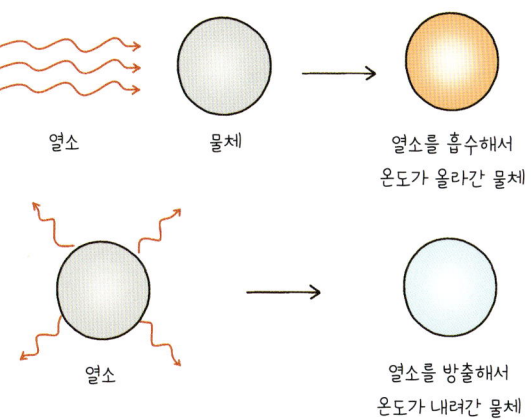

그로부터 거의 한 세기가 지나서야 열은 액체와 같은 물질이 아니라 운동과 관련된 일의 한 형태라는 것이 영국의 물리학자인 줄에 의해서 밝혀졌어. 줄은 역학적인 일 W와 열량 Q사이에 다음과 같은 비례 관계가 성립한다는 것을 알아냈어.(057쪽, PART 2_열은 에너지일까, 아닐까 참고)

$$W = JQ$$

비례상수 $J = 4.2 \times 10^3$ J/kcal이고 열의 일당량이라고 하는데, 1kcal의 열량은 4.2kJ의 역학적 에너지와 같다는 의미야.

적외선 온도계의 원리

감기에 걸리면 대부분의 경우 열이 나지? 엄마들은 아이 몸에 열이 어느 정도인지 정확히 알기 위해 체온계를 사용해. 겨드랑이 밑 중앙의 움푹 들어간 곳에 체온계를 넣고 잠시 후에 체온을 확인해보거나, 혀의 뒤쪽 끝에 체온계를 대고 입을 다물고 있다가 체온을 확인하기도 하지. 요즈음에는 주로 귀로 체온을 측정하는 것 같아. 귀에 체온계를 넣고 체온계에서 삐~하는 소리가 날 때까지 기다렸다가 빼면 간단하게 체온을 알 수 있지.

이와 같이 온도를 재 보면, 열이 있는지 없는지를 확인할 수 있어.

일상생활에서 주로 사용하는 온도는 섭씨온도와 화씨온도이고, 과학에서는 주로 절대온도를 사용하지. 섭씨온도와 화씨온도는 근본적으로 물의 어는점과 끓는점을 이용한 거야.

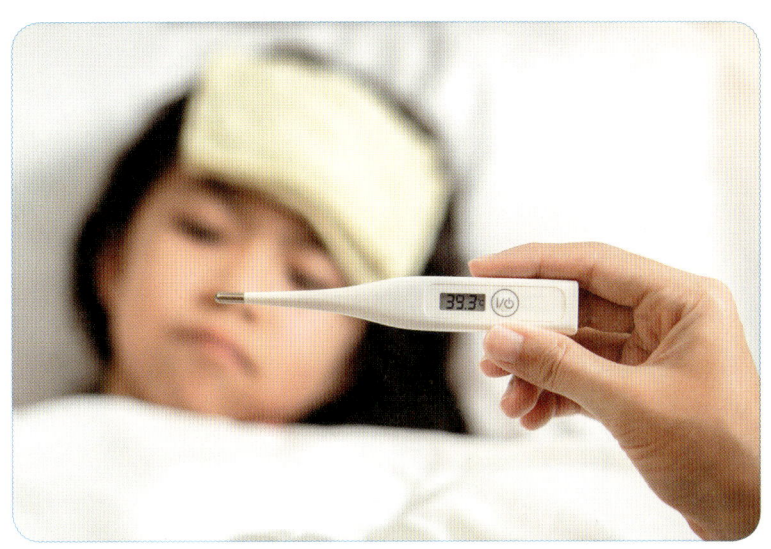

독일의 과학자인 파렌하이트(Fahrenheit)는 물과 얼음이 섞여 있는 상태의 온도(어는점)와 물이 끓는 온도(끓는점)를 온도의 기준점으로 잡은 다음, 그 사이를 180등분 했고 자신의 이름 앞글자를 단위로 써서 한 개의 눈금을 1°F라고 했어. 즉, 물의 어는점을 32°F로, 물의 끓는점을 212°F로 정한 이 온도를 화씨온도라고 해.

그 후 셀시우스(Celsius)는 물의 어는점과 끓는점 사이를 100등분 해서 한 개의 눈금을 1℃라고 했지. 물의 어는점을 0℃로, 물의 끓는점을 100℃로 정한 이 온도를 섭씨온도라고 해.

이러한 섭씨온도(t)와 화씨온도(F)의 관계에 대해 선생님이 그림과 식으로 좀 더 자세하게 정리를 해 줄게. 잘 읽어봐.

절대온도는 이상 기체의 온도와 부피의 관계인 샤를의 법칙으로

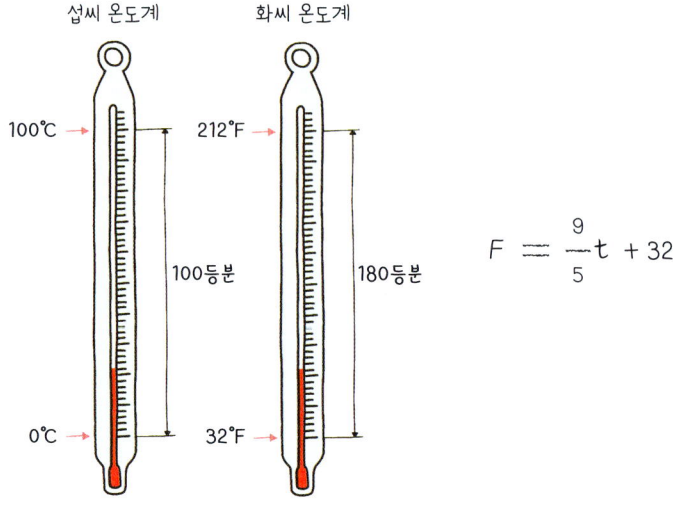

부터 비롯되었지. 샤를의 법칙에 따르면 이상 기체의 부피는 온도가 1℃ 올라갈 때마다 0℃때 부피의 $\frac{1}{273}$씩 증가한다는 거야. 따라서 섭씨 영하 273℃에서는 이상 기체의 부피가 0이 되는데, 과학자들은 이 온도보다 더 낮은 온도는 정의되지 않기 때문에 이 온도를 절대적인 온도인 0℃로 정하면 편리하다는 것을 알게 되었어. 즉, 절대온도(T)는 섭씨온도(t)에다가 273을 더한 온도가 되는 거야.

$$T = t + 273$$

섭씨온도와 같은 눈금 간격을 사용하기 때문에 얼음의 녹는점은 절대온도로 273K, 물의 끓는점은 373K가 되겠지. 이 절대온도의 단위는 켈빈(K)을 사용해. 열역학 발전에 큰 공헌을 한 켈빈을 기념해서 정했다고 해.

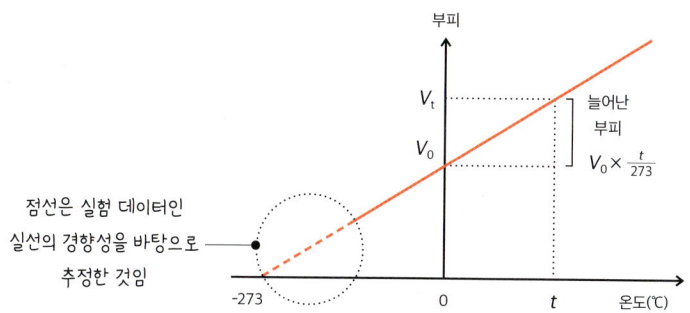

물체의 온도는 물질 분자의 운동에너지와 관련이 있어. 뜨거운 물체의 표면에 손을 댔을 때 뜨거움을 느끼는 것은 물체 표면의 분자에서 손가락에 있는 분자로 운동에너지가 전달되기 때문이지.

물체의 온도를 측정하는 것은 물질 분자들이 갖고 있는 운동에너지의 전체 양을 측정하는 것은 아니야. 끓는 물 2L의 전체 분자 운동에너지는 1L의 분자 운동에너지의 두 배이지만 두 경우 모두 온도는 100℃로 같은데, 그것은 분자의 평균 운동에너지가 같기 때문이지. 열적 접촉을 하고 있던 물체들이 같은 온도에 도달하면 더 이상 열이 이동하지 않게 되는데, 이러한 상태를 열평형 상태라고 해.(108쪽, PART 3_열의 이동이 비가역적인 이유 참고)

다음에 나오는 그림은 차가운 물이 담긴 큰 비커에 뜨거운 물이 담긴 작은 비커를 넣고 두 비커의 온도 변화를 나타낸 거야. 뜨거운 물의 온도는 점점 낮아지고, 차가운 물의 온도는 점점 올라가서 시간이 한참 지난 후에 두 비커 속 물의 온도가 같아진 것을 볼 수 있어. 즉, 열평형 상태에 도달한 거지. 에너지 이동이라는 관점에서 보면 물 분자의 운동에너지가 뜨거운 물에서 차가운 물로 이동한 거야.

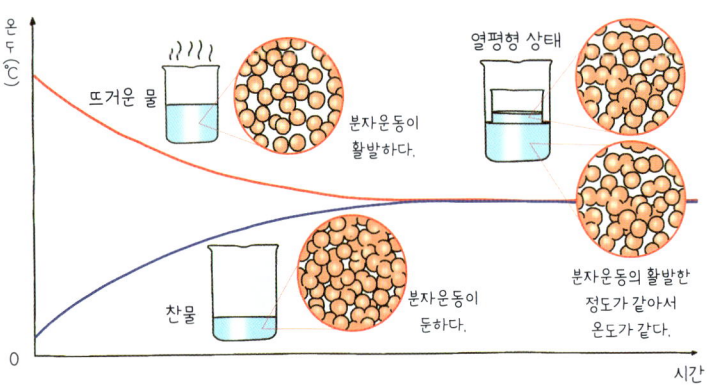

온도계의 눈금을 읽을 때도 우리는 온도를 측정하려고 하는 물체와 온도계가 서로 열평형 상태에 도달할 때까지 기다려야 해. 온도계가 어떤 물체와 열적 접촉을 하면 온도가 같아질 때까지 두 물체 사이에 열이 이동하게 되는데 열의 이동이 끝난 후 두 물체의 온도가 같아지면 정확한 온도를 알 수 있게 되는 거야.

이제 잘 알겠지? 우리가 체온을 잴 때 왜 체온계에서 삐~하는 소리가 날 때까지 귀에 꽂고 있어야 하는지 말이야.

뜨거워지는 것에도 순서가 있다

물체를 가열할 때 물체의 온도가 올라가는 이유는 물체를 이루는 분자들의 운동에너지가 증가하기 때문이지. 그런데 같은 양의 열로 가열한다고 해도 결과는 다르게 나타날 수 있어. 물은 온도가 천천히 올라가는 데 반해 알루미늄과 같은 금속은 온도가 빠르게 올라가거든. 물과 식용유를 같은 양의 열로 가열하면 물보다는 식용유의 온도가 훨씬 빠르게 올라가지.

이와 같이 물체를 가열하거나 냉각할 때 온도가 얼마나 크게 변하는지 나타내는 양을 그 물질의 열적인 특성인 비열로 정의할 수 있어. 비열은 질량이 1kg인 물체의 온도를 1℃만큼 변화시키는데 출입한 열량이야.

질량이 m인 물체에 Q만큼의 열을 가해서 온도가 Δt만큼 변했다면 물체의 비열 c는 다음과 같이 나타낼 수 있어.

$$c \equiv \frac{Q}{m\Delta t}$$

여기서 비열의 단위는 J/kg·K, kcal/kg·℃ 혹은 cal/g·℃이지.

예를 들어, 온도가 15℃이고 질량이 10g인 어떤 물체를 50cal로 가열했더니 물체의 온도가 10℃만큼 올라간 25℃가 되었다면 이 물질의 비열은 0.5cal/g·℃임을 알 수 있어. 즉, 이 물체 1g의 온도를 1℃만큼 올리는데 0.5cal의 열량이 필요하다는 거야.

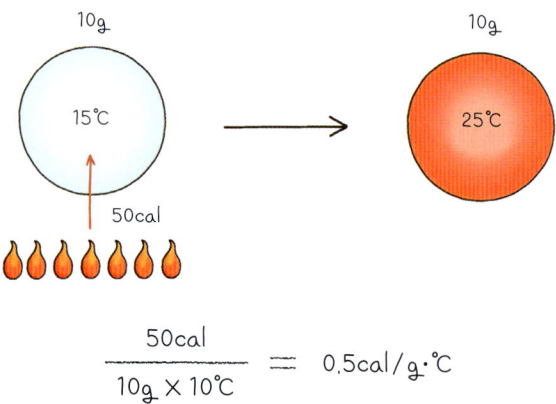

상온에서 물 1g의 온도를 1℃만큼 올리는데 1cal의 열량이 필요하기 때문에 물의 비열은 1cal/g·℃야. 그리고 일상생활에서 많이 접하는 물질인 에탄올, 얼음, 철 등의 비열을 20℃를 기준으로 조사해보면 다음 표와 같아.

물질	물	에탄올	얼음	구리	알루미늄	철
비열(cal/g·℃)	1.0	0.58	0.50	0.09	0.22	0.11

표에서 볼 수 있듯이 대체로 액체 물질의 비열이 고체 물질의 비열보다 커. 특히 구리나 철과 같은 금속성 물질의 비열은 물의 약 $\frac{1}{10}$ 정도에 불과하지.

위에서 알게 된 각 물질의 비열을 이용하면, 그 물질을 가열하거나 냉각할 때 출입한 열량을 계산할 수 있어.

자, 그럼 구리 100g의 온도를 50℃ 올리는데 필요한 열량을 계산해 볼까? 구리 1g을 1℃ 변화시키는 데는 0.09cal가 필요한데, 구리 100g의 온도를 50℃ 올리는 데는 100×50배의 열이 필요하지. 즉, 0.09×100×50 = 450cal가 되는 거야. 일반적으로 물체에 출입한 열량은 다음과 같은 식으로 구할 수 있어.

$$열량(Q) = 비열(c) \times 질량(m) \times 온도변화량(\Delta t)$$

열팽창과 선팽창

다리나 고가도로의 상판에는 아래와 같은 이음새가 설치되어 있어. 왜 이런 부품이 필요한 걸까?

콘크리트로 만들어진 다리 상판이나 고속도로가 이음새 없이 하나의 덩어리로 되어 있다면, 여름과 겨울의 온도 차이 때문에 생긴 팽

창과 수축으로 얼마 지나지 않아 균열이 생기게 돼. 그렇기 때문에 열팽창은 건축 구조물이나 장치를 만들 때 심각하게 고려해야 하는 사항 중에 하나야. 이와 같은 이유로 치아 치료에 사용하는 물질은 치아와 열팽창률이 같아야 하고, 콘크리트로 건물을 지을 때는 콘크리트와 열팽창률이 같은 철골을 사용해야 해. 전봇대 사이의 전깃줄을 느슨하게 매는 것도 열팽창을 고려한 거야. 자동차 엔진에서 알루미늄으로 만든 피스톤의 지름은 철로 만든 실린더의 지름보다 약간 작아야 하는데 그 이유도 알루미늄의 열팽창이 철보다 크기 때문이야.

열팽창이 우리 생활에서 얼마나 중요한 것인지 실감이 나지? 그런데 열팽창을 제대로 이해하려면 우선 선팽창부터 알아보아야 해.

온도가 t_0일 때 길이가 l_0인 막대를 가열하여 막대의 온도가 Δt 증가한 $t_0 + \Delta t$가 되어, 막대의 길이가 Δl 만큼 늘어났다고 해보자.

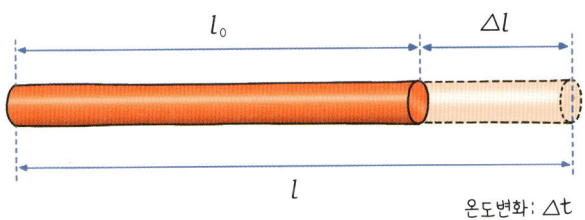

이 막대의 선팽창률(α)은 다음 관계식으로 정의돼.

$$\frac{\Delta l}{l_0} \equiv \alpha \Delta t \quad \Rightarrow \quad \alpha \equiv \frac{\Delta l / l_0}{\Delta t}$$

이때 열팽창률은 1℃가 변할 때마다 원래 길이에 대해 늘어난 길이의 비율이 얼마인가를 나타내는 양이므로, 막대의 온도가 $t_0 + \Delta t$ 일 때 막대의 길이는

$$l = l_0 + \Delta l = l_0(1 + \alpha \Delta t)$$

가 되지. 이와 같은 선팽창 원리를 응용하면 면적이나 부피 팽창도 알 수 있어. 온도가 t_0일 때 부피가 V_0인 물체를 가열하여 온도가 Δt 증가했을 때 부피를 V라고 하면 부피팽창률 β는 선팽창률과 유사하게 다음과 같이 정의할 수 있어.

$$\beta \equiv \frac{\Delta V / V_0}{\Delta t}$$

한 모서리의 길이가 l_0인 정육면체를 가열하여 온도가 Δt만큼 변했을 때 모서리의 길이가 l이 되었다면 $\Delta V = V - V_0 = l^3 - l_0^3$이고, $l = l_0(1 + \alpha \Delta t)$를 대입하여 계산하면 $\beta \cong 3\alpha$ 임을 유도할 수 있어. 이것은 물질들의 선팽창률을 알면 부피팽창률을 알 수 있다는 거지.

선생님이 일상생활에서 사용하는 물질들의 선팽창률을 표로 정리해봤으니 한번 살펴봐.

물질	유리	콘크리트	철	구리	황동	알루미늄
선팽창률(α) $\times 10^{-6}$/℃	9.4	12	12	16	19	23

자, 선팽창에 대해서 알아보았으니 이제 열팽창을 조금 더 쉽게 설명해 볼까? 열팽창을 이용하는 대표적인 사례로는 바이메탈을 들 수 있어. 커피포트, 다리미, 전기난로, 전기장판, 냉장고, 에어컨 등 온도 조절이 필요한 전기 장치 내부에는 바이메탈 소자가 들어 있지. 바이메탈은 철과 황동처럼 열팽창률이 다른 두 종류의 금속을 가늘고 긴 띠 모양으로 접합시켜 놓은 것이야. 가열되면 한쪽 금속이 다른 쪽보다 길어져서 바이메탈이 휘어지게 되고, 이러한 성질이 스위치 역할을 하게 되는 거지. 다리미에서 바이메탈이 어떻게 자동으로 스위치 역할을 하는지 아래 그림을 보고 확인해봐.

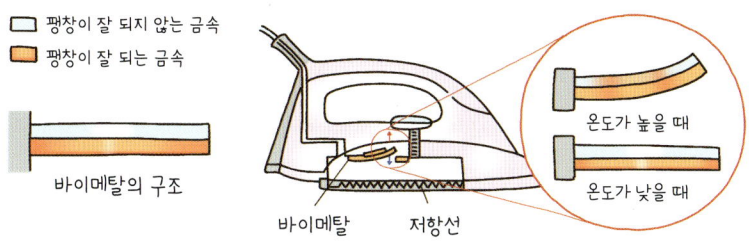

대부분의 물질은 가열하면 부피가 팽창하는데, 물은 0℃와 4℃ 사이에서 그 반대 현상을 보여. 얼음의 녹는점인 0℃의 물은 온도가 상승함에 따라 부피가 줄어드는데, 이것은 다른 물질에서는 볼 수 없는 현상이야. 다음에 나오는 그래프는 물의 온도에 따른 부피 변화를 보여주고 있어. 0℃의 물을 가열하여 온도가 올라감에 따라 4℃까지는 부피가 줄어들고, 4℃부터 끓는점인 100℃까지는 부피가

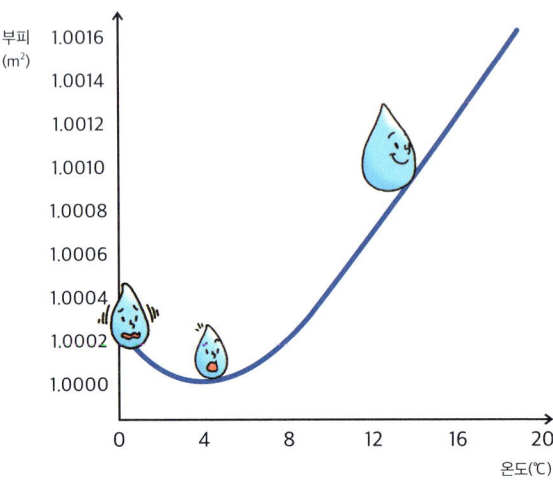

늘어남을 볼 수 있지.

　순수한 물은 4℃에서 부피가 최소(밀도는 최대)가 되고, 고체 상태인 얼음일 때 부피가 최대(밀도는 최소)가 돼. 만일, 다른 물질과 같이 물의 밀도가 0℃에서 최대가 된다고 가정하면, 물의 온도가 낮을수록 아래로 내려가서 겨울철에 연못의 물은 바닥부터 얼기 시작할 거야. 그렇게 되면 연못에 사는 대부분의 생물은 겨울철에 살아남기 어렵겠지. 하지만 다행스럽게도, 이런 일은 일어나지 않아. 연못 바닥에는 밀도가 큰 4℃ 물이 있고, 위로 올라올수록 물의 밀도는 작아지고, 온도도 낮아지거든. 맨 위에는 0℃의 물이 있고, 그 물에 얼음이 떠 있게 되지. 따라서 겨울철에 얼음은 위로부터 아래로 얼어가기 시작하고, 얼음 아래쪽은 액체 상태를 유지할 수 있는 거야.

　바닷물의 열팽창은 지구 온난화에 따른 해수면 상승의 주요 원인이기도 해. 흔히 해수면의 상승이 남극과 북극의 빙상이 녹아서 일어나는 현상이라고 생각하는데 반은 맞고 반은 틀린 말이라는 거지. 해수면이 상승하는 원인의 절반은 바닷물의 열팽창 때문이라고 할 수 있어.

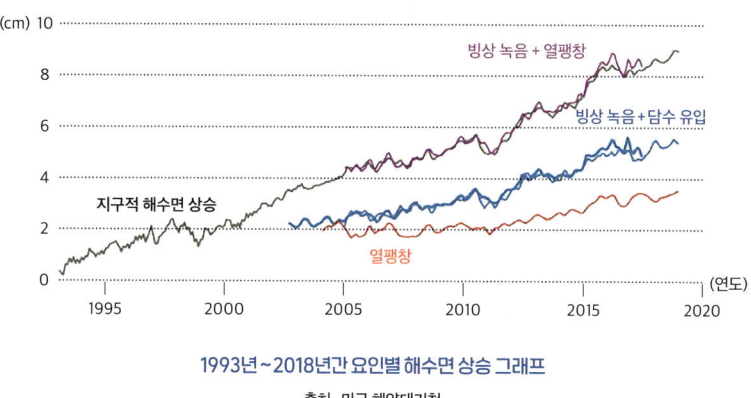

1993년~2018년간 요인별 해수면 상승 그래프
출처_미국 해양대기청

위의 그래프는 미국 해양대기청에서 연구한 1993~2018년 사이의 해수면 상승에 대한 자료야. 빙상이 녹아서 생긴 해수면 상승은 연간 1.8mm 정도이고, 해수의 열팽창에 의한 상승은 연간 1.4mm 정도라고 해. 결코 작은 양이 아니지!

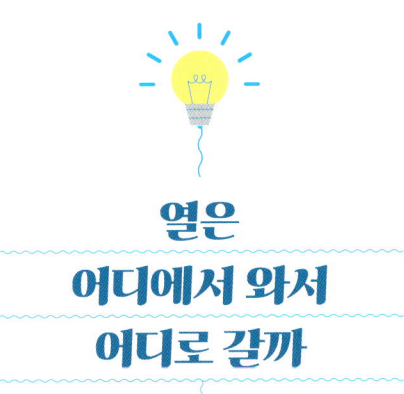

열은 어디에서 와서 어디로 갈까

● **전도** 금속 막대의 한 끝을 불로 가열하면 막대가 곧 뜨거워져서 손으로 잡을 수 없게 되는데, 이와 같이 열이 물질을 통해 이동하는 것을 전도라고 해. 열이 전도되는 정도로 물체를 구분할 수 있는데, 열을 잘 전도하는 물체를 열의 양도체 혹은 도체라 하고, 잘 전도하지 못하는 물체를 부도체 혹은 절연체라고 해. 금속은 열을 잘 전도하는 도체인데, 그 중에서도 가장 좋은 도체는 은이고 구리, 알루미늄, 철의 순서로 열을 잘 전도하지. 이에 비해 유리, 나무, 고무 등의 비금속 물질은 대체로 열을 잘 전도하지 못하는 부도체라고 볼 수 있어.

금속에 손을 대면 차갑게 느껴지는 데 비해 나무에 손을 대면 덜 차갑게 느껴지는 것도 전도와 관련되어 있어. 금속에 손을 대는 경우, 열이 따뜻한 손에서 차가운 금속으로 쉽게 이동하여 손에서 열이 계속 빠져나가지. 이에 비해 나무에 손을 대는 경우, 나무는 열을 잘 전달하지 못하므로 손에서 나무로 열이 거의 이동하지 않기 때문에 차가운 것을 만지고 있다는 것을 느끼지 못하게 되는 거야. 또 철이나 구리로 된 막대의 한쪽 끝을 촛불로 가열하면 반대쪽 끝이 금방 뜨거워지지만 나무나 유리 막대를 가열하면 온도 변화가 거의 일어나지 않지. 이와 같이 물질에 따라 열을 전도하는 정도가 달라지는데 이것을 열전도율이라고 해.

그러면 전도를 통해서 열이 얼마나 이동하는지를 계산해 볼까. 그림은 길이가 L이고 단면적이 A이며 열전도율이 k인 금속 막대의 한쪽 끝을 온도가 T_H인 고온의 열원에 접촉시키고 다른 쪽 끝을 온도가 T_L인 저온의 열원에 접촉시킨 상태를 나타낸 거야.

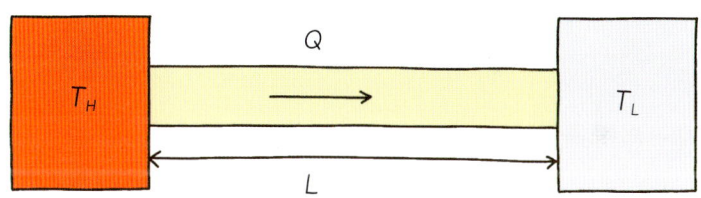

열이 흘러가는 것은 물이 흘러가는 것과 유사하게 생각할 수 있어. 금속 막대를 물이 흘러가는 관으로, 온도를 높이로 가정하면 이해가 더 쉽겠지. 즉, 금속 막대의 양 끝의 온도가 일정하게 유지되는 상황에서 이동한 열량 Q는 온도 차이 $T_H - T_L$, 단면적 A, 열이 이동

한 시간 t의 각각에 비례하고, 금속 막대의 길이 L에 반비례할 거야. 이것을 식으로 쓰면 다음과 같아.

$$Q = k \frac{A(T_H - T_L)}{L} t$$

식에서 비례상수 k를 열전도율이라고 하는데, 우리 주변에서 볼 수 있는 물질들의 열전도율은 아래와 같아.

물질	은	구리	철	콘크리트	유리	나무	공기
전도율 (J/s·m·K)	427	397	79.5	0.8	0.8	0.08	0.023

단열재는 열을 차단할 목적으로 사용하는 재료이고 대부분 부도체야. 특히 공기는 좋은 단열재이기 때문에 작은 공간들을 많이 가지고 있는 물체들은 단열 효과가 뛰어나다고 볼 수 있어. 양털, 모피, 깃털 등이 단열 효과가 매우 좋은 이유는 공간을 많이 갖고 있기 때문이야. 새는 깃털을 부풀림으로써 생기는 공간을 단열재로 이용해서 추위를 견디기도 하지. 이러한 원리를 이용하여 솜이나 조류의 털로 방한복을 만들기도 하고, 건축물에서는 창이나 벽의 구조에 공기층을 넣어 단열효과를 내기도 해.(070쪽, PART 2_기체의 내부에너지 참고)

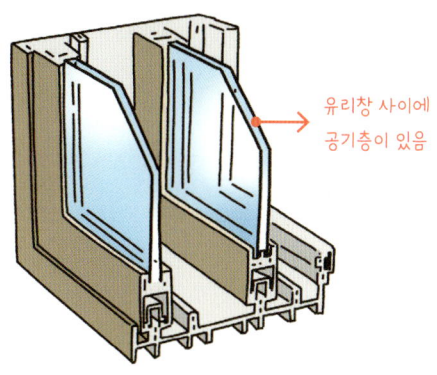

유리창 사이에 공기층이 있음

• **대류** 물질이 직접 이동하여 열이 전달되는 현상을 대류라고 해. 물이나 공기와 같은 유체가 가열되면 열을 받는 부분의 부피가 팽창하면서 주변에 비해 밀도가 작아지고 상승하게 되지. 즉, 가열된 유체가 위로 상승하는 이유는 위쪽으로 부력을 받기 때문이야. 가열

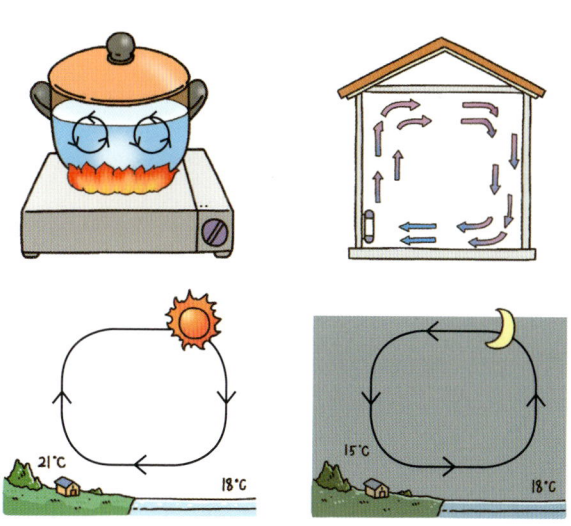

된 따뜻한 유체가 위로 올라가게 되면 차가운 유체는 아래쪽으로 이동하여 가열이 되고, 이러한 과정이 열적인 평형을 이룰 때까지 계속 반복되는 거지.

이러한 대류는 일상생활에서는 물을 끓이거나 난로를 피울 때 나타나고, 자연현상에서는 대기나 해수의 순환으로 나타나게 돼.

바다와 육지 사이에서 부는 바람을 예로 들어 설명해줄게. 낮에는 바다에서 육지로, 밤에는 육지에서 바다로 바람이 불어. 낮 동안에는 육지가 먼저 가열되어 육지 위의 공기가 위로 올라가는 상승 기류가 생기고 이를 채우기 위해서 바다에서 육지로 공기가 이동하게 되는데 이것을 해풍이라고 해. 밤에는 반대로 해수면이 육지에 비해 온도가 높아서 해수면 위의 공기가 상승하게 되고 이를 채우기 위해서 육지에서 바다로 바람이 부는데 이것을 육풍이라고 하는 거지.

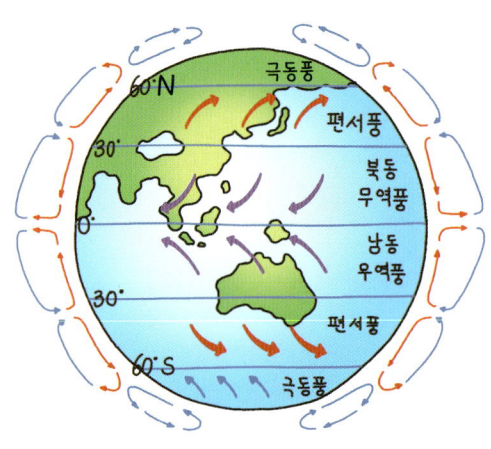

대기 대순환

터널 안에 설치된 강제 대류 장치

　유사하게 산봉우리와 계곡에서도 바람이 부는데, 한낮에는 계곡에서 봉우리로 밤중에는 봉우리에서 계곡으로 바람이 불지. 대기와 해수의 대류를 통해 적도 지방의 에너지가 극지방으로 이동하기 때문에 적도나 극지방 등 지구 전체적으로 온도가 일정하게 유지되는 거야.
　대류는 온도 차이가 원인이 되어서 발생하지만, 선풍기나 환풍기처럼 역학적인 일을 투입하여 강제로 대류시키기도 해. 위의 환풍기처럼 말이야. 긴 터널 속의 공기를 순환시키기 위해 설치되어 있는 것이지.

　• **복사** 태양의 열은 어떻게 지구에 도달하는 걸까? 우주 공간에서 전도나 대류에 의해 태양열이 이동하려면 물질이 있어야 가능한

데, 우주 공간은 물질이 없는 진공이어서 전도나 대류로 태양열이 이동할 수 없겠지.

태양열은 전도에 의해 대기층을 통과하는 것이 아니야. 공기는 열전도율이 가장 낮은 열전도체이기 때문이지. 또 태양열은 대류에 의해서 전달되는 것도 아닌데, 대류는 지표면이 가열된 다음에야 일어날 수 있기 때문이야.

태양열이 이동하는 것은 전도나 대류에 의한 것이 아니라 전자기파 형태로 퍼져나가는 것인데, 이것을 복사라고 해. 전기와 자기의 파동인 전자기파가 열적인 현상으로 전환되는 과정의 핵심은 전자기파가 물질에 흡수되어 물질의 운동에너지로 바뀐다는 거지. 우리가 피부로 느끼는 태양열의 따뜻함은 태양에서 온 전자기파가 우리 피부 조

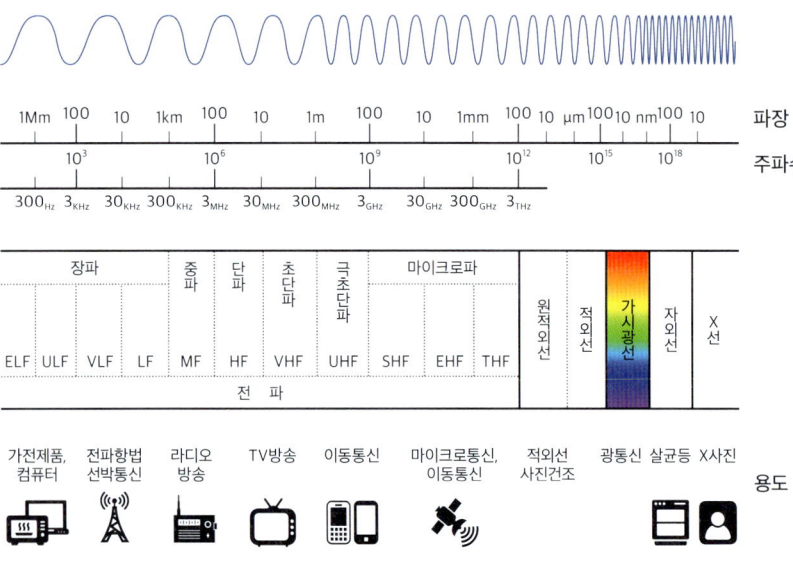

직에 흡수되어 피부 조직을 구성하는 물질의 운동을 활발하게 만든 거야.

이러한 전자기파는 파장에 따라 전파, 마이크로파, 적외선, 가시광선, 자외선, X선, 감마선 등으로 나뉘어져. 선생님이 파장이 긴 쪽에서 짧은 쪽으로 순서대로 나열하여 적어봤으니 참고해봐.

모든 물체는 그 물체의 표면온도에 해당하는 복사에너지를 계속해서 방출하고 있어. 낮은 온도를 가지고 있는 물체는 주로 파장이 긴 전자기파를 방출하고, 높은 온도의 물체는 파장이 짧은 전자기파를 방출하지. 물체들 가운데 흡수한 에너지를 100% 방출하는 물체를 흑체라고 하는데, 온도가 T인 흑체의 표면에서 방출되는 복사에너지의 파장에 따른 분포를 그래프로 나타내면 다음과 같아.

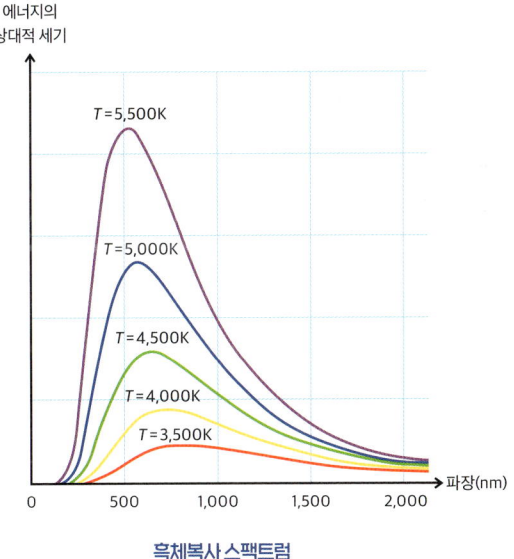

흑체복사 스펙트럼

흑체에서 방출되는 복사에너지 밀도는 물체 표면온도의 4제곱에 비례하는데, 이것을 슈테판-볼츠만 법칙이라고 해. 이 법칙에 따라 표면온도가 T인 흑체 표면의 단위 면적에서 단위 시간당 방출되는 에너지양을 알아보면 다음 식과 같아.

- **슈테판-볼츠만 법칙**: $u = \sigma T^4$

  (σ는 보편상수로 그 값은 $5.67 \times 10^{-8} W/m^2 \cdot K^4$)

또, 그래프를 자세히 분석해보면 온도가 높아질수록 복사에너지가 최대로 방출되는 파장(λ_{max})이 감소하는 것을 볼 수 있어. 즉, 파장과 표면온도가 반비례한다는 것으로 이 관계를 정리한 것이 빈의 법칙이야.

- **빈의 법칙**: $\lambda_{max} \cdot T = 2.898 \times 10^{-3} m \cdot K =$ 일정

사람은 체온 36.5℃에 해당하는 복사에너지를 방출하는데, 주로 적외선 영역의 에너지이기 때문에 적외선 온도계로 체온을 잴 수 있는 거야. 태양 표면의 온도, 용광로의 온도, 우주 공간의 평균 온도와 같이 사람이 가서 잴 수 없는 온도도 적외선 온도계의 원리와 같은 복사에너지 스펙트럼을 분석하여 온도를 잴 수 있어.

사막에서 유목 생활을 하며 살아가는 베두인의 복장을 봐봐. 검은색이 복사에너지를 100% 흡수한다고 해서인지 더 더워보이는 것

베두인의 복장

같지. 그런데 베두인들이 어리석어서 이런 색깔 옷을 입는 걸까?

　베두인의 복장을 분석해보면 헐렁하게 통풍이 잘되는 구조를 갖고 있어. 검은색은 에너지를 흡수하기 때문에 옷 속의 공기 온도가 높아지게 되고, 온도가 높아진 공기는 위로 빠져나가므로 아래쪽으로는 좀 더 시원한 공기가 들어오게 된다고 해. 무더운 사막생활을 견딜 수 있게 해주는 매우 과학적인 옷이지.

**내용을 잘 이해했는지
확인해볼까?**

* 정답은 421쪽에

1   잘 단열된 통에서 20℃ 물 200g과 80℃ 물 100g을 섞었다. 열평형에 도달한 후 물의 온도는 몇 ℃인가?

2 그림은 비열이 0.5kcal/kg·℃인 콩기름 200g과 어떤 액체 500g을 동시에 같은 열량을 주어 가열하는 동안 시간에 대한 온도 변화를 측정한 그래프이다. 이 액체의 비열은?

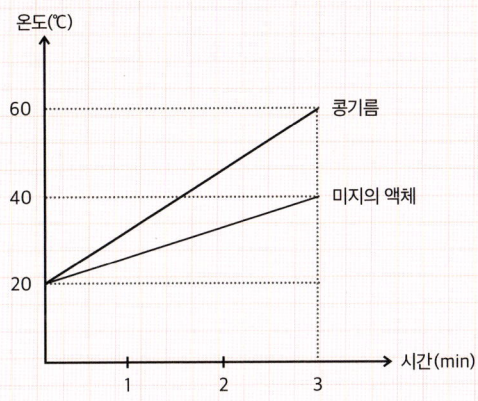

3 아시아와 유럽 대륙을 잇는 차나칼레 대교는 그 길이가 무려 4,608m인 콘크리트로 만든 현수교이다. 차나칼레 대교가 위치한 튀르키예 북서부 지역은 일 년 중 가장 추울 때와 가장 더울 때 기온의 차이가 대략 50℃ 정도 된다. 그렇다면 일 년 중 다리의 길이 변화량은 얼마일까? (단, 콘크리트의 선팽창 계수는 $1.2 \times 10^{-5}(℃)^{-1}$이다.)

4 온도가 20℃인 방의 한 쪽 벽 두께가 5cm이고 면적이 10m²인 목재로 되어 있다. 외부 온도가 -10℃일 때 매 초 벽을 통해 외부로 전도되는 열량은 몇 J인가? (단, 목재의 전도율은 0.12J/m·℃이다.)

5 표면 온도가 6,000K인 어떤 별이 있다. 이 별의 반지름이 7×10^5km 라고 할 때

1) 이 별에서 1초당 방출되는 에너지는 몇 J인가?

2) 이 별에서 방출되는 가장 강한 빛의 파장은?

조금 더 어려운 문제들도
한번 풀어볼까?

※ 정답은 422쪽에

6 그림은 헬륨 기체와 수은으로 만든 장치이다. 비커 안의 액체 속에 기체가 들어 있는 둥근 플라스크를 담갔을 때 일어나는 변화에 대해 다음 물음에 답하시오.

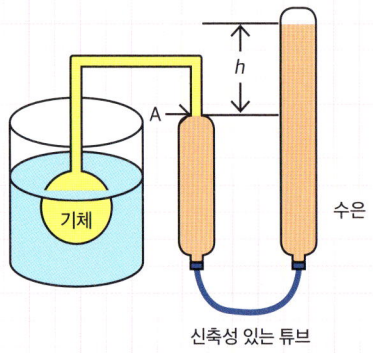

1) 기체가 받는 압력을 일정하게 유지하면서 기체의 부피와 온도 사이의 관계를 측정하는 실험 방법을 구체적으로 설명하시오.

2) 기체의 부피를 일정하게 유지하면서 기체의 온도 압력 사이의 관계를 측정하는 실험 방법을 구체적으로 설명하시오.

7 그림과 같이 20℃에서 안쪽 반지름이 10cm, 바깥쪽 반지름이 20cm인 황동으로 만든 금속 고리가 있다. 이 고리를 220℃로 가열하면 금속 고리의 크기는 어떻게 변하겠는가? (단, 황동의 선팽창 계수는 $1.9 \times 10^{-5}(℃)^{-1}$이다.)

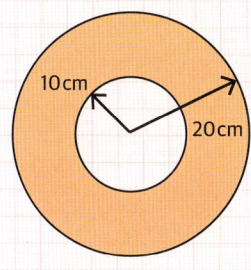

8 오리온 자리의 적색 거성인 베텔기우스의 시간당 에너지 방출률은 태양보다 약 10,000배 정도이다. 하지만 베텔기우스의 표면온도는 2,900K으로 태양 표면온도의 절반에 불과하다. 태양과 베텔기우스를 흑체라 가정할 때 베텔기우스의 반지름은 얼마인가? (단, 태양의 반지름은 7×10^8m이다.)

영재문제 창의적으로 생각하고 해결하는 문제에도 도전해보자

*정답은 423쪽에

9 그림과 같은 두 개의 유리판 사이에 공기가 들어 있는 이중창이 있다. 이중창의 각 층의 열전도율이 왼쪽 유리의 경우 k_1, 공기층의 경우 k_2, 오른쪽 유리의 경우 k_3일 때 단위 시간당 전도에 의해 이동하는 열량은? (단, 유리판의 면적은 A이다.)

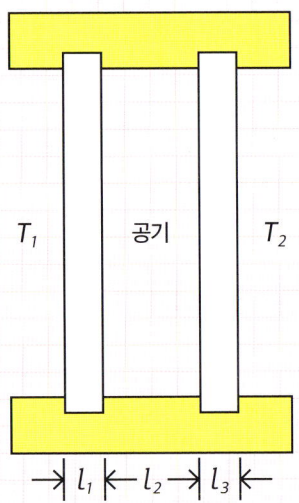

10 다음 표는 물과 식용유의 성질을 비교한 것이다.

구분	밀도(g/cm³)	비열(kcal/kg·℃)	끓는점(℃)
물	1.00	1.00	100
식용유	0.92	0.40	160~230

크기와 재질이 같은 두 개의 비커 각각에 50℃의 물과 식용유를 같은 양만큼 넣었다. 동일한 조건에서 물과 식용유를 실온인 25℃까지 식히면서 온도 변화를 관찰하는 경우,

1) 위의 표에 주어진 실험 조건으로부터 시간에 따른 물과 식용유의 온도 변화를 예측하는 데 고려해야 할 사항을 설명하시오.

2) 시간에 따른 물과 식용유의 온도 변화를 예측한 결과를 그래프에 나타내시오.

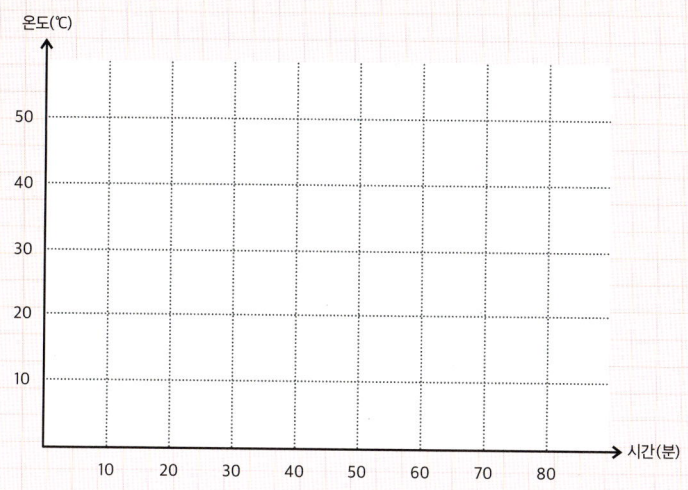

3) 요리를 하기 위해 프라이팬에 식용유를 넣고 가열할 때, 뜨거워진 식용유에 물방울이 떨어지면 일어날 수 있는 현상을 설명해 보시오.

열역학 제1법칙 교실

열은 에너지일까, 아닐까?

열과 에너지가 동등하다는 것을 밝히는데 결정적인 역할을 한 사람은 미국 독립전쟁 당시에 무기상으로 활약한 럼퍼드였어. 1798년 럼퍼드는 대포를 만들기 위해 황동 기둥을 드릴로 파서 포신을 만드는 것을 감독하다가, 드릴이 점차 무디어지면서 포신 내부가 뜨거워지는 것을 알게 되었어. 그리고 그 이유에 대해 연구를 하게 되었지. 대포 제작 비용과도 관련이 있는 문제여서 그냥 지나칠 수가 없었던 거야.

그리고 연구 결과, 구멍을 뚫을 때 발생하는 열은 당시의 이론인 열소설로 해석할 수 없다는 것을 알게 되었어. 드릴로 구멍을 계속해서 뚫게 되면 열이 계속해서 발생할 것이고, 이 현상을 열소설로 설명하자면 물체 속에 열소가 무한정 저장되어 있어야만 한다는 거잖

아. 하지만 물체 속에 열소는 무한할 수 없어. 바로 이러한 모순 때문에 열소설로 발생한 열을 설명할 수 없었던 거야.

럼퍼드는 드릴을 포신에 꽂고 돌릴 때 마찰력으로 인해 발생하는 열은 드릴을 돌려주는 일의 양에 비례한다는 것을 알아냈어. 결과적으로 열소설이 잘못된 이론이라는 것을 밝혀내게 된 것이지.

그 후 제임스 줄은 열과 열을 발생시키는 역학적 일이 동등하다는 것을 보여주기 위해 아주 정밀한 실험을 수천 번 반복했어. 심지어 신혼여행을 가서도 폭포에서 떨어지는 물의 온도가 얼마나 상승할 것인가에 대한 실험을 했다는 재미있는 일화도 있지.

어쨌든 영국에서 최고의 물리학자인 윌리엄 톰슨(후에 켈빈 경이 됨)이 줄의 실험 결과를 지지해주면서 1850년쯤에 그의 업적은 완전히 인정받게 되었어.

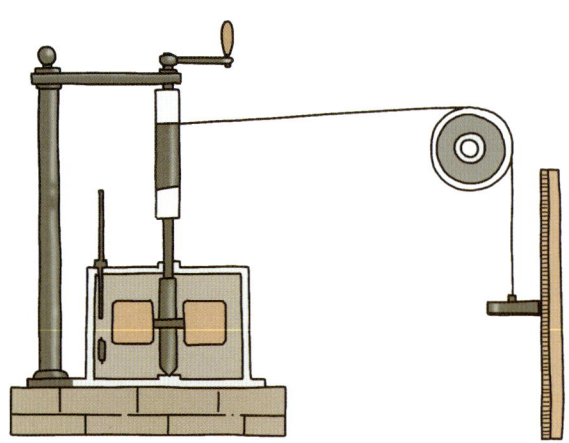

그림은 줄이 일과 열 사이의 관계를 알아보기 위해 사용한 실험 장치야. 추가 낙하하면서 열량계 속에 들어있는 날개가 회전하면 물과 마찰하여 물의 온도가 올라가게 돼. 이 실험을 통해 중력이 추에 한 일 W와 열량계 속에서 회전 날개와 물의 마찰로 발생한 열량 Q 사이에는 $W = JQ$의 관계가 성립한다는 것을 알아낸 것이지.

역학적 에너지가 열로 전환되는 현상은 모든 운동에서 볼 수가 있어. 망치로 못을 몇 번 때린 후 못의 윗부분을 만져보면 뜨거워진 것을 확인할 수 있듯이 마찰이 있는 경우 쉽게 확인할 수 있지. 눈에 보이지 않는 작은 전자가 도선 내부를 운동할 때도 마찬가지야.

기체의 상태는 어떻게 나타낼까?

우리의 생활 속에는 기체의 부피가 압력과 온도에 밀접하게 관련되어 있다고 볼 수 있는 현상이 많이 있어. 예를 들어, 물속에서 생긴 공기 방울은 수압이 낮은 수면으로 올라오면서 부피가 팽창하고, 자동차의 타이어는 온도가 높은 여름철에 더 팽팽해지는데, 이것은 기체의 부피가 온도와 압력에 따라 변하기 때문에 생기는 현상이야. 이러한 기체에 관한 연구는 끊임없이 진행되고 있지.

- **보일의 법칙** 보일은 뉴턴과 거의 동시대에 활동한 과학자이고, 공기 펌프를 개발하여 공기에 관한 수많은 실험을 수행한 것으로 유명해. 1657년에는 조수인 로버트 훅과 함께 오토 폰 게리케가 발명

 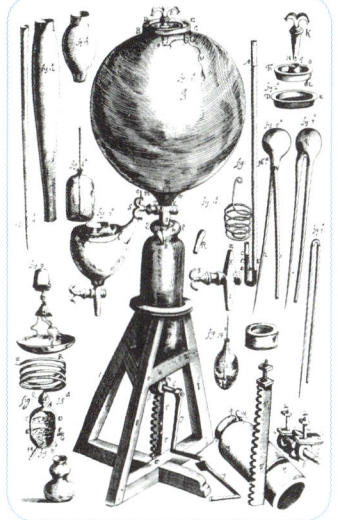

보일(1627~1691)   보일의 공기 펌프

출처_ wikimedia commons

한 공기 펌프를 개선한 새로운 공기 펌프를 고안했고, 1659년에는 자신만의 공기 펌프를 제작했어.

보일은 이 공기 펌프를 이용하여 여러 가지 공기의 성질에 관한 연구를 했는데, 1662년에는 온도를 일정하게 유지하면서 기체의 압력을 2배, 3배, 4배, …로 증가시키면 기체의 부피가 $\frac{1}{2}$배, $\frac{1}{3}$배, $\frac{1}{4}$배, …로 줄어드는 현상을 알아냈고, 이 결과를 정리하여 기체의 압력과 부피 사이에 반비례하는 규칙을 발견했어. 이것을 보일의 법칙이라고 해.

이 내용을 정리한 표와 그래프를 봐봐. 이해하기가 더 쉬울 거야.

압력	P_0	$2P_0$	$3P_0$	$4P_0$
부피	V_0	$\frac{1}{2}V_0$	$\frac{1}{3}V_0$	$\frac{1}{4}V_0$
압력×부피	P_0V_0	P_0V_0	P_0V_0	P_0V_0

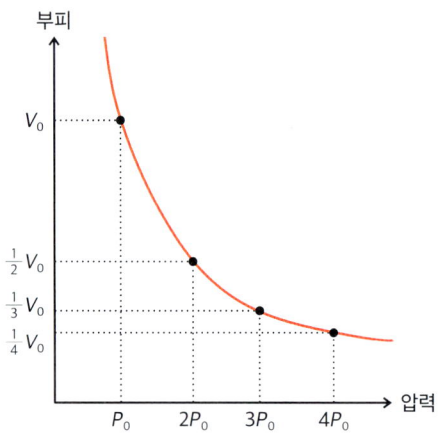

온도가 일정할 때 기체의 부피는 압력에 반비례한다.

일반적으로 기체의 상태는 온도, 압력, 부피로 나타내고 온도는 T, 압력은 P, 부피는 V로 표시하는데, 온도가 일정할 때 기체의 압력과 부피가 각각 P, V에서 P', V'로 변했다면, 보일의 법칙을 다음과 같이 나타낼 수 있어.

$$PV = P'V' = 일정$$

샤를(1746~1823)

샤를의 첫 기구비행
출처_ wikimedia commons

• **샤를의 법칙** 샤를은 하늘을 날고자 하는 인간의 욕망을 실현하기 위하여 열기구에 대한 연구가 한창이던 시기에 활동한 과학자야. 최초의 열기구는 1783년 몽골피에 형제가 발명한 열과 연기로 비행하는 열기구였는데, 샤를은 몽골피에 형제의 열기구와 달리 수소 기체를 이용한 기구를 직접 타고 550m 상공까지 날아오르는 데 성공했지. 이와 같이 샤를은 공기나 수소 같은 기체의 성질을 깊이 연구한 과학자였어.

1787년에는 기체의 성질을 연구한 결과를 종합하여 일정한 압력 조건에서 기체의 부피가 온도에 비례한다는 법칙을 발견했어. 샤를이 발견한 법칙의 내용은 기체의 압력이 일정할 경우, 온도가 1℃ 올라갈 때마다 0℃일 때 부피의 $\frac{1}{273}$씩 증가한다는 것인데, 이것은 식으로 다음과 같이 쓸 수 있어.

$$V_t = V_0(1+\frac{1}{273}t)$$

여기서 $V(t)$는 t℃일 때 기체의 부피이고, V_0는 0℃일 때 기체의 부피이며, t는 기체의 섭씨온도를 나타내는 거야. 이러한 온도와 부피의 관계식은 다음과 같은 그래프로 그릴 수 있어.

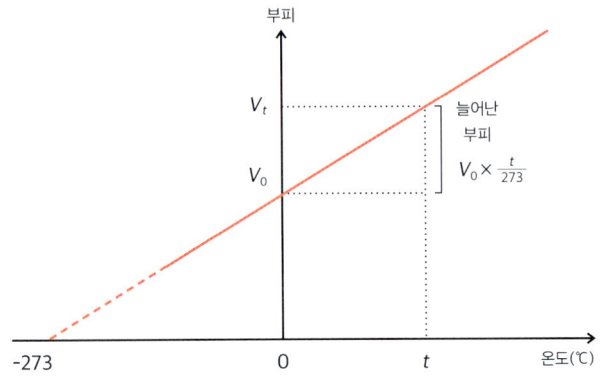

기체의 온도와 부피의 그래프는 기울기가 $\frac{V_0}{273}$인 직선 관계이고, 기체의 부피가 0이 되는 온도가 존재한다면, 그 온도가 -273℃라는 것을 보여주고 있어. 실제로 기체의 부피가 0이 되는 현상은 분자의 운동에너지가 0인 경우로도 볼 수 있는데, 자연에서는 일어나지 않는 이상적인 현상이야. 최근 연구에 따르면 -273.15℃를 절대

온도 0K라고 하지.

• **이상 기체의 상태방정식** 보일의 법칙과 샤를의 법칙을 종합해보면 이상 기체의 상태가 어떻게 변하는지를 알려주는 일반적인 규칙을 찾을 수 있어. 이상 기체의 상태가 처음에 P_0, V_0, T_0에서 나중에 P, V, T로 변할 때 온도, 압력, 부피가 변하더라도 변하지 않는 양이 존재함을 알 수 있지. 그 변하지 않는 양은 압력과 부피의 곱을 절대온도로 나눈 값이야.

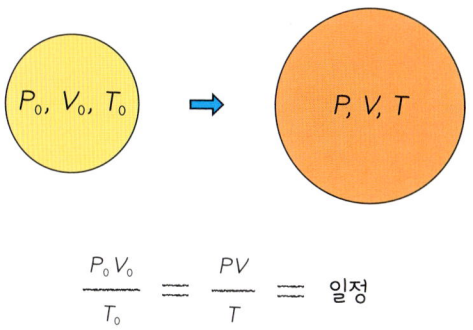

$$\frac{P_0 V_0}{T_0} = \frac{PV}{T} = 일정$$

이 관계식에 따르면 어떤 일정량의 기체는 온도와 압력의 변화에 상관없이 $\frac{PV}{T}$ 값이 항상 일정한 값을 갖는다는 것이야. 그러면 압력이 1기압이고 온도가 0℃인 1몰의 이상 기체에 대해서는 어떤 값을 갖게 되는지 알아보자.

• **이상기체의 압력** : 1기압 $=$ $1.013 \times 10^5 N/m^2$

- **1몰의 부피** : 22.4L $=$ $2.24 \times 10^{-2}\,m^3$

- $T_0 = 273K$

- $\dfrac{P_0 V_0}{T_0} = \dfrac{(1.013 \times 10^5) \times (2.24 \times 10^{-2})}{273}$ J/mol·K $= 8.31$ J/mol·K

이 값을 기체 상수 R이라고 해. 즉 $R = 8.31$ J/mol·K야.

만약 기체의 양이 n몰이면 부피가 n배 늘어나므로 $\dfrac{PV}{T} = nR$이 될 것이고, 이 관계식을 이상 기체의 상태 방정식이라고 하는 거야.

$$PV = nRT$$

참고로 1몰은 분자수가 6×10^{23}개인데, 1몰의 부피는 0℃, 1기압에서 22.4L야.

열기관에서
기체가 하는 일

산업혁명은 증기 기관의 발명으로부터 시작되었어. 증기 기관은 석탄이 연소될 때 발생하는 열이나 물을 끓이는 과정에서 발생한 증기를 이용하여 동력을 얻는 장치야. 승용차나 버스에 사용되는 가솔린 기관이나 디젤 기관은 휘발유나 경유가 연소할 때 발생하는 열로 동력을 얻지.

이와 같이 열을 이용하여 동력을 얻는 장치를 열기관이라고 하는데, 높은 온도의 열원에서 열을 흡수하여 대기와 같이 낮은 온도의 열원으로 열을 방출하는 과정에서 역학적인 일을 하는 기관이야.

다음에 나오는 그림을 보면 알 수 있듯이 원통(실린더) 내의 뜨거운 기체가 팽창할 때, 기체가 피스톤을 밀어내는 일을 하는 과정을 통해 동력을 얻는 것이지. 그러면 기체가 피스톤을 밀어내면서 하는

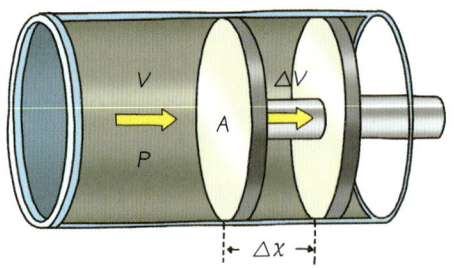

기체가 한 일

일은 어떻게 구할 수 있을까? 그림과 같이 압력이 P인 기체가 단면적이 A인 피스톤을 거리 Δx만큼 밀어내면서 부피가 ΔV만큼 변하는 과정을 생각해보자.

기체 분자가 피스톤에 작용하는 힘의 크기는 $F=PA$인데, 기체의 부피가 변하는 동안 압력이 일정하게 유지되었다면 기체가 한 일 W는 다음과 같이 구할 수 있어.

$$W = Fs = (PA)\Delta x = P(A\Delta x) = P\Delta V$$

기체가 한 일을 부피와 압력의 관계를 나타내는 그래프에서 보면 색칠한 부분의 넓이가 한 일이라고 볼 수 있어.

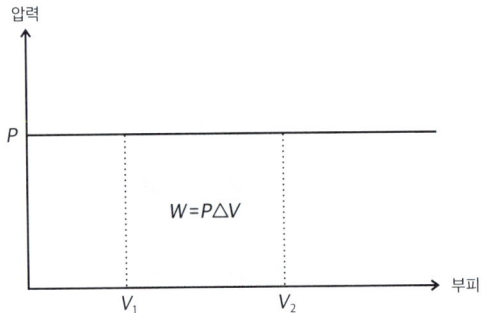

다음 그래프와 같이 부피에 따라 압력이 변하는 경우에도 그래프 아래 색칠한 부분이 기체가 한 일에 해당해.

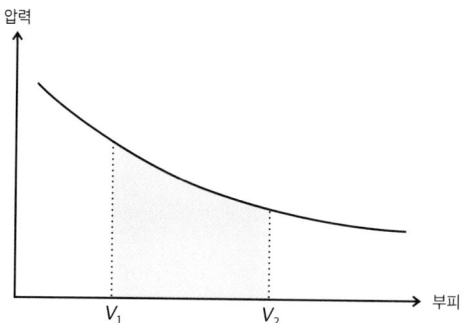

결과적으로 기체의 부피가 커지면 $\Delta V > 0$이므로 $W > 0$이고, 기체의 부피가 작아지면 $\Delta V < 0$이므로 $W < 0$이야.

기체의
내부에너지

기체 분자는 매우 빠른 속력으로 운동을 해. 매우 빠르면서도 무질서하게 운동하고 있는 이러한 분자들의 속력도 측정할 수 있을까?

그림은 분자의 속력을 측정하기 위해 사용했던 실험의 원리를 나타낸 거야. 가열기는 기체 분자가 일정한 온도에서 운동하도록 가열하는 장치이고, 가열기 앞에 있는 두 개의 틈은 직진하는 분자를 선택하기 위한 운동 방향 선택기이며, 모터에 연결된 틈이 있는 두 개의 회전 원판은 분자의 속력을 선택하기 위한 장치야. 즉, 두 원판에 있는 틈이 이루는 각도와 모터의 회전 속력이 특정한 속력 구간을 가진 분자들을 선택적으로 통과시킬 수 있도록 만든 것이지. 일정한 시간 동안 두 원판의 틈을 통과한 분자의 수를 검출기에서 측정할 수 있는데, 물론 장치 내부는 진공이어야 해.

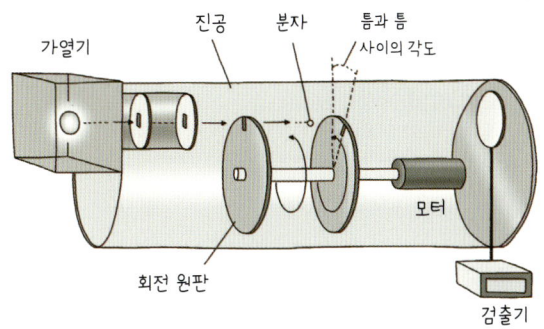

분자 속력 측정기 장치도

두 회전 원판의 틈 사이의 각도를 크게 하면, 같은 회전 속력에서도 더 속력이 느린 분자들이 검출될 것이고, 반대로 각도를 작게 하면 더 빠른 분자들이 검출될 거야. 한편, 틈 사이의 각도는 고정하고 원판의 회전 속력을 바꾸는 방식으로도 분자들의 속력을 검출할 수 있어.

참! 분자들의 속력 분포 곡선은 실험으로부터 나온 것이 아니고 맥스웰과 볼츠만이라는 두 물리학자가 분자의 운동에 대한 통계적인 분석을 해서 알아냈어. 나중에 그 이론이 타당한지를 실험적으로 검증하게 된 거지.

실온에서 공기 분자들의 평균속력은 대략 500m/s 정도인데, 그 속력은 평균을 구했을 때 값이고, 실제로는 다음 그래프와 같이 다양한 속력으로 운동하고 있어. 평균 근처의 속력을 가진 분자들이 많고, 속력이 평균값에서 멀어질수록 분자들의 수가 줄어드는데, 이러한 분자의 속력에 따른 분포 그래프로 나타내면 다음과 같이 종 모양으로 보여. 종 모양이 오른쪽으로 길게 꼬리가 있는 약간 비대칭으로 나타나는 까닭은 분자의 속력 범위가 왼쪽으로는 0, 오른쪽으로는 ∞이기 때문이지.

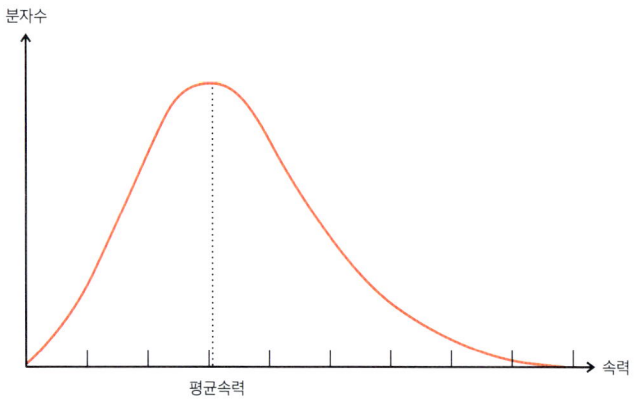

이와 같은 분자의 속력에 따른 분포를 바탕으로 운동에너지의 평균값을 구해볼까.

예를 들어, 질량이 m인 N개의 기체 분자가 다양한 속력으로 운동하는 경우에 그 속력을 각각 $v_1, v_2, \cdots, v_N$이라고 하면, 기체 분자의 평균 운동에너지는

$$\overline{E_k} = \frac{1}{N}\left[\frac{1}{2}mv_1^2 + \frac{1}{2}mv_2^2 + \cdots + \frac{1}{2}mv_N^2\right]$$

$$= \frac{1}{2}m\frac{v_1^2 + v_2^2 + \cdots + v_N^2}{N} = \frac{1}{2}m\overline{v^2}$$

이고, 결국 기체의 평균 운동에너지는 분자 속력 제곱의 평균값을 구하면 알 수 있어.

이러한 분자의 운동에 대한 통계적인 접근과 실험적인 결과인 상태방정식을 결합하여 기체 분자의 평균 운동에너지가 기체의 절대온도에 비례한다는 것을 알 수 있지.(이에 대한 구체적인 내용은 너무 어렵기 때문에 다음에 알아봐야 할 것 같아.)

$$\overline{E_k} \propto T$$

결과적으로 기체 온도가 높으면 분자 운동이 활발하여 평균 운동에너지가 커진다는 것을 의미해.

그림은 온도에 따른 기체 분자들의 속력을 화살표로 나타낸 거야. 기체의 평균 속력은 $v_A < v_B < v_C$이고, 그에 따라 기체의 온도도 $T_A < T_B < T_C$라고 볼 수 있어. 만일 실린더 안에 있는 기체의 온도가 T이고 기체 분자 수가 N이라면 기체 분자들의 총 운동에너지는 평

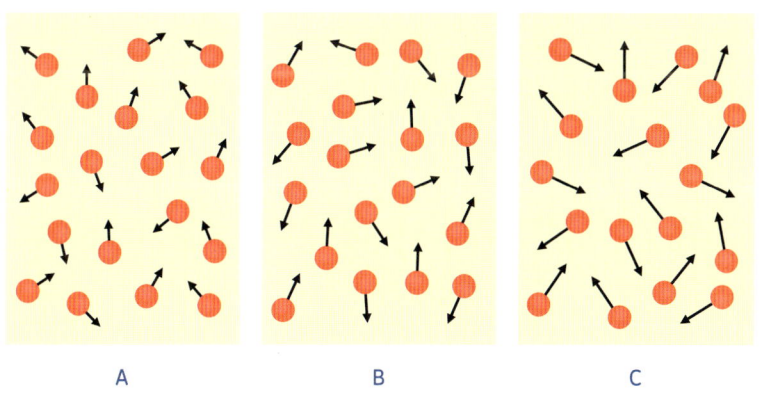

A   B   C

균운동에너지에 분자수를 곱하면 구할 수 있어.

$$U = N\overline{E_k} \propto NT$$

이와 같은 이상 기체 분자들의 총 운동에너지를 내부에너지라고 해. 일반적으로 분자들끼리 힘이 작용하는 물질에서는 운동에너지와 위치에너지의 합을 내부에너지라고 하지.

열역학 제1법칙

플라스크에 풍선을 끼우고 플라스크를 뜨거운 물에 담그면 풍선의 부피가 점점 커지고, 차가운 얼음에 담그면 풍선의 부피가 점점 줄어드는 것을 볼 수 있어.

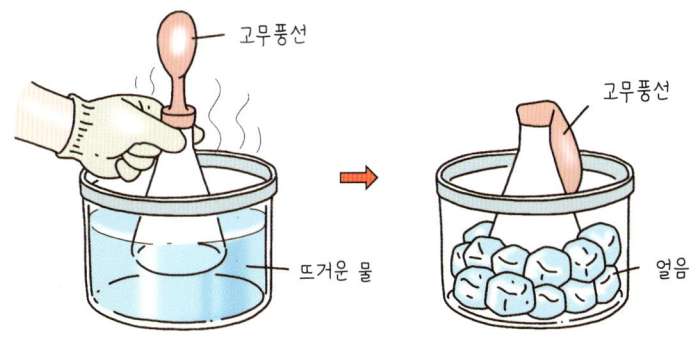

풍선의 부피가 달라지는 까닭은 플라스크 속의 공기 부피가 달라지기 때문이야. 그렇다면 플라스크 속 공기의 부피는 왜 달라지는 것일까? 플라스크를 뜨거운 물에 넣으면 플라스크 속으로 열이 들어가서 온도가 높아지고, 차가운 얼음에 담그면 플라스크에서 열이 빠져 나오면서 온도가 낮아지지. 샤를의 법칙에 따라 온도가 높아지면 부피가 늘어나고 온도가 낮아지면 부피는 줄어드는 거야.

결과적으로 기체가 열을 흡수하면 온도가 높아져서 부피가 커지는데, 이를 해석하자면 온도가 높아진다는 것은 내부에너지가 증가한다는 것을 의미하고, 부피가 커지는 것은 기체가 외부에 일을 하고 있음을 의미해. 이 관계를 열역학 제1법칙이라고 하고 다음과 같이 정리할 수 있어.

> 기체가 흡수한 열 Q는
> 내부에너지 변화 ΔU와 기체가 외부에 한 일 W의 합과 같다.

관계식은 이렇게 나타낼 수 있지.

$$Q = \Delta U + W$$

이러한 열역학 제1법칙은 기체뿐만 아니라 고체와 액체 등 외부와 에너지를 주고 받는 모든 계에서 성립하는 에너지 보존에 관한 가장 일반적인 법칙이야.

열역학의
기본 과정

○ 열역학은 증기 기관, 가솔린 기관, 디젤 기관 등 열기관을 연구하는 과정에서 비약적으로 발전했어. 열역학 과정을 이해하는 것은 열기관의 기본 원리뿐만 아니라 자연 현상을 이해하는데도 매우 필요한 내용이지. 이번에는 열역학 과정이 진행되는 동안 출입하는 열(에너지), 외부에 한 일, 내부에너지 변화 등을 중심으로 더 자세히 살펴보기로 하자.

• **부피가 일정한 과정(등적 과정)** 압력밥솥은 일반밥솥에 비해 밥을 훨씬 효율적으로 할 수 있어. 그 이유는 밥솥이 흡수한 열이 모두 밥솥 안의 온도와 압력을 높이는데 사용되기 때문이야. 일종의 부피가 일정한 열역학 과정으로 볼 수 있어.(087쪽, 잠시 쉬어가는 이야기 참고)

압력밥솥   일반밥솥

실제 열기관에서 그림과 같이 실린더에서 피스톤의 위치를 고정한 상태로 열을 가하면 기체의 부피는 변하지 않게 되는데, 이와 같이 부피가 변하지 않는 과정을 등적과정이라고 해.

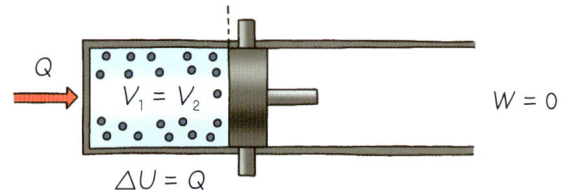

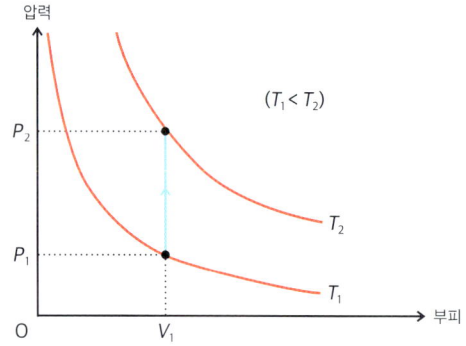

피스톤을 실린더에 고정하여 움직이지 않도록 한 다음 열을 가하면 원통 내 기체의 부피는 일정하지만 온도가 올라가므로 압력이 커지게 되지. 이때 기체의 부피는 변하지 않았으므로 기체가 한 일은 0이고, 기체에 들어간 열은 전적으로 기체의 온도를 증가시켜. 따라서 열역학 제1법칙에 따라 기체가 흡수한 열은 내부에너지 증가량과 같음을 알 수 있어.

$$W = 0 \implies Q = \Delta U$$

• **압력이 일정한 과정(등압 과정)** 그림은 압력이 일정한 상태에서 공기의 부피가 늘어나는 것을 알아볼 수 있는 간단한 실험 장치야. 구멍이 뚫린 고무마개로 플라스크를 막은 다음 ㄱ자 유리관을 끼우고 유리관의 수평한 부분을 잉크 방울로 막히게 했어. 이때 손으로 플라스크를 감싸 쥐면 잉크 방울이 바깥쪽으로 밀려가는 것을 관찰할 수 있어.

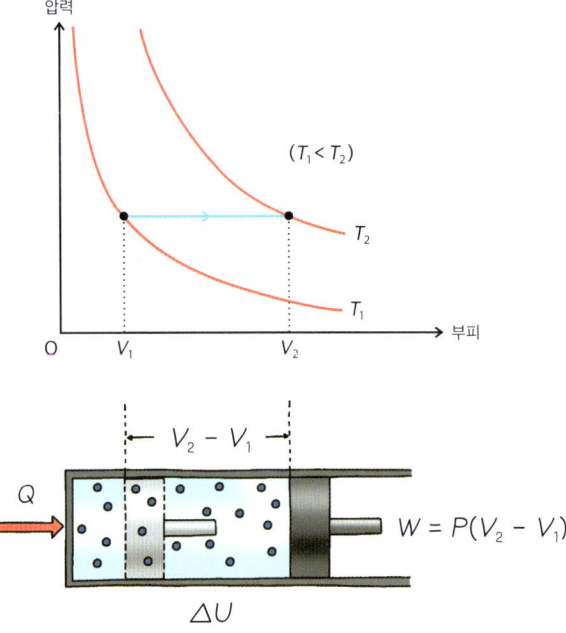

마찬가지로 그림과 같이 실린더에 열을 천천히 가할 때 피스톤이 일정한 속력으로 움직이면 실린더 내부의 압력은 변하지 않고 일정하게 유지돼. 이와 같이 압력이 일정하게 유지되는 열역학 과정을 등압과정이라고 해.

샤를의 법칙에 따르면 압력이 P로 일정하게 유지되는 동안 기체의 부피가 V_1에서 V_2로 늘어나면 기체의 온도도 그에 비례하여 높아지지. 그때 기체가 피스톤에 한 일은 $W = P\Delta V$이고, 온도가 높아졌으므로 내부에너지 증가량은 ΔU로 잡을 수 있어. 따라서 기체가 흡수한 열은 내부에너지 증가량과 기체가 한 일의 합이고, 다음과 같이 정리할 수 있어.

$$Q = \Delta U + P\Delta V$$

- **온도가 일정한 과정(등온 과정)** 그림과 같이 주사기를 온도가 일정하게 유지되는 물에 담그고 주사기의 피스톤을 잡아당기면서 주사기 내부의 온도를 측정해보자. 피스톤을 빠르게 잡아당기면 주사기 내부의 온도가 내려갈 거야. 기체의 부피를 팽창시키기 위해 내부에너지를 소모했고, 외부에서 에너지가 들어와 채우기에는 시간이 걸리기 때문이지. 이에 비해 피스톤을 서서히 잡아당기면 기체의 부피를 팽창하는데 사용한 에너지가 외부에서 바로 공급되기 때문에 내부의 온도가 거의 변함없이 유지되지.

이와 같이 실린더에 열이 가해질 때 기체의 온도가 일정하게 유지되면서 부피가 변하는 과정을 등온 과정이라고 해. 보일의 법칙에 따르면 온도가 일정할 때 기체의 부피와 압력은 반비례하므로 등온 과정은 부피-압력의 관계에서 반비례 관계를 나타내는 곡선상에서 상태가 변하는 것으로 나타낼 수 있어.

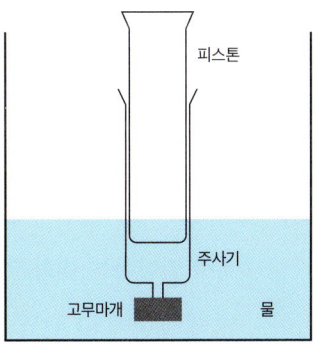

다음에 나오는 그래프는 기체의 온도가 T로 일정하게 유지되면서 기체의 부피와 압력이 V_1, P_1에서 V_2, P_2로 등온선을 따라 변하는 과정을 나타낸 거야. 이 과정에서 온도가 일정하므로 내부에너지의 변화는 없고, 기체가 흡수한 열은 모두 기체가 외부에 한 일과 같아.

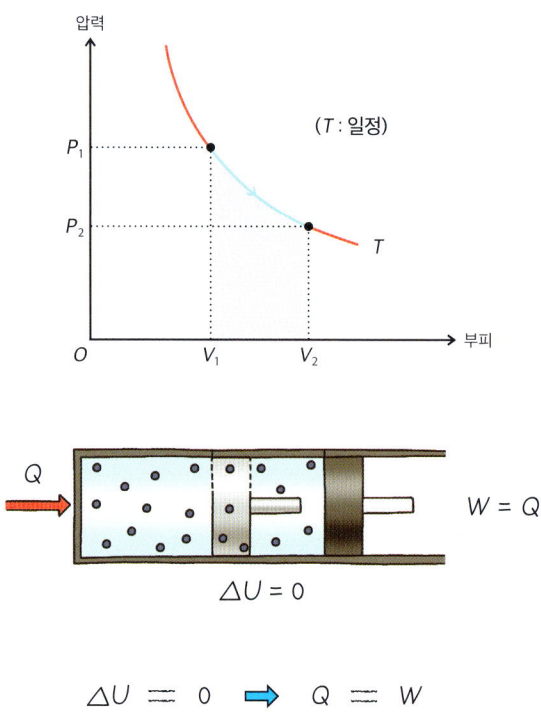

- **열의 출입이 없는 과정(단열 과정)** 실린더 안의 기체가 열을 흡수하거나 방출하지 않는 상태에서 일어나는 변화를 단열 과정이라고 해. 열을 흡수하거나 방출하지 않기 때문에 $Q = 0$인데, 기체의 부피가 팽

창하는 경우(단열 팽창), 기체가 외부에 일을 하므로 일을 한 만큼 내부에너지가 감소해야 해. 따라서 단열 팽창하면 기체의 부피는 증가하지만 온도는 내려가지. 반대로 기체의 부피가 줄어드는 경우(단열 압축), 기체가 외부로부터 일을 받은 만큼 내부에너지가 증가해야 해. 따라서 단열 압축하면 기체의 부피는 줄어들고 온도는 올라가게 되지.

$$Q = 0 \implies \Delta U = -W$$

그래프는 온도가 T_1이고 압력이 P_1이며 부피가 V_1인 기체를 단열 팽창시키면 온도가 T_2이고 압력이 P_2이며 부피가 V_2인 상태로 변하는 과정을 나타낸 거야.

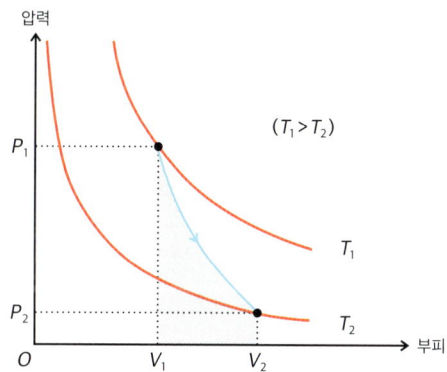

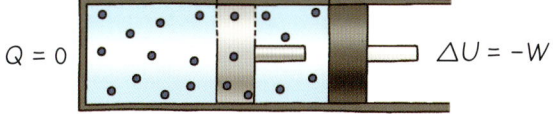

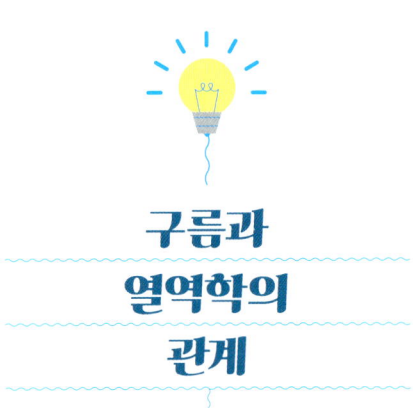

구름과 열역학의 관계

구름이 만들어지는 원리를 열역학 과정으로 한번 생각해볼까. 구름은 수 km의 거대한 공기 덩어리가 위로 올라가면서 만들어지는데, 올라가는 과정은 단열 과정으로 생각할 수 있어. 상승하는 공기 덩어리의 가장자리에서는 주변 공기와 혼합이 일어나지만 안쪽에 있는 대부분의 공기는 섞이지 않고 영향도 받지 않기 때문에 마치 풍선이 상승하는 것처럼 생각할 수 있어. 즉 가장자리가 일종의 단열막을 형성하고 있다고 볼 수 있는 거지.

공기 덩어리가 올라갈수록 압력이 낮아지므로 부피는 늘어나게 되고 그에 따라 온도가 내려가게 되지. 실제로 건조한 공기 덩어리는 1km 상승할 때마다 약 10℃ 정도 온도가 내려간다고 해. 지표면 근

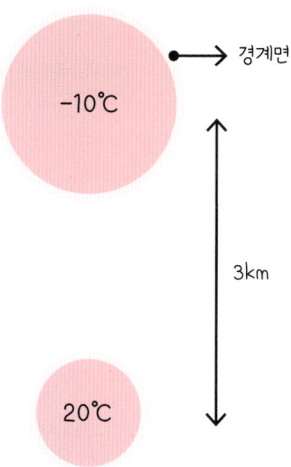

처에서 온도가 20℃인 공기 덩어리가 3km만 올라가도 온도가 -10℃로 떨어져서 공기 속에 포함된 수증기가 응결하여 구름이 형성되는 걸 볼 수 있어.

우리나라에도 이와 관련된 특이한 자연 현상이 있어. 태백산맥을 중심으로 한 영동과 영서 지방에 나타나는 기상 현상이야. 흔히 영

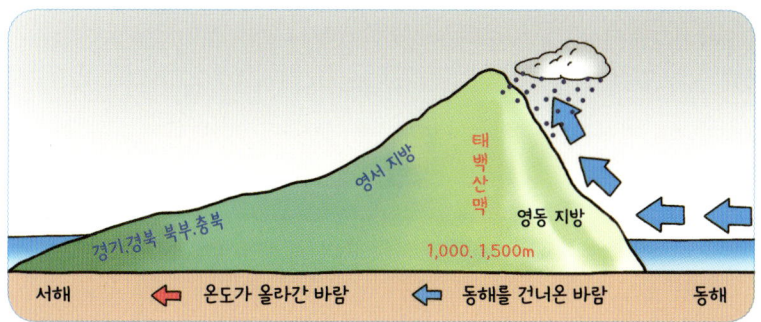

서 지방에 높새바람이 분다고 하지. 수증기를 많이 포함한 동해바다 위의 공기 덩어리가 경사가 급한 태백산맥의 동쪽 사면을 따라 급속하게 상승하면서 구름이 형성되고, 이때 영동 지방에는 날씨가 흐리고 비가 내려. 비를 뿌려서 건조해진 공기 덩어리가 산맥을 넘어서 서쪽으로 서서히 내려가면 기온이 높아지게 되어 영서 지방에는 기온이 높고 건조한 날씨가 나타난다고 해.

잠시 쉬어가는 이야기

차진 밥 VS 고슬고슬한 밥

둘 중에 어떤 밥을 더 좋아해? 쌀에 물을 넣고 가열하면 그냥 밥이 된다고 쉽게 생각할지 모르지만, 밥을 맛있게 하는 데도 여러 가지 조건들이 필요해. 어디에 밥을 하는지, 어디에서 하는지, 어떤 물을 사용하는지, 얼마나 불렸다가 하는지 등… 곳곳에 밥맛의 비밀이 숨겨져 있지. 그래서 밥을 '한다'고 하지 않고 '짓는다'고 하나 봐.

하지만 무엇보다 중요한 건 '어디에 밥을 하는가'인 것 같아.

압력밥솥, 냄비, 무쇠, 가마솥… 밥을 어디에 하느냐에 따라 같은 쌀이라도 밥맛은 확연하게 달라지거든. 압력밥솥에 밥을 할 때는 솥에 잘 씻은 쌀과 물을 넣고, 뚜껑을 닫아 완전히 밀폐시킨 다음 불을 켜서 가열하지. 밥솥이 흡수한 열은 밥솥 안의 온도와 압력을 높이게 되고, 밥솥 안의 압력이 높아지면 물의 끓는 점이 약간 높아져서 쌀이 더 차지게 익고, 조리시간도 더 빨라져.

이에 비해 냄비에 밥을 하면 물이 끓으면서 압력이 높아질 때 뚜껑이 들썩거리면서 김이 새기 때문에 밥솥 안의 압력이 낮아져서 밥에 찰기가 없고 조리시간도 좀 더 오래 잡아야 하지.

등산을 가서 밥을 하면 밥하기가 힘들고 조리시간이 오래걸리는 것도 위와 같은 이유야. 산을 올라갈수록 기압이 낮아지기 때문에 물이 끓는점이 낮아지게 되지. 낮은 온도에서 물이 끓어서 음식이 설익게 되거나 냄비 바닥만 타는 경우가 많이 있어. 그래서 이런 경우 뚜껑 위에 무거운 돌을 올려 놓아서 뚜껑에 압력을 가해주는 방법을 사용하기도 해.

열역학을 알고 있으면 밥 짓는 것과 같은 실생활에도 많은 도움이 되겠지? '아는 것이 힘이다.' '아는 만큼 보인다.'는 속담이 그래서 있는 것 같아.

개념문제

내용을 잘 이해했는지
확인해볼까?

* 정답은 425쪽에

1 바닥으로부터 높이가 H인 곳에 설치된 관에서 물이 수조로 떨어지고 있다. 물이 수조 바닥과 충돌한 다음 역학적 에너지의 $\alpha\%$가 열에너지로 전환된다고 하자. 이때 수조 속에 있는 물의 온도를 구해보자. (단, 물이 관에서 나오는 속력은 v이다.)

2 압력이 5기압, 부피가 50L, 온도가 27℃인 이상기체가 있다.

1) 처음에 부피를 일정하게 유지하면서 압력을 2배로 증가시켰을 때, 기체의 온도는 얼마인가?

2) 이어서 온도를 600K로 일정하게 유지하면서 처음 압력과 같도록 부피를 팽창시켰다. 이때 기체의 부피는 얼마인가?

3 그림과 같이 부피가 10L인 이상기체의 압력을 1,000N/m²로 일정하게 유지하면서 부피를 2배로 증가시켰다.

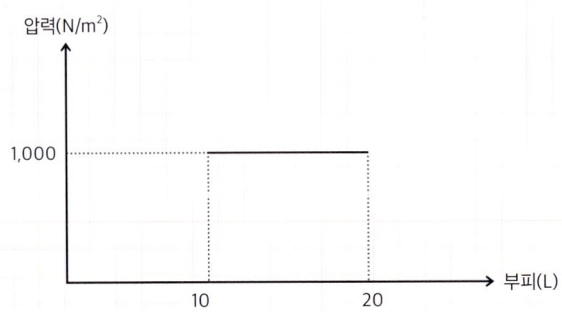

1) 기체가 외부에 한 일은?

2) 기체의 내부에너지 변화는?

3) 기체가 흡수한 열량은?

4 작동 물질로 이상기체 1몰이 있는 어떤 열기관이 그림과 같이 순환 과정을 거친다. (단, 기체상수 R = 8.3J/mol·K이다.)

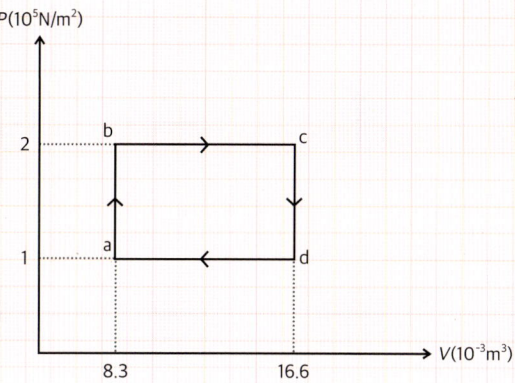

1) a, b, c, d점의 온도를 구하시오.

2) a → b → c 과정에서 흡수한 열량은?

3) c → d → a 과정에서 흡수한 열량은?

조금 더 어려운 문제들도
한번 풀어볼까?

* 정답은 426쪽에

5 그림과 같이 열적으로 절연된 실을 이용하여 쇠공 하나를 천장에 매달고, 판 위에 다른 쇠공을 놓았다. 두 쇠공은 질량과 부피가 같고, 가열하기 전 두 쇠공의 온도는 같으며, 두 쇠공은 일정한 시간 동안 같은 양의 열로 가열된다고 하자.

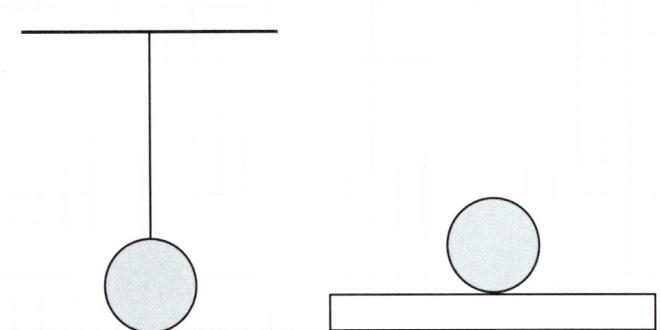

1) 두 쇠공은 가열됨에 따라 부피가 늘어난다. 두 쇠공의 무게 중심은 어떻게 변하겠는가?

2) 에너지 보존법칙을 적용하면 두 쇠공의 온도가 달라지게 된다. 어떤 공의 온도가 더 높아지겠는가?

6 그림과 같이 온도가 T인 기체가 온도가 T_1인 밀폐된 용기 속에 들어 있다. 기체의 온도 T와 용기 표면의 온도 T_1의 관계에 따라 용기 속의 기체의 압력이 달라진다. 그 이유를 설명해보자.

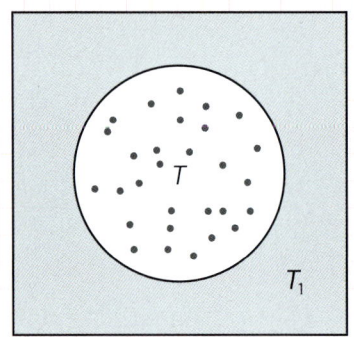

7 온도가 3℃이고 깊이가 140m인 호수의 밑바닥에서 부피가 1cm³인 공기 방울이 온도가 21.4℃인 표면으로 올라왔다. 호수 표면에서 물방울의 부피는 몇 cm³인가?(단, 호수 표면의 기압은 1기압이고, 물의 깊이가 10m 깊어질 때마다 1기압씩 증가한다.)

창의적으로 생각하고 해결하는 문제에도 도전해보자

※ 정답은 427쪽에

8 그림 a에서 수평한 관에 있는 질량 m인 수은 방울은 플라스크 속의 n몰의 이상 기체가 새어 나가지 못하도록 막고 있고, 수은 방울 오른쪽에 있는 수평한 관의 입구는 대기압이 작용하도록 열려있다. 둥근 플라스크 속의 기체의 온도가 ΔT만큼 상승하면 수은 방울은 오른쪽으로 Δx만큼 이동한다. 이제 이 플라스크를 그림 b와 같이 수직으로 세우자. 수직으로 세운 상태에서 수은 방울이 Δx만큼 위쪽으로 이동하려면 플라스크 내의 기체의 온도를 얼마나 올려야 하는가?(단, 중력가속도는 g이고 이상기체상수는 R이다.)

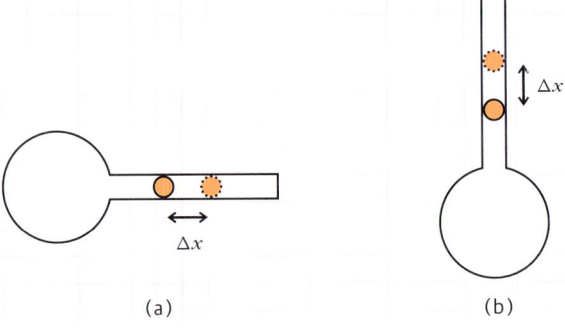

(a)　　　　　(b)

9 질량이 m_1, 몰수가 n_1, 온도가 T인 기체 A가 부피 V인 단열된 용기 속에 들어 있다. 이 용기에 질량이 m_2, 몰수가 n_2인 기체 B를 일정한 속력 v_0로 집어넣었다. 이 혼합물이 평형 상태에 이른 후 기체 분자 A의 평균 속력을 구하시오. (단, 두 기체는 화학작용을 하지 않으며, 기체 B를 주입하는 동안 기체 A는 새어나오지 않는다. 볼츠만 상수는 k이다.)

10 그림과 같이 수조에 소형 수차를 설치하고 관을 이용하여 수조의 물을 수타의 날개 위에 떨어뜨려 수차가 돌아가도록 장치하였다. 이 수차가 마찰 등 에너지 손실이 없이 이상적으로 작동한다고 가정할 때, 이 수차는 외부에서 지속적인 에너지 공급이 없이도 영원히 작동하겠는가?

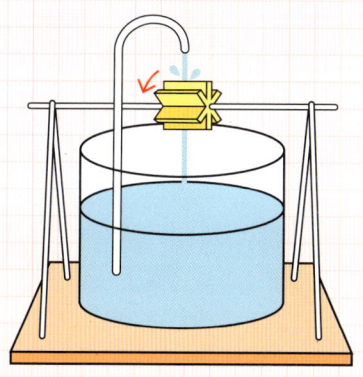

열역학 제2법칙과 엔트로피 교실

가역 과정과
비가역 과정

○ 가역 과정이란 거꾸로 돌아와 원래 상태를 회복하는 것이 가능한 과정, 즉 변화의 반대 방향으로 돌아오는 것이 가능한 과정을 의미해. 그림과 같이 진공에서 단진자

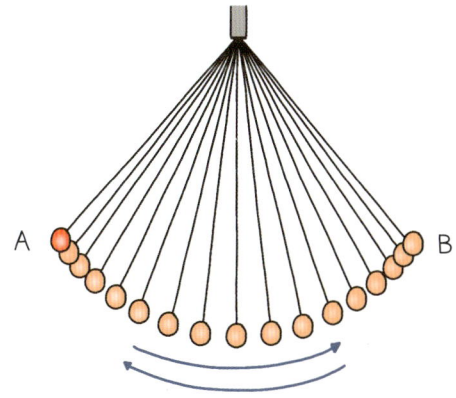

의 운동을 생각해보자. 단진자가 A점에서 출발하면 B점까지 갔다가 다시 원래 상태인 A점으로 돌아오지. 이와 같이 외부에 아무런 흔적도 남기지 않고 원래 상태로 돌아오는 과정을 가역 과정이라고 해.

위와 같은 기준으로 생각해 본다면, 물체가 일정한 속력으로 같은 운동 상태를 반복하는 원운동도 가역 과정으로 볼 수 있겠지.

그러면 가역 과정과 비가역 과정을 구분 짓는 조건은 뭘까? 높이 H인 곳에서 공을 떨어뜨려 바닥과 충돌시키는 경우, 공이 다시 처음 높이까지 올라가면 가역 과정이야. 운동 중간에 충돌이라는 과정이 있었지만 다시 원래 상태로 돌아왔기 때문에 그렇다고 할 수 있어.

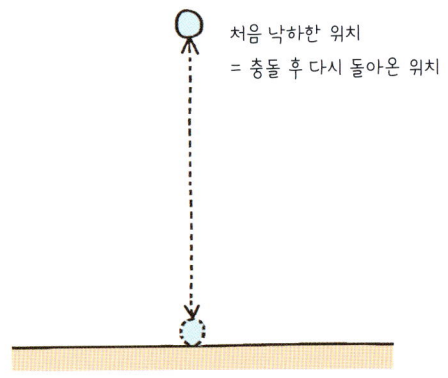

이 현상을 좀 더 분석해보면 가역 과정에 대한 분명한 조건을 알 수 있어. 한번 차분히 생각하며 읽어봐.

공을 바닥에 떨어뜨려서 충돌시키는 경우 충돌에 의해 에너지 소모가 일어나지 않아야 원래 상태로 돌아갈 수 있어. 즉, 역학적 에너지가 보존되어야 원래 상태로 돌아가는 것이 가능하다는 말이야. 다시 정리해 보면, 에너지적 측면에서 볼 때 가역 과정이란 역학적 에너지가 보존되는 과정이라고 할 수 있는 거지.

이 내용을 머리에 담고 공이 바닥에 충돌하는 문제를 보면 비가역 과정이 무엇인지도 자연스럽게 알 수 있을 거야. 비가역 과정이란 공이 원래 위치까지 올라오지 못하는 경우인데, 그렇게 되는 이유는 공의 역학적 에너지의 일부가 소리나 열과 같은 다른 에너지로 사라졌기 때문이야.

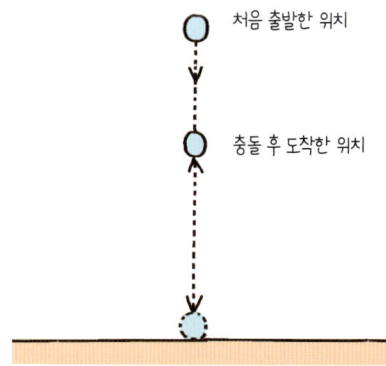

공기 중에서 단진자가 운동하는 경우에는 어떨까? 단진자가 운동하는 동안 공기의 저항으로 인하여 진자의 에너지가 소모되기 때문에 진자가 원래 상태로 돌아가지 못해. 좀 더 자세히 분석해보면, 진자가 운동할 때 주위의 공기 분자들과 충돌하면서 진자의 역학적 에너지는 점점 줄어들고 공기 분자들의 역학적 에너지는 점점

증가하지. 진자의 역학적 에너지가 공기 분자들의 열에너지로 전환되기 때문에 진자가 밀폐된 상자 속에서 운동하는 경우 $T_0 < T_1$이 되는 거야. 그림에서 화살표는 공기 분자들의 속도를 나타낸 것인데, 처음 상태에 비해 나중 상태의 공기 분자들 속력이 빨라졌어. 나중 상태에서 속력이 빨라진 까닭은 진자와의 충돌로 공기 분자들이 에너지를 얻었기 때문이지.

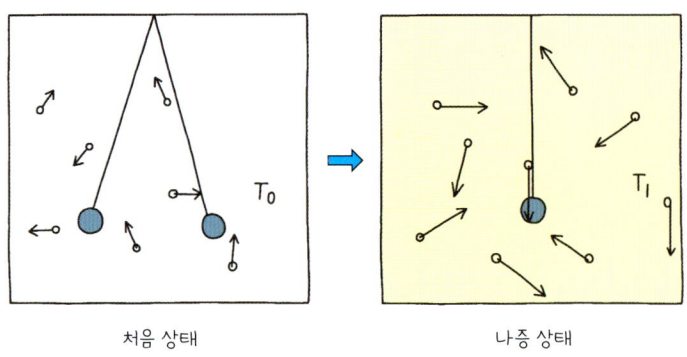

처음 상태 　　　　　　　　　나중 상태

이제 반대의 과정을 생각해보자. 공기 분자들이 힘을 합쳐서 정지해 있는 진자를 어느 한쪽으로만 주기적으로 힘을 가해주는 것이 가능할까? 공기의 온도가 저절로 낮아지면서 진자의 진폭을 점점 크게 만들 수 있을까? 자연에서는 그러한 현상이 저절로 일어나지 않는다는 것을 우리는 느낌만으로도 알 수 있어.

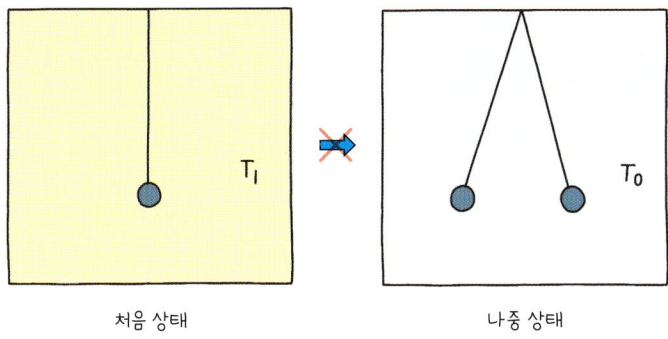

처음 상태   나중 상태

그러면 이제 몰 단위의 입자가 운동하고 있는 실제 상황도 한번 생각해보자.

크기가 같은 용기 두 개를 밸브로 연결한 다음, 왼쪽 용기에 1기압이 되도록 기체를 넣고, 오른쪽 용기는 진공을 만들었어. 밸브를 열면 왼쪽 용기에 있던 기체가 오른쪽으로 자유롭게 퍼져 나가게 되고, 시간이 흐른 후 양쪽 용기 속의 압력은 각각 0.5기압이 될 거야.

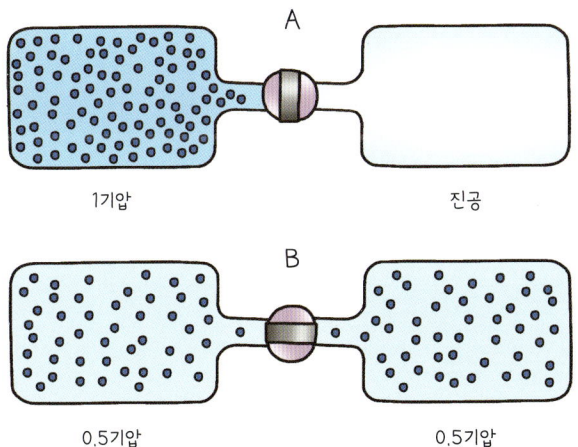

1기압   진공

0.5기압   0.5기압

즉, 기체가 한쪽에 몰려있는 상태에서 기체가 양쪽으로 고르게 퍼진 상태로 물리적 과정이 진행된 거지.

이제 반대의 과정을 생각해보자. 양쪽 용기에 고르게 퍼져 있는 기체들을 저절로 한쪽 용기로만 움직여서 모이게 할 수 있을까? 당연히 그럴 수 없겠지. 이와 같이 한쪽 방향으로만 자연현상이 진행되는 것을 비가역 과정이라고 해.

그러면 어떻게 그러한 일이 발생하게 되는 걸까? 확률적인 측면에서 살펴보기 위해 입자 수가 4개인 경우로 생각해보자. 크기와 조건이 같은 두 개의 방 안에 4개의 입자가 들어가는 상황과 같아. 4개의 입자를 a, b, c, d라고 하고, 각 입자는 2개의 방 중 1개에 들어갈 수 있다고 했을 때, 어느 한쪽에 있을 확률은 $\frac{1}{2}$이야. 입자가 왼쪽과 오른쪽 방에 어떻게 배치되는지에 대하여 모든 경우의 수를 고려해서 그림을 그리면 다음과 같이 되겠지.

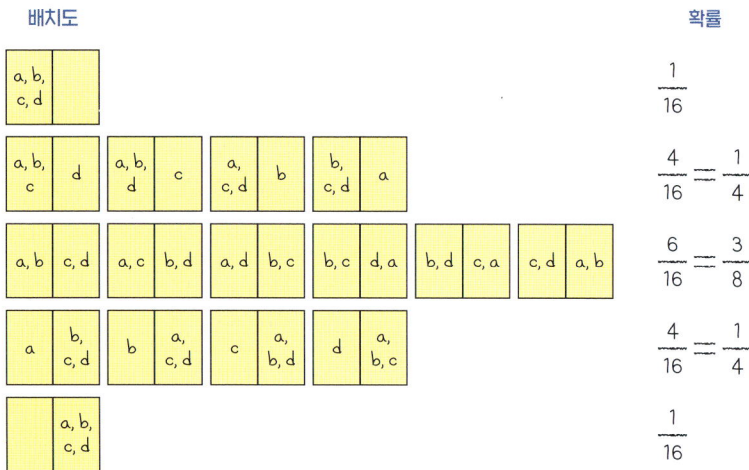

4개 입자가 모두 한쪽 방에 있는 경우는 확률이 가장 낮고, 양쪽에 2개씩 같은 수가 들어가는 경우는 확률이 높아. 실제 공기 1몰의 분자 수는 아보가드로수인 6×10^{23}개야. N개의 입자가 한쪽 용기에 몰려있을 확률은 $\frac{1}{2^N}$이고, $N = 6 \times 10^{23}$개이므로 확률은 거의 0이야. 즉, 그러한 현상이 발생할 가능성이 전혀 없다는 거지. ($\frac{N}{2}$개씩 나눠 들어갈 확률은 $\frac{1}{2^N} \times \frac{N!}{(\frac{N}{2}!)^2}$인데, 수준 높은 계산이 필요해서 여기서는 유도하지 않을 거야. 참고로만 알아두면 좋을 것 같아.)

결론적으로 A상태에 있던 기체 분자들은 중간에 밸브를 열면 B상태로 진행되지만, 처음에 B상태이던 분자가 A상태로 저절로 진행되지는 않는다는 것만 알고 있으면 될 것 같아.

열의 이동이 비가역적인 이유

온도가 다른 두 물체를 접촉시키고 충분한 시간이 흐른 후 물체의 온도를 측정해 보면 두 물체의 온도가 어떻게 된다고 했지? 같아진다고 했지. 온도와 열현상을 설명할 때, 선생님이 알려준 것 기억나? 물체의 온도가 같아서 열의 이동이 없는 상태를 열평형 상태라고 했잖아.

이러한 열평형 상태는 열이 항상 고온에서 저온으로 이동하기 때문에 나타나는 현상이라고 볼 수 있어.

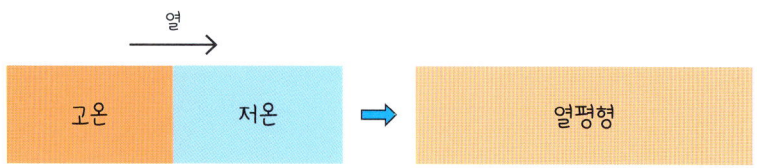

반대로 열이 저온에서 고온으로 이동한다면 어떤 일이 벌어질까? 책 읽는 걸 잠깐 멈추고 한번 생각해봐.

열이 저온에서 고온으로 이동한다면… 열이 저온인 물체에서 빠져나와 고온인 물체로 들어가므로, 저온인 물체의 온도는 더 내려가고 고온인 물체의 온도는 더 올라갈 거야. 에너지는 보존되지만, 평형상태는 존재하지 않고 비극적인 양극화가 일어나게 되는 거지. 하지만 자연에서 이러한 일은 일어나지 않아. 왜냐하면 열의 이동은 고온에서 저온으로만 가능한 비가역적이기 때문이지.

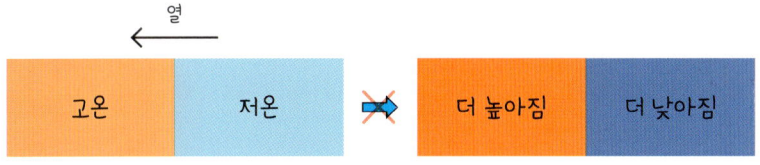

그러면 왜 열은 고온에서 저온으로만 흐를까? 그 이유는 앞에서 입자가 균등하게 분포하는 것이 발생할 확률이 훨씬 높은 것처럼 에너지도 균등하게 분포하는 것이 발생할 확률이 훨씬 높기 때문이야.

열의 이동에서 우리는 두 가지를 확인할 수 있어. 첫째는 열의 이동은 비가역적인 현상이라는 것이고, 둘째는 열의 이동은 확률이 높은 방향으로 진행되는 현상의 일종이라는 거야. 비가역적인 과정의 본질은 자연현상이 확률이 높은 방향으로 진행된다는 거지. 이와 관련하여 클라우지우스는 열역학 제2법칙을 다음과 같이 정리했어.

> 열은 고온인 뜨거운 물체에서 저온인 차가운 물체로
> 자발적으로 흘러가지만,
> 저온인 차가운 물체에서 고온인 뜨거운 물체로
> 자발적으로 흐를 수 없다.

클라우지우스(1822~1888)

이 진술이 열의 이동이라는 특수한 상황에서는 잘 적용되지만 다른 상황에서도 동일하게 적용되는지에 대해서는 확신할 수 없었지. 후에 열기관에 대한 연구가 진행됨에 따라 열역학 제2법칙에 대한 좀 더 일반적인 진술들이 나오게 되었어.

열에 관한 카르노와 줄의 관점

열의 본질에 대한 탐구는 증기 기관과 같은 열기관의 열효율을 높이기 위한 연구에서 비롯되었어.(067쪽, PART 2_열기관에서 기체가 하는 일 참고)

19세기 초 카르노는 열이 무게가 없는 원소의 일종이라는 열소(caloric) 이론으로 열기관의 작동 원리를 설명했어. 카르노는 물이 높은 데서 낮은 데로 흘러가면서 물레방아를 돌려 일을 하는 것처럼 열소도 물처럼 고열원에서 저열원으로 흐르는 과정에서 열기관을 작동시킨다고 생각했어. 즉, 역학적으로 물레방아

카르노(1796~1832)

PART 3_우리는 날마다 엔트로피를 낮추며 살아간다 • 111

줄(1818~1889)

가 한 일의 양은 물의 높이 차이에 비례하듯이 열기관이 한 일의 양은 열원의 온도 차이에만 관계된다고 생각했어. 따라서 열기관의 열효율도 고열원과 저열원의 온도 차이에만 의존하는 것으로 생각했던 거야.

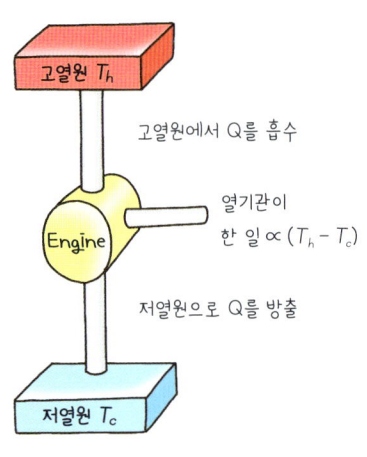

한편 줄은 역학적 에너지인 일이 열로 전환된다는 것을 실험을 통해 입증했어. 즉, 열과 일은 형식만 다를 뿐 서로 전환되는 물리량이라는 것을 알아낸 거야. 줄은 이 결과를 일반화시켜 에너지의 총

량이 변하지 않는다는 에너지 보존법칙까지 이끌어냈어.

이러한 줄의 연구 결과는 열과 일에 대한 카르노 이론에 대하여 심각한 의문을 제기했지. 당시 과학자들은 카르노의 열기관에 대한 이론이 에너지 보존법칙을 위배하는 것으로 판단했어. 카르노 이론에 따르면 열기관은 높은 온도의 열원에서 흡수한 열을 모두 낮은 온도의 열원으로 방출하는 과정에서 일을 하는 장치인데, 이러한 관점이 열이 에너지와 동등하다는 줄의 이론과 달랐기 때문이야. 줄의 연구 결과는 고온의 열원에서 얻은 열을 저온의 열원으로 일부 방출하고 그 차이만큼은 일로 전환된다는 거였거든.

두 과학자의 관점을 표로 정리해봤으니까 한번 비교하며 읽어봐.

	열기관이 흡수한 열	열기관이 방출한 열	열기관이 한 일	열에 대한 관점
줄	Q_h	Q_c	$W = Q_h - Q_c$	열은 에너지와 동등하므로 일로 전환됨
카르노	Q	Q	$W \propto (T_h - T_c)$	열은 작동 물질, 에너지는 작동 물질의 온도 차이

카르노 이론이 에너지 보존법칙을 만족하지 않기 때문에 그 이론의 기본 가정인 열이 열소라는 생각은 더 이상 하지 않게 되었지만, 열기관에서 열이 고온에서 저온으로 흐른다는 원리는 여전히 살아남아서 열기관의 열효율이 고열원과 저열원의 온도 차이에 비례함을 보여주고 있어.

열효율과
열역학 제2법칙

🔵 열기관은 열이 고온에서 저온으로 이동하는 동안 역학적인 일을 얻는 기관이라고 했지? 그런데 모든 열기관은 흡수한 열의 일부만을 일로 바꿀 수 있기 때문에 열효율은 다음과 같이 정의할 수 있어.

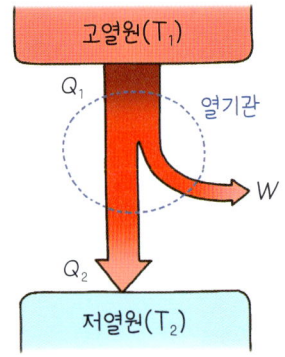

$$\text{열효율} = \frac{\text{외부에 한 일}}{\text{열기관이 외부로부터 흡수한 열}} = \frac{W}{Q_1} = \frac{Q_1 - Q_2}{Q_1}$$

Q_1 : 고온의 열원으로부터 흡수한 열
Q_2 : 저온인 열원으로 방출한 열
W : 외부에 한 일

열이 고온의 열원에서 저온의 열원으로 흘러가는 과정에서 열기관은 고온의 열원에서 열을 흡수하여 내부에너지를 증가시키고, 내부에너지의 일부를 역학적인 일로 바꾸며, 남은 에너지를 저온인 열원으로 방출해. 열역학 제2법칙은 어떠한 열기관이라도 흡수한 열을 모두 역학적 에너지로 바꿀 수는 없다는 것을 말해주는데, 열기관에서 열역학 제2법칙을 정리하면 다음과 같아.

> 고온의 열원과 저온의 열원 사이에 작동하는 열기관의 경우,
> 흡수된 열의 일부분만 역학적인 일로 바꿀 수 있고,
> 나머지는 저온으로 방출된다.

열역학 제2법칙이 확립되기 전, 열기관을 연구하는 과학자들은 마찰이 매우 작은 열기관의 경우 흡수한 열의 대부분을 역학적인 일로 바꿀 수 있으리라고 생각했어. 하지만 1824년 카르노가 열기관의 동작을 자세히 분석한 결과 이상적인 조건에서조차도 열기관이 한 일은 고열원과 저열원의 온도 차이에 의해 결정된다는 것을 알아내

게 되었지. 그가 발견한 이상적인 열기관의 효율, 즉 카르노 효율은 다음과 같아.

$$효율 \equiv \frac{T_{고온} - T_{저온}}{T_{고온}}$$

예를 들어 증기 기관에서 고열원의 온도가 400K이고, 저열원의 온도가 300K라면 카르노 기관의 열효율은 $\frac{400-300}{400} = \frac{1}{4}$ 이야. 흡수한 열의 25%만을 역학적인 일로 바꿀 수 있다는 거지. 열효율을 높이기 위해서는 온도 차이를 크게 해야 하는데 만일 고열원의 온도를 600K로 높이면 열효율은 $\frac{600-300}{600} = \frac{1}{2}$ 이 되고, 흡수한 열의 50%를 역학적인 일로 전환할 수 있게 돼.

그러면 저열원의 온도가 $T_{저온}$ = 0K이거나 고열원의 온도가 $T_{고온} \to \infty$이면 열효율이 100%인 열기관이 존재하지 않을까? 저열원에서 절대온도 $T_{저온}$가 0K인 경우는 원리적으로 도달할 수 없는 온도이고, 고열원의 온도 $T_{고온}$가 ∞이면 열기관 자체가 녹아버리기 때문에 이것 또한 존재할 수 없는 조건이야. 따라서 열효율이 100%인 열기관은 존재할 수 없다는 결론이 나오는 거지.

열효율이 100%인 기관을 영구기관이라고 하는데, 켈빈과 플랑크(Kelvin-Planck)는 열역학 제2법칙을 열효율의 개념을 바탕으로 다음과 같이 정리했어.

> 흡수한 열을 완전히 일로 전환하는 열기관은 존재하지 않는다.

무질서도와 엔트로피

● **클라우지우스의 엔트로피 개념 도입**

클라우지우스는 자연계에서 열이 고온에서 저온으로 이동하고, 그 반대 과정은 일어나지 않는다는 점, 그리고 일은 100% 열로 전환되지만 열기관에서 열이 전부 일로 전환될 수는 없다는 점을 주목해서 그 부분을 집중적으로 연구했어.

클라우지우스는 이러한 비가역 현상에 방향성이 있다는 것을 나타내기 위하여 그리스어로 '변형'을 뜻하는 '엔트로피'라는 용어를 도입하였고, 열이 뜨거운 곳에서 차가운 곳으로 흐르는 경향을 엔트로피의 증가로 표현했어. 이러한 엔트로피 개념을 바탕으로 클라우지우스는 열역학 제2법칙을 다음과 같이 정리했지.

> 자연적 과정의 결과로서 발생한 어떤 계와
> 그 계를 둘러싼 주변의 총 엔트로피는 증가한다.

 클라우지우스는 엔트로피라는 개념을 도입하여 비가역 과정을 설명하였으나 엔트로피의 물리학적 의미가 무엇인지는 분명하게 설명하지 못했어.

• **볼츠만의 무질서도** 엔트로피를 확률적으로 해석하여 그 개념에 대한 물리적 의미를 분명하게 한 물리학자는 볼츠만이야. 볼츠만은 엔트로피를 '어떠한 상태를 구성하는 분자(입자)들의 배열 방법 수'와 관련지었어. 즉 엔트로피가 높아진다는 것은 배열 방법 수가 많아진다는 것을 의미한다는 것이야. 여기에서 배열 방법 수가 많아진다는 것은 분자 하나의 입장에서 볼 때 선택할 수 있는 상태의 수가 많아진다는 것이고, 이것을 다시 말하면 자유도가 증가한다는 거야.
 무슨 말인지 조금 어렵지? 다음에 나오는 그림을 보면서 이해해 보도록 하자.
 수업이 시작되면, 학생들은 자기 자리에 앉지. 처음에는 비교적 바른 자세로 공부하다가 점점 시간이 흐르면서 엎드리는 아이, 친구하고 장난치는 아이, 돌아다니는 아이… 등으로 인해 교실이 혼란스러운 상황으로 변하기도 하는데, 이런 경우 무질서도가 증가한다고 해. 이러한 무질서도의 증가 원인은 학생들이 선택할 수 있는 행동의

가짓수가 증가했기 때문이야. 처음에는 똑바로 앉아있는 것만 가능했는데, 나중에는 엎드리는 것, 주변 친구와 대화하는 것, 교실을 돌아다니는 것 등이 가능해진 거지. 학생 개인이 어떤 상태를 선택하느냐에 따라 교실 전체적으로 다양한 배열이 나올 수 있겠지? 선택할 수 있는 상태의 수가 증가하면 배열 방법도 증가한다는 것을 알 수 있어. 그러니까 무질서도가 증가한다는 것은 개인에게 있어서는 자유도가 증가하는 것이라고 표현할 수 있어.

위의 예를 통해서 다시 생각해보면, 우주의 엔트로피가 항상 증가한다는 것을 통해 자연 상태에서 물리적 과정이 항상 무질서도가 증가하는 방향으로 일어난다는 것을 알 수 있어. 무질서의 개념에서 볼 때, 열역학 제2법칙은 다음과 같이 정리할 수 있어.

> 자연 현상은 무질서도가 증가하는 방향으로 일어난다.

내용을 잘 이해했는지 확인해볼까?

※ 정답은 428쪽에

1 일상생활에서 볼 수 있는 비가역 현상의 사례를 두 가지만 들어보시오.

2 그림과 같이 부피가 같은 두 개의 N개의 기체 분자가 들어 있는 통 A와 진공 상태인 B가 밸브로 연결되어 있다. 중간의 밸브를 연 다음 충분한 시간이 흐른 후 모든 기체 분자들이 통 A에 모여있을 확률을 구하시오.

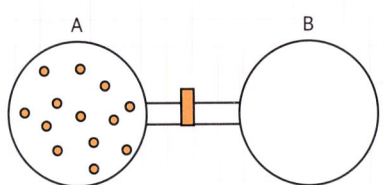

3 20%의 열효율을 내는 어떤 자동차 엔진이 매 초당 23,000J의 역학적인 일을 한다.

1) 매 초당 엔진이 흡수하는 에너지는?

2) 매 초당 엔진으로부터 방출되는 에너지는?

조금 더 어려운 문제들도 한번 풀어볼까?

※ 정답은 429쪽에

4 동전 100개를 잘 섞은 다음 바닥에 던졌다.

1) 100개의 동전이 모두 앞면만 나올 확률은?

2) 99개는 앞면이, 1개는 뒷면이 나올 확률은?

5 고열원과 저열원의 온도가 각각 500℃와 270℃인 증기 기관이 낼 수 있는 최대 효율은?

6 어떤 엔진 제작 기술자는 다음과 같은 조건을 만족하는 엔진 제작을 의뢰받았다.

> 엔진이 흡수하는 열은 435K에서 매 초당 9.0kJ이고
> 방출하는 열은 285K에서 매 초당 4.0kJ이 되어야 함.

이런 조건을 만족하는 엔진을 제작할 수 있을까?
제작이 가능한(가능하지 않은) 이유를 설명해보자.

창의적으로 생각하고 해결하는
문제에도 도전해보자

※ 정답은 430쪽에

7 바닷물을 빨아들여 열을 빼앗아 일을 하고 차가운 물을 뒤로 흘려보내는 바닷물을 이용하는 엔진이 있다.
이 엔진이 불가능함을 설명하시오.

MEMO

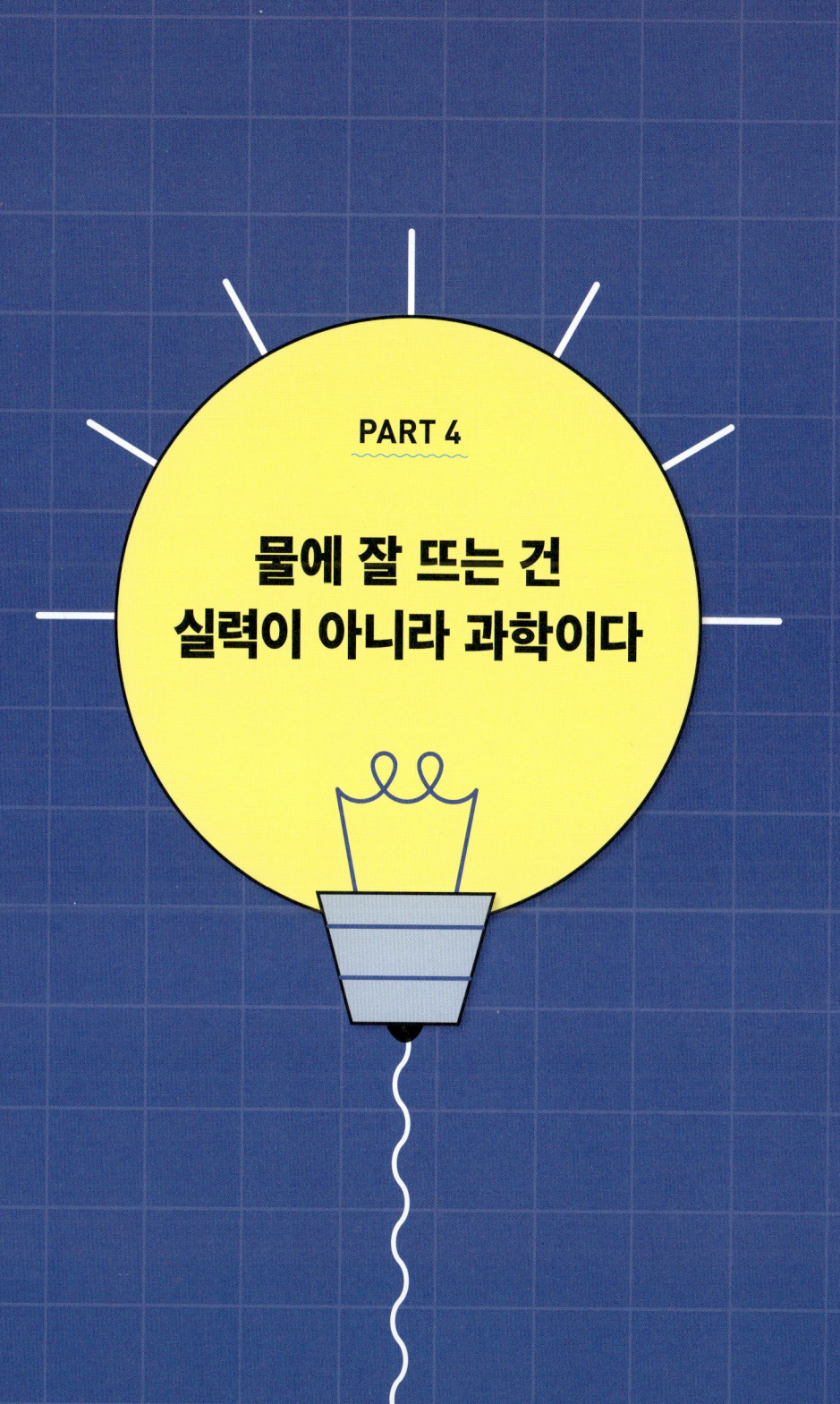

유체 교실

유체의 상태

액체는 담겨있는 용기와 같은 모양을 가지게 돼. 액체 상태의 분자들이 서로 미끄러지면서 이곳저곳을 자유롭게 흘러다닐 수 있기 때문이지. 기체도 모양이 쉽게 변하는 물질이라는 점에서 액체와 비슷해. 그래서 이 두 물질을 유체라고 말하지.

하지만 같은 유체라고 해도 액체와 기체는 다른 면이 있어. 가장 큰 차이점이라고 한다면 분자들 사이의 거리이지. 액체를 구성하는 분자들은 비교적 가까이 있기 때문에 주위의 분자들과 지속적인 상호작용을 하거든. 그렇기 때문에 액체일 때 분자들의 운동은 서로 영향을 받게 되지. 하지만 기체를 구성하는 분자들은 아주 멀리 떨어져 있어서 다른 분자들과 충돌하기 전까지는 각자 자유롭게 운동을 해.

물질의 상태

유체의 상태를 나타내는 양으로는 온도, 압력, 부피가 있어. 그 중에서 정지한 유체의 경우, 온도는 거의 일정하므로 압력을 살펴볼 필요가 있어. 압력은 단위 면적당 수직으로 작용하는 힘의 크기인데, 이 때 작용한 힘의 크기를 F, 힘이 작용한 면적을 A라고 하면 압력은 $P = \frac{F}{A}$[N/m² 또는 Pa, SI단위계에서 압력의 단위로 Pa(파스칼)을 사용]로 나타낼 수 있지.

1Pa은 대략 천 원짜리 지폐가 책상 면에 놓일 때 작용하는 압력으로 아주 작아. 하지만 지구를 둘러싸고 있는 공기의 압력(대기압)은 약 10만Pa로 10톤의 물체가 1m²의 면적에 가하는 힘만큼 매우 크지. 이렇게 큰 압력에도 불구하고 우리가 아무 일 없는 듯 편안하게 잘 지내고 있는 것은 폐나 혈액 내부의 공기와 같이 우리 몸속에 존재하는 기체의 압력이 대기압과 같기 때문이야.

수조 안에 놓인 밀도 ρ, 질량 m인 가상적인 액체의 원기둥을 한 번 생각해 보자.

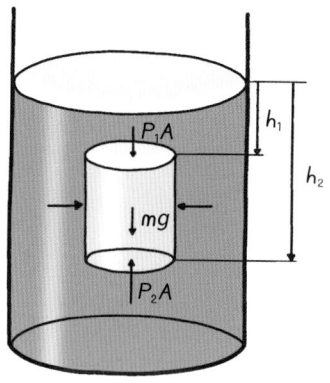

윗면에서 아래 방향으로 작용하는 힘($F_1 = P_1A$)과 원기둥의 무게(mg)가 아랫면에서 위 방향으로 작용하는 힘($F_2 = P_2A$)과 평형을 이루고 있으므로 다음과 같은 식으로 나타낼 수 있어.

$$F_1 + mg = F_2 \text{이므로}$$
$$P_1A + mg = P_2A \rightarrow P_1A + \rho Vg = P_2A$$
$$\text{따라서 } P_2 = P_1 + \rho g(h_2 - h_1) \text{인데,}$$
$$h_1 = 0, h_2 = h \text{이면 } P = P_0 + \rho gh$$
$$\text{(단, 여기서 } P_0 \text{는 대기압)}$$

일정한 깊이에서 액체의 압력은 모든 방향으로 똑같이 작용해. 즉 용기의 바닥이든 측면이든 또는 같은 깊이에 가라앉아 있는 물체의 표면에 대해서도 똑같은 압력이 작용한다는 말이야. 따라서 액체가 작용하는 압력은 밀도와 깊이에 따라 결정된다는 것을 알 수 있어. 하지만 액체의 표면을 누르는 대기압도 액체의 압력을 증가시키게 되므로 액체가 누르는 전체 압력 P는 액체에 의한 압력 $P_{액체} = \rho g h$에 대기압 P_0를 더한 값이 돼.

$$P = P_0 + P_{액체} = P_0 + \rho g h$$

액체의 압력이 액체의 양과 무관하다는 사실이 놀랍지 않아? 예를 들어 넓은 호수 표면에서 1m 아래의 수압은 작은 수영장 1m 아래의 수압과 동일하다는 말이잖아. 더 큰 압력을 견디어 내야 하는 댐은 물이 많은 댐이 아니라 깊이가 더 깊은 댐이라는 거지.

가끔 장마철에 물이 댐을 넘치는 경우가 있는데, 이때 넘치는 물보다 댐에 작용하는 수압이 높아져서 댐이 무너질 수 있다는 것이 더 큰 문제가 되기도 해.

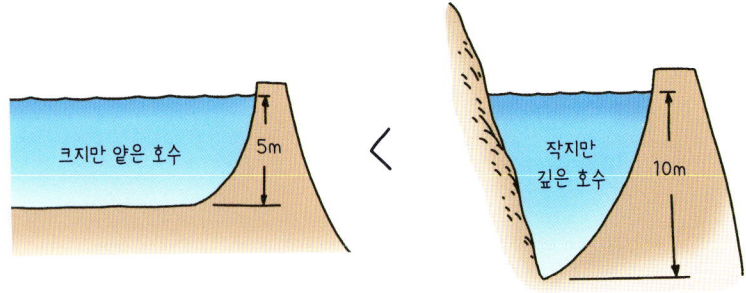

수압이 물의 부피가 아니라 깊이에 따라 결정된다는 사실은 '파스칼의 꽃병들'에서도 확인해볼 수 있어. 연결된 꽃병들을 잘 살펴보면 수면의 높이가 모두 같음을 알 수 있지.

이것은 수면 아래의 깊이가 같기 때문에 수압도 같아서 일어나는 현상이야. 지금은 각 꽃병의 바닥에서 수압이 서로 같은데, 만약 그렇지 않으면 액체는 압력이 같아질 때까지 흐르게 돼. 이런 현상을 '물은 자신의 높이를 찾아간다.'고 말하지.

부력

○ 부력이란 물체가 유체에 잠겨있을 때 중력의 반대 방향으로 물체를 밀어 올리는 힘을 말하는데, 이러한 힘의 작용 때문에 물속에서 물체가 가벼워지는 거야.

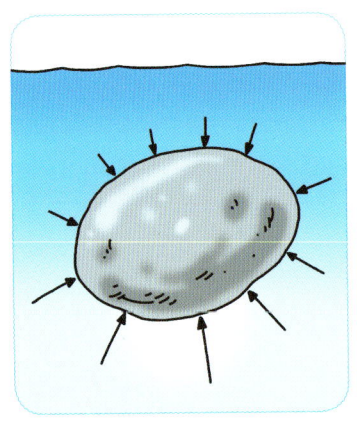

그림을 보면 부력이 생기는 이유를 이해할 수 있어. 화살표들은 액체 속에 있는 물체에 액체가 가하고 있는 힘들을 나타내는 거야. 힘의 크기는 깊이가 깊은 곳에서 더 크지만 물체의 측면에 수평으로 작용하는 힘들은 서로 상쇄되지. 그래서 물체는 옆으로 밀리지

않는 거야. 하지만 아래쪽의 압력이 높으므로 아래쪽에 작용하는 위 방향의 힘들은 위쪽에 작용하는 아래 방향의 힘들보다 더 커. 이렇듯 위 방향과 아래 방향에 작용하는 힘의 차이가 바로 부력이야. 이 부력이 물체의 무게와 평형을 이루고 있는 거지. 선생님이 설명한 내용을 수식으로 정리하면 다음과 같아. 액체의 밀도는 ρ라 하고, 물체의 밑면적이 A이고 높이가 h인 원기둥이라고 하면

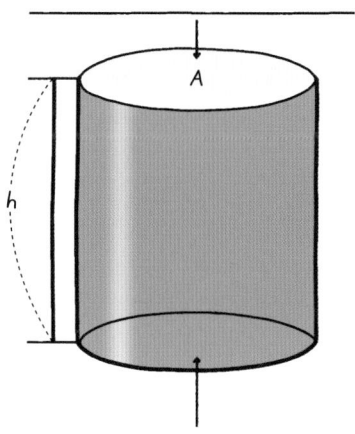

부력 = 위 방향으로 작용하는 힘 − 아래 방향으로 작용하는 힘

$F_{부력} = F_{위} - F_{아래}$

$= P_{위}A - P_{아래}A$

$= \rho V g$

물에 잠긴 물체의 무게가 부력보다 클 때 물체는 가라앉게 되지만, 무게와 물체가 받는 부력이 같을 때 물체는 물고기처럼 정지 상태로

놓여 있을 수 있어. 어떤 깊이에서도 정지 상태로 있는 것이 가능해지는 거지. 물론 무게가 부력보다 작으면 표면 위로 떠오르게 되고.

그림과 같이 돌멩이를 물이 담긴 용기 속에 넣으면 수면의 높이가 올라갈 거야. 물이 돌멩이 때문에 옆으로 밀려나서 위치를 바꾸게 되는 것이지. 이때 위치를 바꾼 물의 부피(돌멩이가 차지한 공간의 양)는 돌멩이의 부피와 같음을 알 수 있어. 완전히 잠긴 물체는 항상 같은 부피의 물을 밀어내게 되어 있거든.

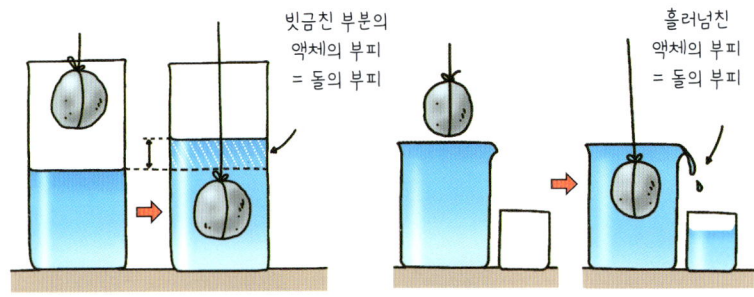

부력과 넘쳐흐른 액체의 관계는 기원전 3세기 경 그리스 철학자 아르키메데스에 의해 발견되었어. 왕관이 진짜인지 아닌지를 알아내는 방법을 고민하던 아르키메데스가 목욕을 하러 갔다가 목욕탕의 물이 넘치는 것을 보고 비로소 그 방법을 알아내고 너무 기쁜 나머지 유레카!를 외치며 벌거벗은 채 뛰어나온 이야기는 모두들 알고 있을 거야.

'유체 속에 잠긴 물체는 넘쳐흐른 액체의 무게와 같은 크기의 부력을 받는다.'는 아르키메데스의 원리는 액체뿐만 아니라 기체에서도 항상 성립해.

여기서 '잠겼다'는 것은 완전히 혹은 일부가 유체 속에 잠겨있는 상태를 말하지. 예를 들어 1L들이 용기의 절반만 물속에 담그면 $\frac{1}{2}$L의 물을 밀어내게 되므로 물 $\frac{1}{2}$L의 무게만큼 부력을 받아. 용기를 완전히 담그면(또는 가라앉게 하면) 물 1L의 무게인 9.8N의 부력을 받지. 완전히 가라앉은 용기가 찌부러지지 않는다면 어떤 깊이에서도 용기가 받는 부력은 물 1L의 무게와 같아. 왜 그럴까? 그것은 용기가 항상 같은 부피의 물을 밀어내고, 물의 무게는 깊이에 관계없이 일정하기 때문이야. 물에 잠긴 물체의 무게가 아니라, 밀려난(넘쳐흐른) 물의 무게가 바로 부력이야.

300g인 벽돌의 무게는 공기 중에서 약 3N이야. 이 벽돌을 물에 담글 때 2N의 물이 넘쳐흘렀다고 가정해보자. 이때 물에 잠긴 벽돌이 받는 부력은 약 2N일 거야. 벽돌의 무게는 물 위에서보다 물속에서 덜 나가지. 물속에서의 무게는 3N에서 부력 2N을 뺀 값인 1N이 되는 거야.

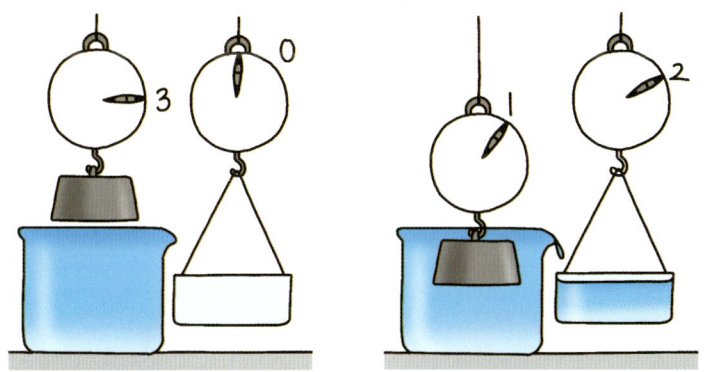

물속에 잠긴 물체의 아랫면에 작용하는 위 방향의 힘과 윗면에 작용하는 아래 방향의 힘의 차이는 넘쳐흐른 액체의 무게와 같아. 물체가 잠기기만 하면 깊이는 상관없어. 왜냐하면 깊이가 깊은 곳일수록 압력은 증가하지만 물체의 윗면과 아랫면에 작용하는 압력의 차이는 깊이에 관계없이 일정하기 때문이지. 유체 속에 잠긴 물체의 모양과 관계없이 부력의 크기는 밀려난 유체의 무게와 같아.

자, 지금까지 유체 속에 잠긴 물체가 받는 부력은 물체의 부피에 따라 다르다는 것을 배웠어. 작은 물체는 밀어내는 물의 양이 적으므로 받는 부력이 작고, 큰 물체는 많은 양의 물을 밀어내므로 부력이 크지. 다시 한번 강조할게. 잠긴 물체의 무게가 아니라 부피가 부력을 결정해.

비행선과 물고기는 모두 같은 원리로 일정한 높이에 머무른다.
공기로 둘러싸인 물체는 밀려난 공기의 무게와 같은 크기의 부력을 받는다.

'물체가 가라앉을 것이냐? 아니면 뜰 것이냐?'하는 것은 위 방향으로 작용하는 부력과 아래 방향으로 작용하는 물체의 무게에 달려 있어. 즉 물체의 무게에 비해서 부력이 얼마나 큰가에 따라 결정돼. 물속에 완전히 잠긴 물체의 무게가 부력과 똑같다면 물체의 무게는 밀려난 물의 무게와 같을 거야. 물체의 부피와 밀려난 물의 부피가 서로 같으므로 물체의 밀도는 물의 밀도와 같아야만 해.

몸의 밀도와 물의 밀도가 거의 같은 물속의 물고기가 이 경우에 해당돼. 밀도가 일치하는 경우에 물속에 있는 물고기는 가라앉지도 떠오르지도 않아. 물고기가 몸을 부풀려서 밀도가 물보다 작아지면 위로 떠오르게 되고 물고기가 몸을 축소시켜 밀도가 물보다 커지면 바닥으로 가라앉게 되지. 이상의 내용은 다음 세 가지로 요약할 수 있어.

> 물체의 밀도가 유체의 밀도보다 **크면**
> 물체는 **가라앉는다.**
> 물체의 밀도가 유체의 밀도보다 **작으면**
> 물체는 **뜬다.**
> 물체의 밀도가 유체의 밀도와 **같으면**
> 물체는 **가라앉지도 뜨지도 않는다.**

잠수함의 경우는 부피를 조절할 수 없으므로 무게를 조절하여 잠수에 필요한 밀도를 얻어. 무게의 조절은 짐칸에 물을 넣거나 뺌으로써 이루어지지. 물고기는 부피가 변할 수 있는 부레를 팽창시키거나 수축시킴으로써 밀도를 조절하고. 부레를 확장시켜(밀도를 작게 하여) 위로 떠오르고, 부레를 수축시켜(밀도를 증가시켜) 아래로 내려가지. 한편 악어는 돌덩어리를 삼켜서 전체 밀도를 크게 한다고 해. 그래서 커다란 악어의 위에서 4~5kg 가량의 돌맹이가 발견되곤 하지. 이렇게 밀도를 증가시킴으로써 악어들은 수면 바로 밑을 헤엄칠 수 있는 거지. 먹잇감에게 자신의 몸을 덜 노출할 수 있도록 말이야.

무게 1톤의 철 블록도 한번 생각해 볼까. 철의 밀도는 물의 약 8배이므로 물속으로 가라앉을 때 약 $\frac{1}{8}$톤의 물을 밀어내게 되는데, 부력이 철 블록이 가라앉는 것을 막기에는 턱없이 모자라지. 그런데 똑같은 철 블록을 그림과 같이 밥그릇 모양으로 가공했다고 생각해 보자. 그릇의 무게는 여전히 1톤이야. 그릇을 물속으로 밀어 넣으면 이전보다 더 많은 물을 밀어내게 돼. 그릇이 더 깊이 잠길수록 더 많은 물이 밀려나고, 그릇이 받는 부력도 증가하지. 밀려난 물의 무게가 그릇의 무게와 같아지면 그릇은 더이상 가라앉지 않아. 더 이상 가라앉지 않는 시점이 되면 부력이 그릇의 무게와 같으므로 떠 있게 될 거야.

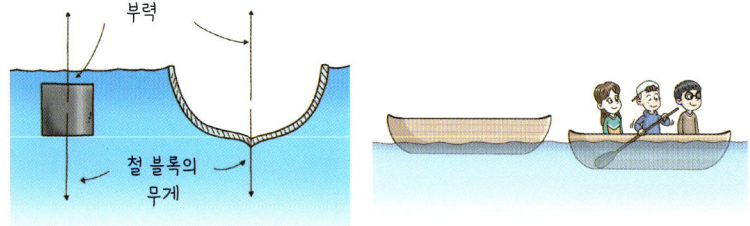

떠 있는 물체의 무게는 가라앉은 부분이 밀어낸 물의 무게와 같다.

파스칼의 원리

막대의 한 끝을 벽에 대고 밀면 우리는 먼 거리에서도 압력을 작용할 수 있어. 유체를 이용해서도 똑같이 할 수가 있지. 유체의 한 곳의 압력을 변화시키면 이러한 압력의 변화는 다른 부분으로 전달이 돼. 예를 들면 급수장에서 상수도의 압력을 10배로 증가시키면 연결된 수도관의 어느 곳에서나 압력이 10배로 증가하지.(단, 물이 움직이지 않을 때) 이를 파스칼의 원리라고 해.

> 정지한 유체 내의 한 곳에 생긴 압력의 변화는
> 유체 안의 모든 방향과 모든 곳으로
> 동일하게 전달된다.

그림 (가)와 같이 U자형의 관에 물을 채우고 양 끝에 피스톤을 설치한다면 왼쪽 피스톤에 가해진 압력은 액체를 따라 전달되어 오른쪽 피스톤을 밀어 올리게 돼. 수면의 높이가 동일하다면 왼쪽 피스톤에서 물에 가하는 압력은 오른쪽 피스톤에 가하는 물의 압력과 똑같아.

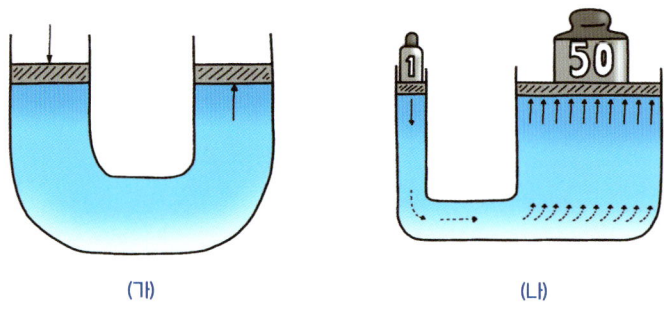

(가)   (나)

이것은 당연한 결과지. 그러나 그림 (나)와 같이 오른쪽 관을 더 굵게 만들고 단면적이 더 큰 피스톤을 사용하면 매우 흥미로운 현상을 관찰할 수 있어. 그림에서 왼쪽 피스톤의 면적은 $1cm^2$이고, 오른쪽 피스톤의 면적은 50배가 큰 $50cm^2$라고 하자. 왼쪽 피스톤 위에 1N의 힘을 가하면 추가로 작용하는 $1N/cm^2$의 압력이 액체를 통하여 전달되어 오른쪽 피스톤을 밀어 올리게 돼. 여기서 힘과 압력의 차이를 알 수 있는데 추가된 $1N/cm^2$의 압력은 커다란 오른쪽 피스톤의 매 cm^2마다 작용해. 면적이 $50cm^2$이므로 큰 피스톤에 작용한 전체 힘은 50N이 되지. 그래서 오른쪽의 큰 피스톤은 50N의 무게를 지탱할 수 있어. 이것은 작은 피스톤 위에 가해진 힘의 50배야.

그림 (가)에서 왼쪽 피스톤(면적 A_1)에 작용하는 힘 F_1에 의해 눌린 부피는 오른쪽 피스톤(면적 A_2)에 힘 F_2로 밀려올라간 부피와 같으므로 두 피스톤의 움직인 거리를 각각 L_1, L_2라 하면 $A_1L_1 = A_2L_2$야. 여기서 일과 에너지 보존을 이용하면 $F_1L_1 = F_2L_2$이므로 파스칼의 원리를 식으로 표현하면 다음과 같아.

$$\frac{F_1}{A_1} = \frac{F_2}{A_2}$$

작은 피스톤의 면적을 더 작게 하거나 큰 피스톤의 면적을 더 증가시키면 힘을 얼마든지 증가시킬 수 있어. 이때 에너지 보존 법칙을 적용하면 힘이 증가하는 대신 이동 거리가 짧아지게 돼. 앞의 예에서 작은 피스톤이 움직인 거리가 10cm이면, 큰 피스톤이 올라간 거리는 이것의 $\frac{1}{50}$배인 0.2cm가 되지. 지렛대에서와 같이 작용한 힘과 이동한 거리의 곱은 서로 같아.

파스칼의 원리는 모든 유체(기체와 액체)에 적용돼. 기체나 액체에 있어서 파스칼의 원리를 응용한 전형적인 사례는 자동차 수리공장에서 볼 수 있는 자동차 승강기야. 공기 압축기로 지하에 있는 기름통에 압력을 가하면, 기름을 통해 압력이 전달되어 피스톤 위의 자동차를 들어올리는데 이때 공기압축기로 가한 압력은 자동차 바퀴의 공기압 정도이지.

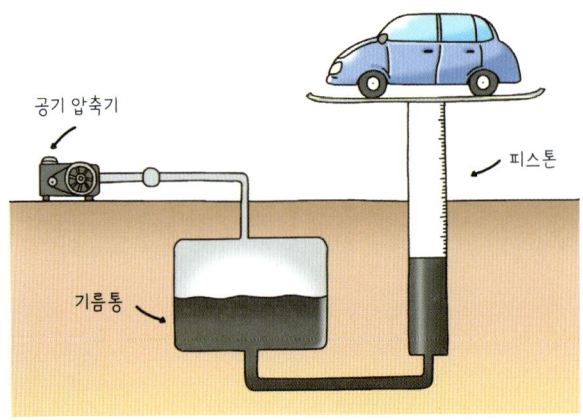

위의 그림을 보면서 기름통에 압력이 가해지는 모습, 그 압력으로 인해 피스톤 위의 자동차가 올려지는 모습을 떠올려봐. 파스칼의 원리를 구조적으로 이해하는데 도움이 될 것 같아.

베르누이의 원리

지금까지 정지한 유체의 상태에 대해 알아보았는데, 이제는 운동하는 유체에 대해 알아보려고 해.

먼저 관 속에서의 물의 흐름을 생각해 보자. 관의 어떤 한 부분을 통과하는 물의 양은 같은 관의 다른 부분을 통과하는 물의 양과 같아. 물은 연속적으로 흐르고 있으므로, 넓은 부분에서는 속력이

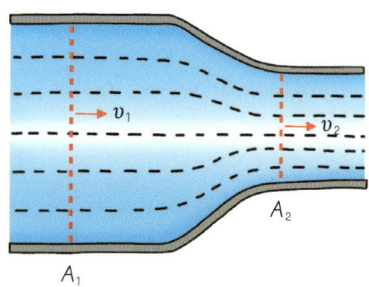

느려지고, 좁은 부분에서는 속력이 빨라지게 되겠지. 이러한 현상은 수도에 연결된 호스 끝의 일부를 막아 보면 쉽게 확인해볼 수 있어. 유체가 관의 단면적이 A_1인 곳을 v_1의 속력으로 통과한 다음 단면적이 A_2인 곳을 v_2의 속력으로 통과한다면 속력과 단면적 사이에 다음과 같은 관계가 성립하지.

$$v_1 A_1 = v_2 A_2$$

이 관계식을 연속 방정식이라고 해.

18세기 스위스의 과학자 베르누이는 관 속을 흐르는 물을 이용하여 위와 같은 실험을 했어. 그리고 속력이 빠를수록 흐르는 물의 수직 방향으로 작용하는 힘이 작아진다는 것을 발견했지. 물의 속력이 증가할 때 관의 내벽의 압력은 감소한다는 거야. 베르누이는 이것이 모든 유체에서 성립하는 원리임을 알았어. 이것이 바로 베르누이의 원리이지.

유체의 속력이 증가하면 압력은 감소한다.

베르누이 원리는 에너지 보존법칙의 결과야. 유체의 연속적인 흐름(정상류)에 관여하는 에너지의 종류는 세 가지인데, 유체가 운동하기 때문에 가지는 운동에너지와 압력과 관계있는 위치에너지, 높이와 관련이 있는 중력에 의한 위치에너지이지. 유체가 연속적으로 흐를 때 어떤 에너지도 더해지거나 빼지지 않으므로 이런 에너지들의

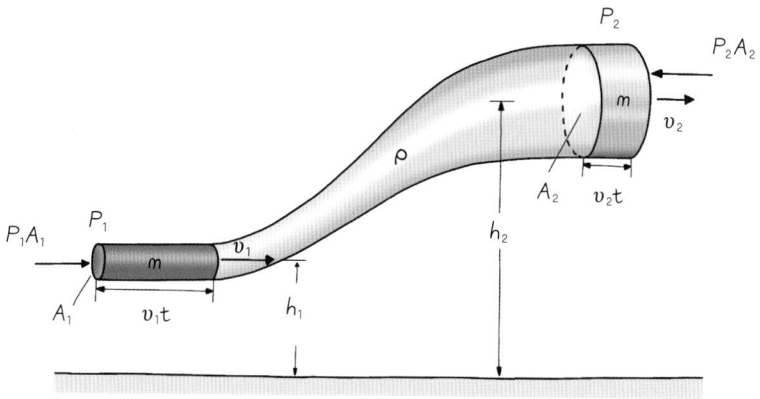

총합은 일정하게 유지되는 거야.

유체가 그림과 같은 관을 통해 흐를 때 왼쪽에서 들어오는 유체의 속력, 높이, 가해지는 압력이 v_1, h_1, P_1이고 오른쪽으로 빠져나가는 유체의 속력, 높이, 가해지는 압력은 v_2, h_2, P_2라 하자. 또 시간 t동안 한 단면을 통과하는 유체의 부피와 질량을 각각 V, m이라 하자.

먼저 일과 에너지의 개념을 적용하면 알짜일은 $W = W_1 + W_2 = (P_1 - P_2)V$이고 이 일만큼 역학적 에너지를 변화시키니까 $W = \Delta K + \Delta U$가 되는 거지. 따라서

$$(P_1 - P_2)V = \frac{1}{2}m(v_2^2 - v_1^2) + mg(h_2 - h_1)$$

$$\rightarrow P_1 + \frac{1}{2}\rho v_1^2 + \rho g h_1 = P_2 + \frac{1}{2}\rho v_2^2 + \rho g h_2$$

의 관계식을 얻을 수 있어. 다시 정리하면 다음과 같아.

$$P + \frac{1}{2}\rho v^2 + \rho g h = 일정$$

위의 식을 베르누이 방정식이라고 하는데, h가 일정할 때, 유체의 속력 v가 증가하면 P가 작아지고, v가 감소하면 P가 증가하는 것을 볼 수 있어. 이것은 유체의 속력이 빠를수록 유체의 압력이 작아진다는 것을 알 수 있게 해주지.

베르누이의 원리를 이용하면 새나 비행기가 날아가는 현상을 설명할 수 있어. 날개의 모양이나 방향은 공기가 날개의 아래쪽보다 위쪽에서 조금 더 빠르게 스쳐 지나게 되어 있지. 날개의 위쪽의 압력이 날개 아래쪽의 압력보다 작아지는데 이러한 압력의 차이 때문에

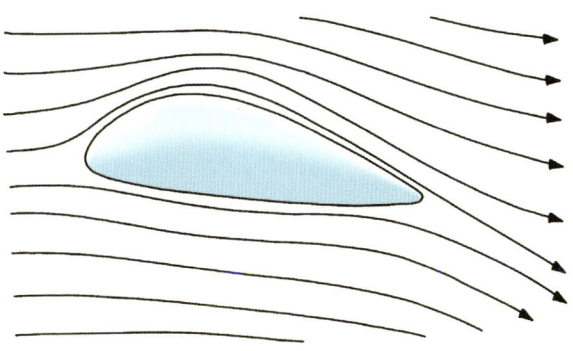

공기압은 날개의 아래쪽보다 위쪽이 더 작다.

양력이라고 하는 위 방향의 알짜힘이 생겨나게 되는 거야. 또 하나의 양력은 뉴턴의 운동 제3법칙에 따라 날개는 공기를 아래로 밀어내고, 공기는 날개를 위로 밀어 올리면서 생기게 되지.

여기서 잠깐, 생소한 물리수업 1에서 공부했던 내용을 다시 한번 생각해 볼까?(1권, 185쪽 PART 6_힘은 절대로 홀로 존재할 수 없다 참고) 선생님이 작용 반작용 교실에서 이와 같은 내용을 설명해줬었지. 이때 독수리가 날개를 퍼덕거리면서 공기를 아래로 밀었을 때 공기만 밀려가면 독수리는 날아오를 수 없다고 했어. 날개가 공기를 아래로 밀어낸 만큼 공기가 날개를 밀어 올리기 때문에 독수리가 날아오르는 것이라고 믿이야. 그래서 높은 산 위에서는 공기가 희박해서 날갯짓만으로 날아오르기가 쉽지 않다는 말까지 했었지.

압력의 차이가 작아도 날개의 면적을 곱하면 상당히 큰 힘이 될 수 있어. 양력이 무게와 같을 때 수평 비행이 가능하지. 속력이 더 빠를 때와 날개의 면적이 더 클 때 양력은 더 커지게 되고.

그래서 속력이 느린 글라이더는 동체의 크기에 비해 날개가 아주 크고, 속력이 빠른 항공기는 상대적으로 날개가 작은 거야. 이렇게 날개의 크기 하나하나도 그냥 만든 것이 아니라 과학의 원리가 숨어 있는 거야.

베르누이의 원리는 회전하는 공이 곡선 경로를 그리는 현상과도 관련이 있어. 날아가는 야구공이나 테니스공, 또는 모든 종류의 공이 회전을 할 때 공의 양쪽에는 서로 다른 압력이 작용하지. 회전하는 공 주변의 공기는 공 표면과의 마찰에 의해 회전 방향으로 끌림이 발생하는데, 그에 따라 공 주변에서 유체의 속력이 달라지게 되지.

그림 (가)에서 아래쪽은 회전에 의한 효과가 더해져서 유체의 속력이 더 빨라지고, 위쪽은 회전효과가 감해져서 유체의 속력이 더 느려져. 따라서 위쪽의 압력이 더 크게 되어 공의 진행 경로는 그림에 표시된 아래 방향으로 휘어지게 되는 거야. 이와 같이 유체 속에서 물체가 회전하면서 특정 방향으로 운동할 때 물체가 그 운동방향의 수직 방향으로 힘을 받아 경로가 휘어지는 현상을 마그누스 효과라고 해.

공에 실밥이나 보푸라기가 있으면 공이 얇은 공기층을 끌고 가도록 도와주고 한쪽의 유선들의 간격을 더 좁아지게 하므로 공이 휘어지는 정도가 커지게 되는데 이것도 위와 같은 효과 때문이라고 할 수 있어.

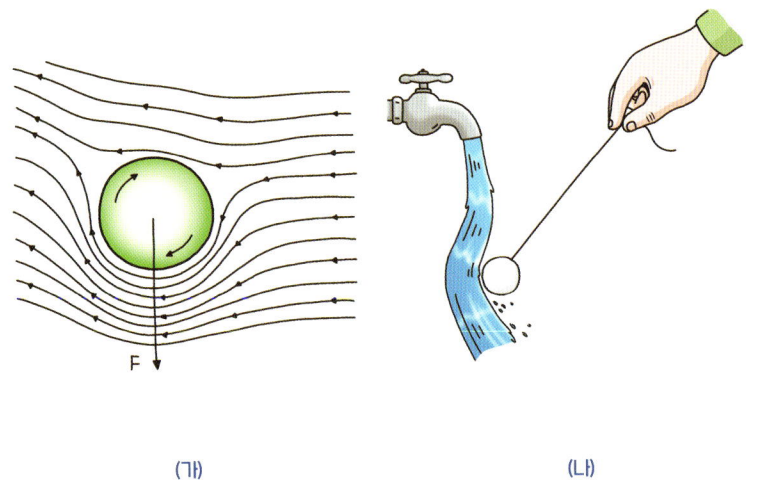

(가)   (나)

부엌의 수돗물을 이용해서 베르누이의 원리를 알아볼 수도 있어. 그림 (나)와 같이 실에 매단 탁구공을 흐르는 물줄기 쪽으로 가져가 보면, 공을 옆으로 약간 잡아당기더라도 공이 물줄기 속에 머무는 현상을 보게 될 거야. 정지한 공기가 공에 작용하는 압력이 흐르는 물의 압력보다 커서 공은 대기에 의해 압력이 낮은 쪽으로 밀려나게 되는 것이지.

내용을 잘 이해했는지 확인해볼까?

＊ 정답은 430쪽에

1 물 위에 무게가 9.8N이고 질량이 1kg인 돌멩이가 매달려 있다. 수면 아래쪽으로 모두 잠겼을 때 돌멩이의 무게는 7.8N이었다.

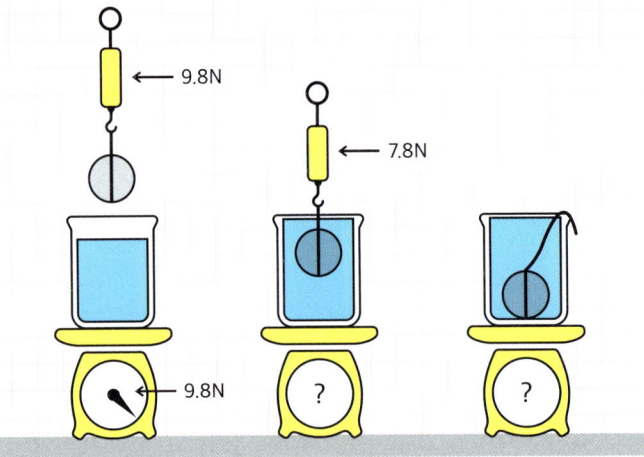

1) 돌멩이가 받는 부력의 크기는?

2) 물이 담긴 용기가 저울 위에 놓여 있을 때의 무게는 9.8N이었다. 돌멩이를 물 속에 담갔을 때 이 저울의 눈금은 얼마가 되겠는가?

3) 돌멩이를 떨어뜨려 용기의 바닥에 정지시켰을 때 저울의 눈금은 얼마인가?

2 그림과 같이 단면적이 $A=3m^2$인 실린더 2개를 맞대어 놓고 진공 상태로 만들었다. 실린더가 견딜 수 있는 최대 질량 M은 얼마인가? (단, 중력가속도는 $10m/s^2$이고, 대기압은 $10^5 Pa$이다.)

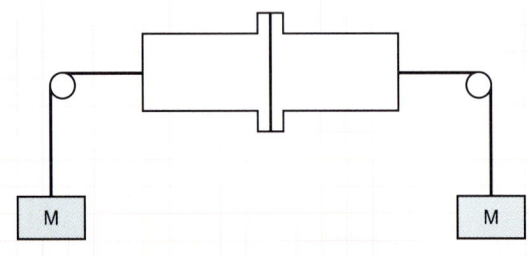

3 정육면체의 얼음조각이 바닷물 위로 2m 튀어나와 있다. 얼음의 밀도와 바닷물의 밀도가 각각 $900kg/m^3$, $1,300kg/m^3$이라면 바닷물에 잠긴 부분의 깊이는 얼마인가?

4 그림과 같이 이상 유체가 단면적이 일정한 관 속에 흐르고 있다. 관 속의 세 점 A, B, C에서 A와 B의 높이차는 h이고 A와 C의 높이차는 $2h$이며 A와 B에서의 압력차는 P_O이다. 다음 중 B와 C에서의 압력차($\triangle P$)와 B와 C에서의 속력의 비($v_B : v_C$)를 구하시오.

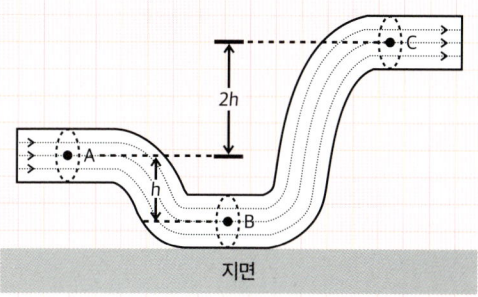

조금 더 어려운 문제들도 한번 풀어볼까?

※ 정답은 431쪽에

5 한변의 길이가 a = 10cm인 고체 큐브(정육면체)가 그림과 같이 기름과 물로 채워진 용기에 잠긴 채 용수철 저울에 매달려 있다. 물에 잠긴 부분은 h = 2cm이고 용수철 저울의 눈금이 5N이라면 고체 큐브의 질량은 얼마인가? (단, 기름의 밀도는 500kg/m³, 물의 밀도는 1,000kg/m³, 중력가속도는 10m/s²이다.)

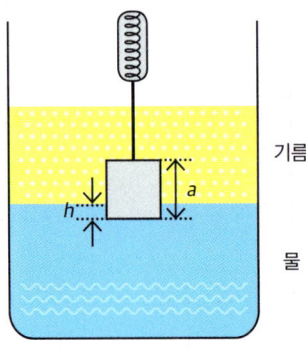

6 단면이 넓은 통에 높이 h까지 물이 차 있다. 그림과 같이 물의 표면으로부터 깊이 y인 곳의 벽에 작은 구멍을 만들어서 물이 새어 나오도록 하려고 한다. 새어 나온 물이 수평 방향으로 제일 먼 곳의 땅에 떨어지도록 하려면 y를 얼마로 해야 하는가? 이때 수평도달거리 R은 얼마인가?

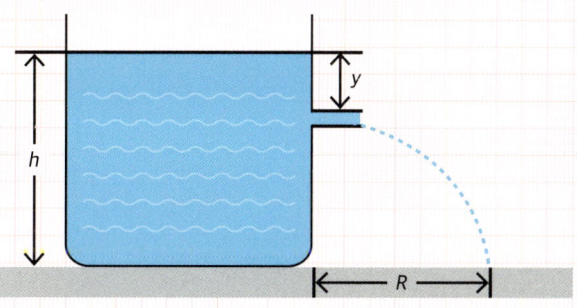

7 반지름 r인 구형의 물체가 점성이 η인 유체 내부를 속력 v로 운동할 때 물체가 받는 저항력은 일반적으로 $6\pi\eta r\rho$로 주어진다. 밀도 ρ, 점성이 η인 유체 속에서 밀도 ρ'인 공의 운동을 관찰하였더니 공의 종단속도가 v'이었다. 이 공의 반지름은 얼마인가? (단, 중력가속도는 g이다.)

8 반지름 r인 원통형 비커에 밀도 ρ인 액체가 높이 h만큼 채워져 있다. 물이 비커의 벽에 미치는 평균힘의 크기는 얼마인가?

9 수면으로부터 높이 10m인 곳에서 밀도가 물의 $\frac{2}{3}$인 공이 자유낙하했다. 공은 수면으로부터 얼마나 깊은 곳까지 도달할 수 있는가?
(단, 중력가속도는 10m/s²이다.)

창의적으로 생각하고 해결하는 문제에도 도전해보자

* 정답은 432쪽에

10 그림과 같은 메리엇병은 O점에서 일정하게 물이 나오는 특별한 성질이 있는 도구이다. 물이 O점에서 흘러나옴에 따라 기포가 I점을 통해 물 속으로 들어간다. 수위가 I점까지 낮아지는 동안 물이 일정한 속력으로 나온다. (단, 대기압은 P_0, 중력가속도는 g, 물의 밀도는 ρ이다.)

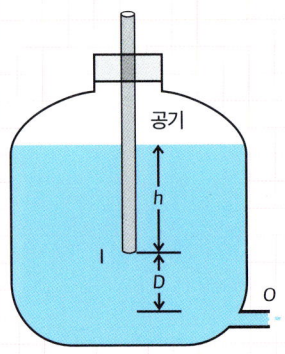

1) I점에서 물의 압력 P_I는?

2) O점에서 나오는 물의 속력 v는?

3) 병 내부의 공기의 압력을 h의 함수로 나타내시오.

전기 교실

전기로
사는 세상

만약에 지금 당장 세상의 모든 전기가 없어진다면 무슨 일이 생기게 될지 생각해 본 적 있어?

2023년 8월, 브라질의 전체 26개 주 가운데 25개 주의 일부 지역에 전력 공급이 중단되는 일이 있었어. 국가연동시스템 운영 네트워크가 고장 나면서 전기 시스템이 10분 만에 에너지의 25.9%를 잃게 된 거야. 갑작스런 전기 공급 중단으로 지하철 운행이 중단되어 출근길에 큰 불편을 겪었고, 신호등이 오작동하면서 차량이 뒤엉키게 되었다고 해.

단지 그것뿐이겠어. 전기가 없으면 휴대폰이나 PC를 사용할 수 없게 되고, 텔레비전도 볼 수 없지. 엘리베이터가 작동하지 않아서 고층 아파트나 사무실에서는 밖으로 나올 엄두가 나지 않을 거야. 그

야말로 우리의 일상생활이 정지하게 되지.

너무나 다행인 것은 호기심 강한 과학자들이 전기를 발견해 준 덕분에 지금 우리는 이렇게 편리한 생활을 누리고 있다는 거야.

전기는 전구나 컴퓨터 등의 수많은 전기 제품은 물론, 대기 중에서 발생하는 번개 안에도 있고, 카펫 위를 걸을 때에 신발과 카펫 사이에서 생기는 스파크 안에도 있어. 정말 우리 삶이랑 떼려야 뗄 수 없는 존재인 거지.

이렇게 소중한 전기는 어떻게 발견하게 된 걸까?

기원전 600년경 그리스 철학자 탈레스는 헝겊으로 호박(보석으로 취급하는 광물)을 닦다가 새로운 사실을 발견했어. 호박을 닦으면 닦을수록 깨끗해지는 것이 아니라 작은 먼지들이 더 달라붙게 된다는 거였지. 이 발견으로 정전기(머물러있는 전기)라는 것이 있다는 것을 알게 되었어.

1600년경 영국의 의사 길버트는 탈레스가 발견한 이 현상에 전기(electricity)라는 이름을 붙였지. 그리스어로 호박을 일렉트론(elektron)이라고 하는데, 바로 여기로부터 전기 현상의 원인인 전자(electron)의 이름이 나오게 된 거야.

전기에 대한 연구가 본격적으로 이루어지게 된 것은 근대 과학혁명 이후야. 물질에 대한 탐구가 본격화되면서 물질이 (+)전기와 (−)전기로 이루어져 있다는 사실을 알게 되었는데, 이와 같은 전기적 현상을 일으키는 (+)전기와 (−)전기를 전하라고 해.

고대 그리스 데모크리토스 이후 원자를 쪼갤 수 없는 가장 작은 단위라고 생각하였지만, 1897년에 톰슨이 음극선을 연구하다 전자를 발견하게 되면서 더이상 그렇지 않다는 것을 알게 되었지. 톰슨은 이 광선들이 빛의 파동이 아닌 음(-)으로 대전된 입자로 구성되어 있다고 결론지었어. 처음에 그는 이 입자를 미립자라고 불렀는데, 나중에 다른 과학자들이 전자로 이름 붙였다고 해.

톰슨, 러더퍼드, 보어 등의 물리학자들은 자신의 연구 결과를 종합한 원자 모형을 제안했어. 다음 그림은 각자가 주장한 원자 모형을 나타낸 거야.

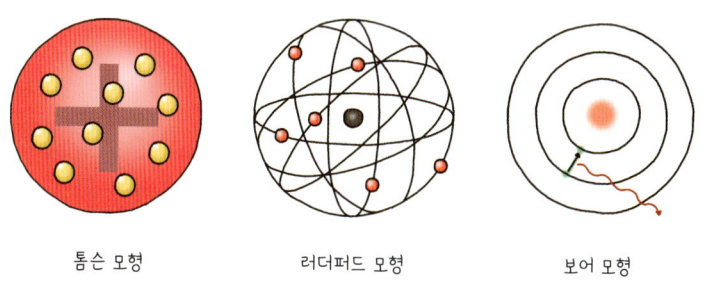

톰슨 모형   러더퍼드 모형   보어 모형

톰슨은 전자들이 음극선 실험 장치의 전극에 있는 원자들로부터 나온 것이라고 생각했어. 따라서 그는 원자는 더 쪼개질 수 있는 것이고, 전자들은 원자를 구성하는 요소의 하나라고 했지. 원자는 전기적으로 중성이기 때문에 양전하 바다 또는 양전하 구름 속을 전자들이 떠다닌다고 생각했어. 이것이 톰슨의 건포도 푸딩 모델이야.

톰슨의 제자이자 그 유명한 알파입자(헬륨의 원자핵) 산란 실험을 통해 원자핵을 발견한 러더퍼드는 지구가 태양 주위를 공전하듯이 작고 무거운 원자핵 주위를 전자가 공전하는 행성 모형을 제안했어. 처음엔 뉴턴의 우주관을 닮은 설득력 있는 모형이어서 열렬한 환영을 받았지. 하지만 정신 차리고 보니 전자의 가속 때문에 발생하는 전자기파로 인한 에너지 손실로 원자의 수명이 대략 10^{-11}초 정도로 극히 짧다는 문제가 밝혀지게 되었어.

보어는 러더퍼드 연구실에서 연구원 생활을 했어. 그렇기 때문에 러더퍼드 모형의 한계를 정확하게 알고 있었고, 이 문제를 해결하고자 당시 물리학자들이 동의할 수 없는 가설을 세우고, 그 가설에 바탕을 두고 원자 구조 문제를 해결하기도 했어. 보어의 가설은 다음과 같이 요약할 수 있어.

1. 전자는 특정 조건에 맞는 궤도상에서 전자기파를 방출하지 않고 안정적으로 공전한다.
2. 전자가 궤도를 이동할 때는 궤도의 에너지 차이만큼 전자기파를 방출하면서(흡수하면서) 순식간에 이동한다.

이 가설은 당시 물리학으로는 이해할 수 없는 궤변에 가까운 것이었지만 신기하게도 수소 원자의 스펙트럼을 너무나 정확하게 설명했어. 이러한 보어의 모형은 뛰어난 물리학자들의 협력으로 더욱 발전하여 현대의 양자역학으로 발전한 거야. 결과적으로 물질은 원자로 구성되어 있고, 원자는 (+)전하를 띤 핵과 (-)전하를 띤 전자로 구성되어 있다는 거지.

전기를
만드는 방법

건조한 겨울에 문고리나 수도꼭지 등 금속으로 된 부분을 만졌다가 기분 나쁜 전기 자극을 받은 적 있지? 이런 현상은 왜 일어나는 것일까?

다른사람과 손으로
뭔가를 주고 받을 때
찌리릭…

문의 손잡이를 잡을 때
찌리릭…

청소를 할 때 빗자루 끝에
먼지나 머리카락이 붙어
잘 떨어지지 않는다.

전기는 원자에서 나왔기 때문에 이러한 전기적 현상을 이해하기 위해서는 원자 수준으로 내려가서 살펴봐야 해. 평상시에 물체는 전기를 띠지 않고 있지. (+)전기와 (-)전기의 숫자가 똑같아서 전기를 띠지 않는거야. 하지만 만약 이들의 개수가 서로 달라지면, 개수가 많은 쪽의 전기가 우세하게 되므로 물체는 개수가 많은 전하의 전기를 띠게 되는 거야. 이와 같은 불균형은 원자의 가장 안쪽에 있는 전자들은 원자핵에 강하게 묶여있지만, 원자의 가장 바깥쪽에 있는 전자(보통 원자가 전자라고 해)들은 느슨하게 묶여있어서 마찰과 같은 약간의 에너지만 가해도 쉽게 떨어질 수 있어.

그림은 염소와 칼륨의 원자가 전자를 빨간색으로 나타낸 거야.

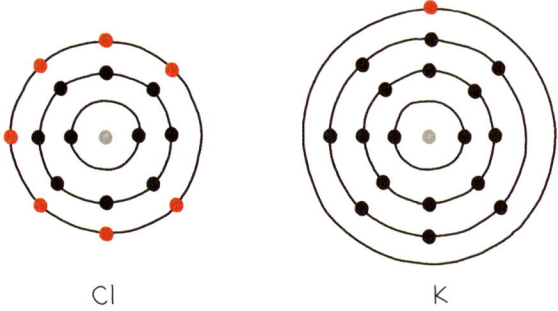

아무런 전기를 띠지 않고 있던 두 물체를 마찰하면 전자를 얻은 물체는 음(-)전기를 띠고, 다른 물체는 전자를 잃어 양(+)전기를 띠게 되면서 전기 현상이 시작되는 거지.

그러면 일상생활에서 경험할 수 있는 전기 현상에는 어떤 것들이 있을까? 구름에서도 구름 입자들 간의 충돌과 마찰로 양(+)전기와 음(-)전기가 발생해. 이러한 전기 현상은 규모가 매우 크기 때문에 번개로까지 발전할 수 있어. 또 플라스틱 빗으로 머리를 빗을 때, 머리카락이 빗에 달라붙는 것도 전기 현상이야. 플라스틱 속에 있는 전자들은 머리카락에 있는 전자들보다 더 강하게 속박되어 있는데, 머리를 빗을 때 전자들이 머리카락에서 빗으로 이동하기 때문이야.

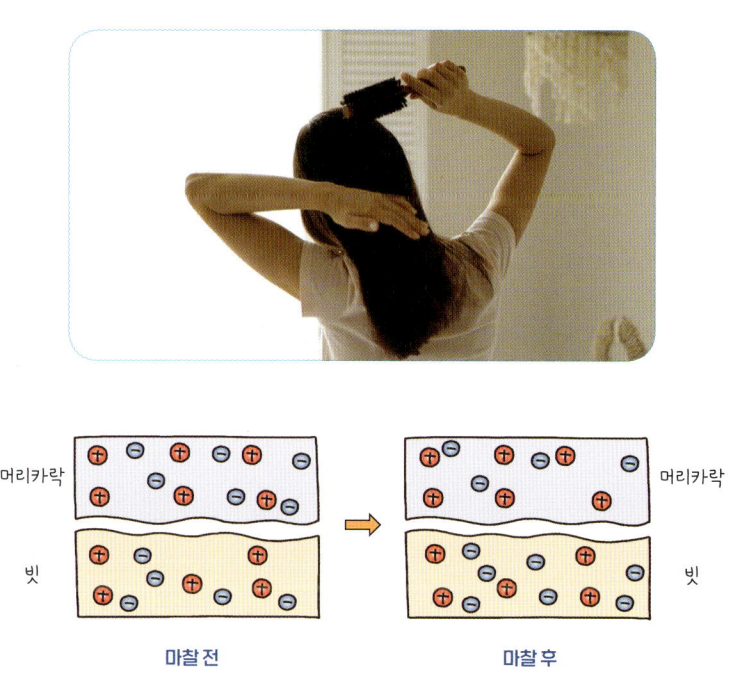

즉, 머리카락에서 전자가 떨어져 나오므로 빗은 음(-)전기를 띠게 되고, 이렇게 떨어져 나온 전자가 빗으로 이동하여 머리카락은 양(+)전기를 띠게 되므로 이 둘은 서로 끌어당기는 거야.

이와 같이 물체끼리 서로 마찰 등에 의하여 전기를 띠는 것을 마찰 전기라고 하지. 이때 물체가 전기를 띠는 현상을 '대전되었다'고 하고, 전기를 띤 물체를 대전체라고 해.

그런데 마찰을 일으킬 때 원자로부터 전자를 떼어내는 데 필요한 에너지는 물질에 따라 달라. 예를 들어 플라스틱 막대를 털가죽에 문지르면, 플라스틱 막대가 음(-)으로 대전되지. 플라스틱 막대는 털가죽보다 전자 친화력이 커서 전자들이 털가죽에서 플라스틱 막대로 이동하기 때문이야.(전자 친화력에 따라 대전되는 순서를 대전열이라고 한다.)

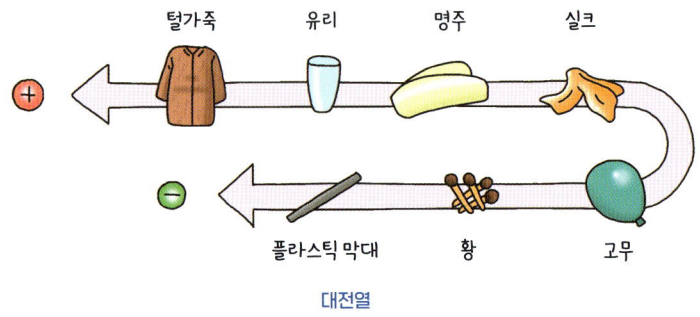

대전열

전하는 생성되거나 소멸되는 양이 아니야. 전자나 양성자 자체는 기본 입자이므로 결합 상태만 달라질 뿐이지 소멸하지는 않아. 따라서 물체의 전하는 양성자나 전자가 띠고 있는 전하에 의해 나타나는 거야. 물체에 대전된 전하량은 물체를 구성하는 전자와 양성자가 지닌 전하량의 총합이지. 전자의 전하량과 양성자의 전하량은 같고 부호만 다르기 때문에, 물체가 지닌 전하량은 전자 하나의 전하량에 두 기본 입자의 개수 차이를 곱해주면 알 수 있어. 또 물체의 전하량이 전자의 1.5배나 1000.5배가 될 수는 없어.

기본전하량

전하량의 단위는 쿨롱(C)을 사용하는데, 1C은 전자 6.25×10^{18}개의 전하량이야. 1897년 톰슨은 전자의 질량과 전하량의 비율을 측정함으로써 전자의 존재를 확인했지.

$$\frac{\text{전자의 전하량}(e)}{\text{전자의 질량}(m)} = 1.76 \times 10^{11} C/kg$$

전자의 질량과 전하량 각각을 결정하기 위해서는 그 중 한 가지 양을 결정해야만 했는데, 1909년 밀리컨이 기름방울 실험(215쪽, PART 6_균일한 전기장으로 기본전하량 측정)을 통해서 전자의 전하량을 측정하게 된 거지. 밀리컨이 측정한 기본전하량은 자연계에 존재할 수 있는 최소의 전하량으로 전자나 양성자 1개가 갖는 전하량이고,

그 값은 1.6×10^{-19}C이지. 당연히 두 실험을 통해 전자의 전하량과 질량을 모두 결정할 수 있었는데, 전자의 질량은 다음과 같이 구할 수 있어.

$$m = \frac{전자의\ 전하량(e)}{1.76 \times 10^{11}} = \frac{1.6 \times 10^{-19}}{1.76 \times 10^{11}} = 9.1 \times 10^{-31} kg$$

역사적으로 전자의 전하량은 기본전하량으로 정해졌으나, 이후 원자핵의 양성자와 중성자가 기본전하량보다 크기가 작은 전하량을 띤 쿼크입자들로 구성되어 있다는 것이 발견되었고, 전자의 전하량을 e라 하면 위 쿼크는 $+\frac{2}{3}e$, 아래 쿼크는 $-\frac{1}{3}e$의 전하량을 갖고 있음이 밝혀졌어. 하지만 쿼크들은 독립적으로 존재할 수 없기 때문에 기본전하량 이하의 독립적인 입자가 존재하는 것은 아니야. 일반적으로 대부분의 물질이 갖는 기본전하량의 크기는 e라 생각해도 무방해.

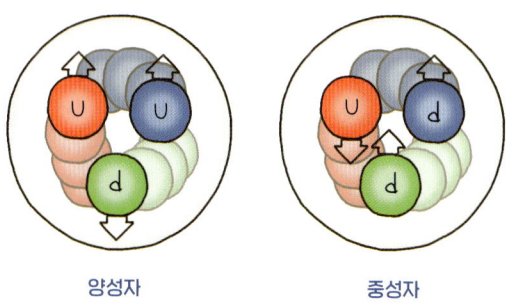

양성자　　　　중성자

정전기 유도란 무엇일까?

우리는 지금까지 마찰에 의해 전기가 생기는 경우를 보았어. 그런데 마찰을 일으키지 않고 가까이 가져가기만 해도 전기를 일으키는 것들이 있어. 알루미늄 같은 금속의 내부에는 이동이 자유로운 전자가 많이 존재하는데 이것을 자유 전자라고 하거든. 이러한 금속에 (-)전기를 띤 유리 막대(대전체)를 가까이 하면 (-)전기를 띠고 있는 금속 안의 자유 전자가 (-)전기를 띤 대전체와 서로 밀어내어 대전체와 먼 쪽으로 밀려가서 모이게 돼. 그 결과 대전체와 가까운 쪽은 (+)전기를 띠고, 먼 쪽은 (-)전기를 띠게 되어 멀쩡하던 금속이 전하의 불균형 현상으로 인해 순간적으로 전기를 띠게 되는 거지. 이와 같이 서로 접촉이 없이 금속에 대전체를 가까이 하기만 해도 금속이 전기를 띠는 현상을 정전기 유도라고 해.

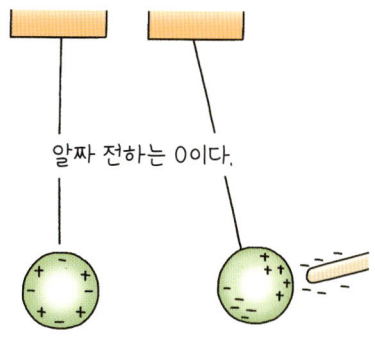

알짜 전하는 0이다.

이러한 정전기 유도 현상에 의해 생기는 정전기는 전압이 수만 볼트가 되는 경우도 있어. 그런데도 정전기가 우리에게 큰 피해를 주지 않는 이유는 이때 생기는 전류가 아주 짧은 순간에만 흐르고, 전체적인 전기에너지가 작기 때문이지.

정전기 유도를 이용하여 물체가 띠고 있는 전하의 종류 및 전하량을 측정하는 장치로 그림과 같은 금속박 검전기가 있어. 금속판에 음(-)전기를 띤 대전체를 접촉시키면 대전체의 음(-)전기 일부가 금속막대를 통해 금속박으로 이동하는데 이때 금속박은 음(-)전기 사이의 반발력으로 벌어지게 되지. 여기에 미지의 대전체 X를 가져갈 때 금속박이 더 벌어지면 X는 음(-)전기를 띠고, 금속박이 오므라들면 X는 양(+)전기를 띠고 있다는 것을 알 수 있어.

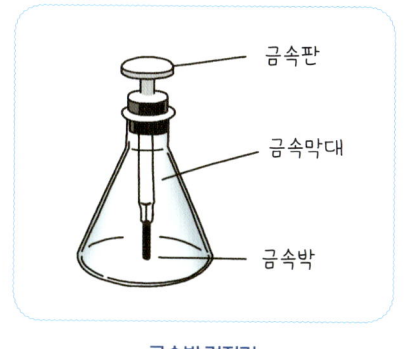

금속박 검전기

또 아래 그림 (가)와 같이 금속박 검전기에 대전체를 가까이 하면 정전기 유도 현상이 일어나는데, 이때 검전기 안의 알짜 전하는 여전히 0이야. 그림 (나)는 금속판에 손을 대면 접촉에 의해 전자가 금속박 밖으로 이동하는데, 손을 떼면 그림 (다)와 같이 검전기가 양(+)으로 대전 돼. 이와 같이 정전기 유도 현상을 이용하면 도체에 접촉시키지 않고 도체를 대전시킬 수 있는 거야.

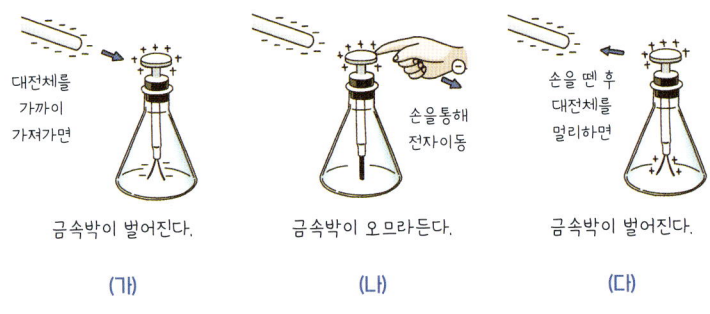

금속판에 손가락을 댈 때, 금속판의 (+)전하는 대전체의 (-)전하의 전기력에 잡혀 있지만 금속박에 있는 (-)전하들이 거의 무한한 저장고인 지면으로 이동할 수 있는 통로가 생기는 것이야. 이때 접촉에 의해 전하가 도체로부터 빠져나가거나 도체로 들어올 수 있도록 해 주는 것을 접지시킨다고 말하지. 겨울철과 같이 건조할 때 많이 발생하는 정전기는 접지를 하거나 습도를 높여서 방지할 수 있어.

그러면 마찰이나 정전기 유도에 의해 대전된 물체는 영원히 전기적 성질을 띠고 있을까? 만약 그렇다면 우리가 살고 있는 세상은 온통 전기 천국이 되어 버릴 거야. 생각해 봐. 세상 곳곳에서 마찰 현상이 계속 일어나고 이러한 마찰 현상에 의해 전기가 계속 만들어지는데, 이 전기가 없어지지 않는다면 세상은 어떻게 될까.

다행히도 대전된 물체는 영원히 전기적 성질을 띠지는 않아. 왜냐하면 전기를 띤 물체는 방전 현상이란 것을 통해 전기를 방출하기 때문이지.

방전의 가장 멋진 예는 바로 번개야. 서로 반대로 대전된 구름과 구름 사이, 또는 구름과 지면 사이에서 생긴 전하의 불균형 현상을 해소하기 위해 대규모로 전하가 이동하는 현상이 바로 번개야. 이 중 특히 구름과 지면 사이에서 생기는 방전 현상을 벼락 또는 낙뢰라고 부르지. 프랭클린은 유명한 연 실험을 통해 번개가 전기 현상이라는 것을 처음으로 보여주기도 했어.(387쪽, 잠시 쉬어가는 이야기 참고)

구름이 대기 중에서 운동할 때 그림과 같이 구름 속에서 빙정(대

기 중의 얼음결정)과 물방울이 충돌하여 빙정은 양전하를 띠게 되고, 물방울은 음전하를 띠게 되지. 양전하를 띤 빙정들은 대류 현상에 의해 구름 윗부분으로 올라가고 음전하를 띤 물방울들은 중력에 의해 구름 아랫부분으로 내려가는 거야. 따라서 구름 아래쪽은 음전하를 띠게 되고, 이로 인해 지표면에는 양전하가 유도되는 거지. 이때 구름의 아래쪽에 모여 있는 전자들의 밀도가 높아지면 전자들이 젖은 공기를 통해 지상의 양전하를 띤 물체로 이동하게 돼.

또 프랭클린은 낙뢰가 지상에 있는 끝이 뾰족한 곳으로 몰린다는 것을 발견하고 피뢰침을 고안하기도 했어.(387쪽, 잠시 쉬어가는 이야기 참고) 피뢰침은 건물의 지붕 위에 설치된 금속 막대에 도선을 연결한 다음 도선의 반대쪽 끝을 지면에 파묻은 얼개를 갖고 있어. 피뢰침은 공기 중으로부터 전자를 끌어들여서 건물에 대전된 양전하를 많이 축적하지 못하게 하지. 이렇게 연속적으로 전하를 방전하면 건물에 대전되는 양전하의 밀도가 줄어들어.

그렇지 않으면 건물과 구름 사이에서 갑작스런 방전(낙뢰)이 일어날 수도 있거든. 피뢰침의 일차 목적은 번개 방전이 일어나지 못하게 하는 것이야. 그러나 만일 피뢰침에서 공기 중으로 전하가 충분히 방전되지 못하였더라도 벼락이 쳤을 때 벼락은 피뢰침에 끌리어 땅 속으로 흘러 들어가게 되므로 건물이 피해를 덜 입도록 도움을 주지.

부도체에서도 정전기 유도 현상이 발생해. 다들 잘 알다시피 부도체는 나무, 고무, 유리, 플라스틱 등 자유 전자가 거의 없어서 전기를 잘 통하지 못하는 물질이지. 이러한 부도체에 대전체를 가까이 가

저가면 부도체를 이루는 원자나 분자들 각각에 그림 (가)와 같이 전하의 재배열이 일어나서 전자가 몰린 쪽은 음(-), 그 반대쪽은 양(+)의 극성이 나타나게 돼. 이 현상을 분극이라고 하는데, 이와 같이 분극된 원자(분자)들은 그 근처에 있는 분자에 힘을 가해 그림 (나)와 같은 배열이 일어나게 돼. 그림과 같이 양(+)전하의 대전체를 물체에 접근시키면 가까운 쪽은 음(-)전하가 나타나고 먼 쪽에는 양(+)전하가 나타나는 현상이 발생하지. 이것을 유전 분극이라고 해.

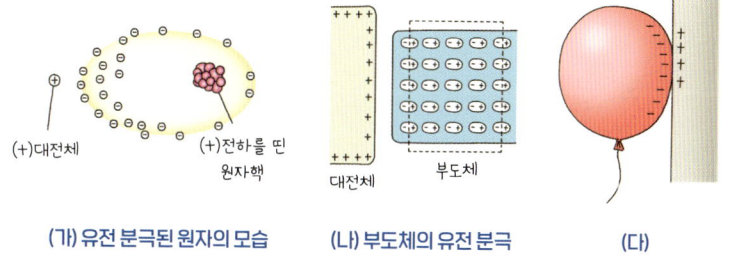

(가) 유전 분극된 원자의 모습 **(나) 부도체의 유전 분극** **(다)**

이러한 원리를 응용하면 음(-)전하로 대전된 머리빗에 종잇조각이 달라붙는 이유를 설명할 수 있어. 종이를 구성하는 분자들은 분극이 되고, 머리빗에서 가까운 쪽에 양(+)전하가 나타나고 먼 쪽에 음(-)전하가 나타나는데 머리빗에서 가까운 쪽의 전기력이 더 강하므로 종잇조각은 머리빗에 끌려오게 되지. 그림 (다)와 같이 둥근 풍선을 머리에 문지른 다음, 이 풍선을 벽에 가져가면 벽에 달라붙는데, 그 이유는 풍선에 있는 전하가 벽에 반대 부호의 전하를 유도했기 때문이야. 풍선에 가까운 쪽 전하가 더 큰 전기력을 작용하므로 붙게 되지.

정전기 유도와 관련하여 가장 드라마틱한 현상 중의 하나는 그림

(가)와 같이 물줄기가 휘는 현상이야. 수도꼭지에서 연직으로 떨어지는 물줄기에 대전체를 가까이 가져가면 대전체 방향으로 물줄기가 끌려가게 돼. 그러한 현상은 그림 (나)에 있는 것처럼 물분자 자체가 전하들이 분리되어 있는 (전기)쌍극자여서 대전체의 전기력에 의해 쉽게 정전기 유도가 일어나기 때문이야.

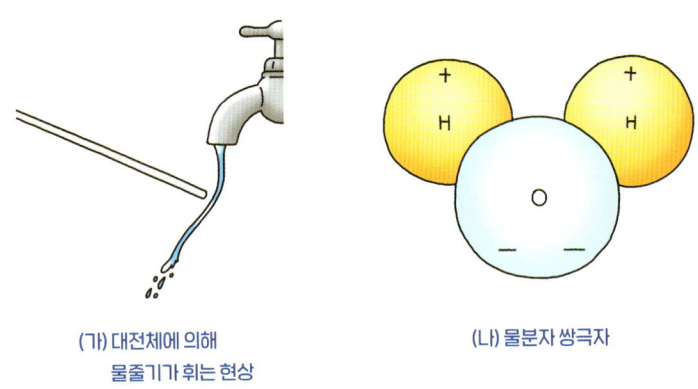

(가) 대전체에 의해 물줄기가 휘는 현상

(나) 물분자 쌍극자

전기력의 발견

17세기 뉴턴이 고전역학의 혁명을 완성한 후, 과학자들은 어떤 현상을 수학적으로 표현할 수 있어야 진정 과학적인 것이라는 생각을 하기 시작했어.

전기 현상에 대해서도 전하 사이에 작용하는 인력과 척력을 수학적으로 표현하려는 시도들이 있었지. 그 중에 쿨롱이라는 프랑스의 과학자도 있었어. 쿨롱은 뉴턴의 만유인력처럼 전기력도 그와 같은 수학적인 관계식으로 나타낼 수 있을 거라는 신념을 갖고 전기력의 크기를 측정하여 결국 수학적인 관계식을 완성하였지.

전기력의 크기를 측정하여 수학적인 관계를 구하기 위해서는 두 가지 문제를 해결해야 해. 첫째는 전하량을 조절하는 것이고, 둘째는 힘의 크기를 측정하는 것이지. 지금 우리는 전하량의 기본 단위가 전자의 전하량이라는 것을 알고 있지만, 전자는 19세기까지도 발견되지 않았었거든. 그래서 1784년 쿨롱은 크기가 같고 같은 재질의 도체구들을 접촉시켜 놓은 다음, 대전된 금속핀을 갖다 대어 도체구들을 대전시켰어. 대전체로부터 각각의 도체구에 똑같은 양의 전하가 분배된다고 가정하고, 도체구의 개수를 증가시키면서 각 도체구가 띠게 되는 전하량을 조절했지. 도체구의 개수가 2, 3, 4,…로 늘어감에 따라 각 도체구에 대전된 전하량은 처음 양의 $\frac{1}{2}, \frac{1}{3}, \frac{1}{4}, \cdots$ 등의 값을 갖도록 만들었던 거야.

전하의 배분

전기력의 크기를 측정하는 방법으로는 수정실의 비틀림 탄성력을 이용했어. 수정실이 비틀리는 각도에 따라 힘의 크기가 달라지는 데이터를 미리 확보하여 측정을 준비한 거지. 그와 같이 철저하게 준비한 후에, 그림과 같은 실험 장치에서 대전된 도체구 사이의 거리를 변화시키면서 그들 사이에 작용하는 힘을 측정하여 전기력에 관한 자신의 수식적 표현을 정확하게 이끌어 낼 수 있었던 거야.

쿨롱의 법칙에 따르면 전기력(전기의 힘)은 미는 힘(척력)과 당기는 힘(인력)의 두 종류가 있으며, 전하량이 클수록(전하의 개수가 많을수록) 더 세고, 또 서로 거리가 가까울수록 전기력은 더 커져. 정확히 전기

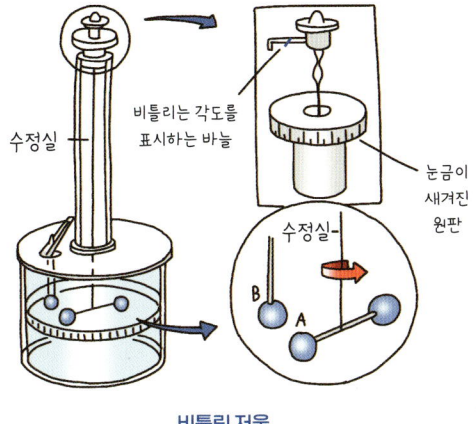

비틀림 저울

력은 각각의 전하량의 곱에 비례하고 거리의 제곱에 반비례 해.(역제 곱의 법칙) 즉 전하량이 각각 q_1, q_2인 점전하가 거리 r만큼 떨어져 있을 때 두 점전하 사이에 작용하는 전기력을 수식으로 나타내면 다음과 같아.

$$F = k\frac{q_1 q_2}{r^2} \text{ (k는 쿨롱 상수)}$$

여기서 비례상수를 전기력 상수, 혹은 쿨롱상수라고 하는데 그 값은 $9 \times 10^9 \text{N} \cdot \text{m}^2/\text{C}^2$이야.

각 도체구에 대전된 실제 전하량이 정확히 얼마인지는 알지 못했지만 쿨롱은 전하량의 비를 변화시키고, 거리를 변화시키면서 두 도체구 사이에 작용하는 힘을 측정했어. 전기 현상에서 전하의 역할은 중력 현상에서 질량의 역할과 매우 흡사해. 그렇기 때문에 질량에 대한 뉴턴의 만유인력 법칙과 전하에 대한 쿨롱의 법칙도 비슷하지. 만유인력과 전기력 사이의 가장 큰 차이점은 만유인력이 인력만 있는데 비해, 전기력은 인력과 척력이 모두 있다는 것이지. 즉 만유인력은 서로 끌어당기기만 하지만, 전기력은 끌어당기기도 하고 밀기도 한다는 점이 다르다는 말이야.

그럼 이번에는 모든 원자 중에서 가장 간단한 구조를 가지고 있는 수소 원자에서 만유인력과 전기력을 비교해 볼까? 수소 원자핵은 양성자 한 개, 그 주위에는 한 개의 전자가 있고 그 둘 사이의 거리는 5.3×10^{-11}m야.

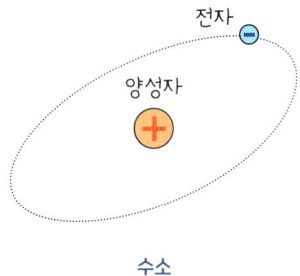

수소

수소 원자 속에 있는 양성자와 전자 사이의 전기력과 만유인력의 크기를 알려면 쿨롱의 법칙과 만유인력의 법칙 식에 질량과 전하량 등의 적당한 값을 집어넣기만 하면 돼.

- 거리 : $r = 5.3 \times 10^{-11}$m
- 양성자 : 질량 $m_p = 1.7 \times 10^{-27}$kg, 전하량 $q_p = 1.6 \times 10^{-19}$C

- 전자 : 질량 $m_e = 9.1 \times 10^{-31}$kg, 전하량 $q_e = -1.6 \times 10^{-19}$C
- 전기력 : $F_e = k \dfrac{q_e \cdot q_p}{r^2} = (9.0 \times 10^9 \text{N} \cdot \text{m}^2/\text{C}^2) \dfrac{(1.6 \times 10^{-19}\text{C})^2}{(5.3 \times 10^{-11}\text{m})^2}$

  $= 8.2 \times 10^{-8}$N
- 만유인력 : $F_g = G \dfrac{m_e m_p}{r^2}$

  $= (6.7 \times 10^{-11} \text{N} \cdot \text{m}^2/\text{kg}^2) \dfrac{(9.1 \times 10^{-31}\text{kg})(1.7 \times 10^{-27}\text{kg})}{(5.3 \times 10^{-11}\text{m})^2}$

  $= 3.7 \times 10^{-47}$N

따라서 두 힘의 비율을 구해보면, $\dfrac{F_e}{F_g} = \dfrac{8.2 \times 10^{-8}\text{N}}{3.7 \times 10^{-47}\text{N}} = 2.2 \times 10^{39}$이야.

두 식을 통해서 전기력은 만유인력보다 10^{39}배 크다는 것을 알 수 있어. 이처럼 원자 세계에서 작용하는 전기력은 만유인력보다 훨씬 더 커서 만유인력은 완전히 무시할 수 있는 거야.

내용을 잘 이해했는지 확인해볼까?

＊ 정답은 432쪽에

1 그림과 같이 절연된 중성의 도체막대에 양(+)으로 대전된 유리막대를 가까이 하였더니 막대 속의 전자들이 한쪽으로 모였다. 이 상태에서 전자의 이동이 멈춘 이유는?

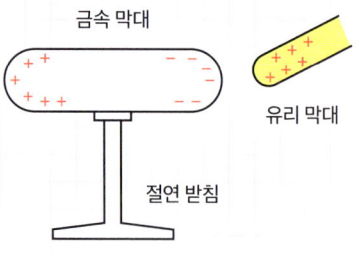

2 그림과 같이 중성인 속이 빈 금속구 A의 내부에 전하량 +Q로 대전된 작은 금속구 B를 수정실에 매달아 집어넣고 있다.

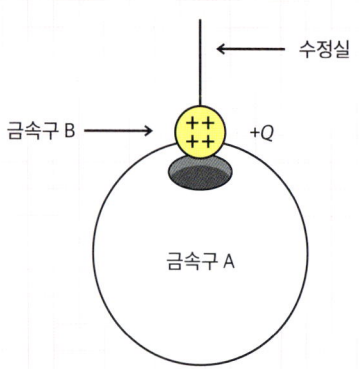

1) 작은 금속구 B가 속이 빈 금속구 A에 접촉하지 않은 상태로 있을 때 금속구 A의 안쪽과 바깥쪽에 대전된 전하의 부호와 전하량은 얼마인가?

2) 작은 금속구 B를 속이 빈 금속구 A의 바닥에 내려놓았을 때 금속구 A의 안쪽과 바깥쪽에 대전된 전하의 부호와 전하량은 얼마인가?

3 양전하와 음전하로 대전된 두 도체판 사이에 가벼운 금속구를 놓았더니 금속구가 진동하였다. 금속구가 진동하는 이유를 설명하시오.

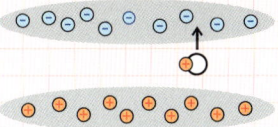 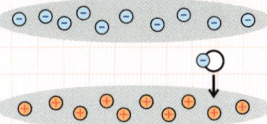

조금 더 어려운 문제들도 한번 풀어볼까?

※ 정답은 433쪽에

4 그림과 같이 한 변이 a인 정사각형의 네 꼭짓점에 점전하를 놓았다. (단, $q>0$)

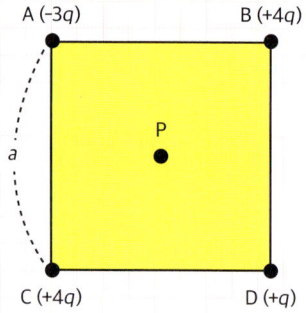

1) 중앙의 점 P에서 1C의 전하가 받는 힘의 방향과 크기는?

2) 점 P에 $-2q$의 점전하를 놓았을 때 받는 힘의 방향과 크기는?

5 그림과 같이 완전한 구의 형태인 반지름 r의 풍선 표면에 전하 $+Q$가 고루 분포하고 있다. 풍선의 중심에 점전하 $+q$를 넣을 때 다음 물음에 답하시오.

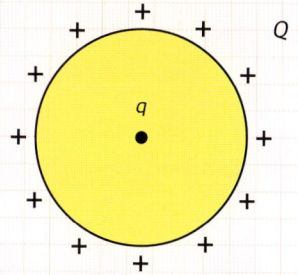

1) 점전하와 풍선 사이에 작용하는 전기력에 대해 서술하시오.

2) 풍선의 표면으로부터 거리 r되는 곳에 위치한 1C의 전하가 받는 전기력을 구하시오. (단, 쿨롱의 비례상수는 k이다.)

6 전하량이 q, $9q$인 두 점전하가 거리 l 만큼 떨어져 있다. 어떤 전하 Q를 두 전하 사이에 놓았더니 두 전하가 각각 받는 알짜힘이 모두 0이었다. 전하 Q의 부호와 크기는?

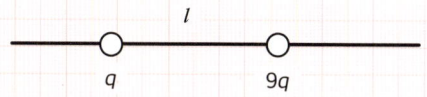

창의적으로 생각하고 해결하는 문제에도 도전해보자

＊ 정답은 434쪽에

7 그림과 같이 전하량 $-q_0$인 대전입자 3개를 한 변이 l인 정삼각형의 꼭짓점에 놓고 이 삼각형의 무게중심에 전하량이 $+q$인 대전입자를 놓았다. 대전입자들이 정삼각형을 이루며 평형 상태에 있기 위해서 무게중심에 놓아야 할 대전입자의 전하량의 크기 q를 q_0로 나타내시오.

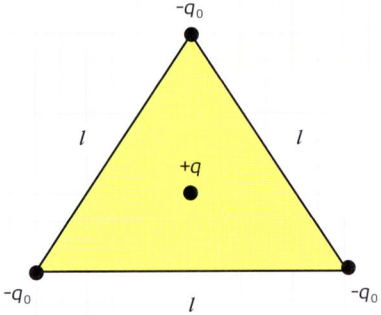

8 전하량이 $-q_0$인 대전입자 4개와 $+q$인 대전입자 1개로 평형상태를 이루는 구조를 만들고자 한다. 대전입자들은 어떻게 배치해야 하는가?

PART 6

엘리베이터 안에서
휴대폰이 끊기는 이유

전기장과 축전기 교실

전기장
(electric field)

중력장은 물체 주위에 물체의 질량에 의한 영향력이 작용하는 공간이지.(1권, 393쪽_중력장 참고) 공중으로 공을 던지면 공에 만유인력(편의상 중력으로 통일하기로 하자.)이 작용하여 포물선 운동을 하게 되는데, 이때 공 중심과 지구의 질량 중심이 아주 멀리 떨어져 있는데도 불구하고 거리에 상관없이 즉각적으로 작용을 해.

이렇게 지구상에서 공을 던지자마자 보이지 않는 손이 즉각 끌어당기는 것 같은 힘의 작용을 원격 작용이라고 해. 실제로 존재하는지를 증명할 수 없는 이러한 보이지 않는 그 무엇을 가정해서 중력의 작용을 설명해야 했으므로 뉴턴 당시에도 원격 작용은 비판의 대상이었어.

이러한 약점은 19세기에 이르러 패러데이와 맥스웰이 장의 개념을 도입함으로써 어느 정도 해결할 수 있었지. 지구가 텅 빈 우주 공간에 존재하면, 지구의 중력이 주변 공간을 물들이듯이 작용하고 있어서 그 공간에 공을 놓는 순간 즉각 공에 중력이 작용한다는 거야.

그림에서 볼 수 있듯이 질량이 M인 물체는 공간에 보이지 않는 경사면(M의 중력장)을 형성하는데 그 힘은 질량이 m인 물체가 그 경사면에 놓인 것같이 작용한다는 거지.

이와 같이 주변 공간을 물들이고 있는 영향력을 중력장이라고 볼 수 있고, 공간의 각 점에서 영향력의 세기는 $\frac{중력}{물체의\ 질량}$, 즉 단위 질량에 작용하는 중력의 세기로 정의할 수 있어. 이렇게 장의 개념을 도입하면 물체들끼리의 원격 작용 대신 장과 물체의 상호작용으로 이해할 수 있어.

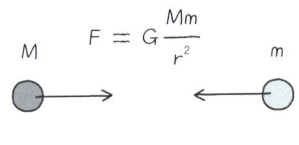

서로를 끌어당기는 방식으로 작용
둘 중 하나라도 없으면 힘이 작용할 수 없음

경사면에 물체가 놓이는 순간
힘이 작용함

중력의 작용   중력장에서 힘의 작용

지구 주위의 공간이 중력장으로 물들여진 것처럼, 전하 주위의 공간은 전기장으로 물들여져 있어. 전기장은 전하에 의하여 형성된 전기력이 작용하는 공간이기 때문에 크기와 방향을 갖고 있지. 전기장의 크기는 어떤 지점에 위치한 전하가 받는 전기력의 크기로 나타나.

즉, 1C의 양전하가 받는 전기력의 세기가 그 점에서의 전기장의 세기야. 이러한 1C의 양전하를 시험 전하라고 하는데, 시험 전하에 작용하는 힘이 크면 장의 세기가 큰 곳이고, 시험 전하에 작용하는 힘이 약하면 장의 세기가 작은 곳이지.

또 전기장의 방향은 어떤 위치에서 시험 전하가 받는 전기력의 방향과 같아. 그림은 점전하에 의해 형성된 전기장을 나타낸 거야.

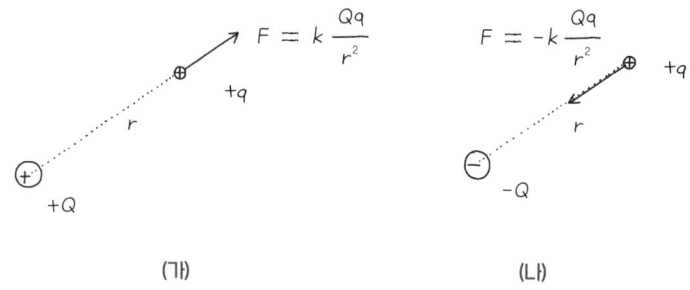

(가)   (나)

그림 (가)와 같이 양(+)전하 주위의 전기장의 방향은 그 전하로부터 밖으로 향하고, 그림 (나)와 같이 음(-)전하 주위의 전기장의 방향은 그 전하 쪽을 향하게 되지.(장을 만드는 전하와 가상의 시험 전하를 구별할 수 있어야 해)

전하 Q에 의해 형성된 전기장의 세기는 1C의 전하가 받는 전기력의 크기로 정의하므로 식으로 나타내면 다음과 같아.

+q가 받는 전기력의 세기 : $F = k\dfrac{Qq}{r^2}$

+q가 있는 지점의 전기장의 세기 : $E = \dfrac{F}{q} = k\dfrac{Q}{r^2}$

이와 유사하게 $-Q$에 의한 전기장은 $E = -k\dfrac{Q}{r^2}$ 로 +Q에 의한 전기장과 정반대 방향이야. 이때 전기장의 단위는 [N/C]이야.

전기력선

이번에는 점전하에 의하여 형성된 전기장을 시각적으로 나타내는 방법을 생각해보자.

그림에서 볼 수 있듯이 시험 전하가 받는 힘의 방향을 계속 연결해가면 하나의 선을 얻을 수 있는데, 그 선을 전기력선이라고 해.

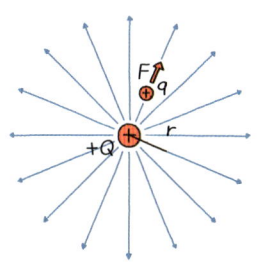

(가) 양(+) 전하 주위의 전기력선

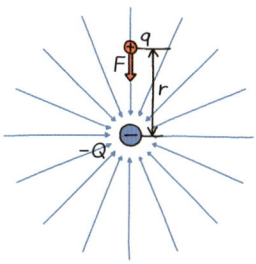

(나) 음(-) 전하 주위의 전기력선

따라서 양전하 주위의 전기력선은 전하로부터 모든 방향으로 직선으로 나가는 방향이고, 음전하 주위의 전기력선은 반대로 전하로 수렴하는 방향이야. 이러한 전기력선은 실제로 존재하는 선이 아니고, 추상적인 전기장을 직관적으로 이해할 수 있도록 설명하기 위해 이용하는 거야.

전기장을 전기력선으로 나타낼 때는 다음과 같은 몇 가지 특성이 있는 것을 알 수 있어.

- 전기력선은 (+)전하에서 나오고, (-)전하로 들어간다.
- 전기력선은 만나거나 교차하거나 갈라지지 않는다.
- 전기력선은 중간에 사라지거나 새로 생겨나지 않는다.
- 전기장이 강한 곳일수록 전기력선이 조밀하다.
- 전기장의 방향은 전기력선 위의 한 점에 그은 접선 방향이다.

이제 두 개의 점전하에 의해 형성되는 전기장의 전기력선을 생각해보자. 먼저 그림 (가)와 같이 두 점전하의 전하량이 Q이고 떨어진 거리가 d인 경우 A, B 각 점에서의 전기장은 두 전하에 의한 전기장이 합성된 붉은색 화살표로 나타낼 수 있어.

A점으로부터 Q_1은 거리가 가까워서 전기장의 세기가 강하고, Q_2는 상대적으로 멀리 있기 때문에 전기장의 세기가 약해서 합성된 전기장은 붉은색 화살표처럼 나타나는 거지. 이때 붉은색 화살표는 A점을 지나는 전기력선에 접하게 돼. 두 전하 사이 중간에 있

는 B점에서는 Q_1과 Q_2에 의한 전기장의 세기가 같고 반대 방향이므로 합성된 전기장은 0이야. 따라서 그 점을 지나가는 전기력선은 존재하지 않지.

그림 (나)는 두 개의 양전하에 의한 전기장의 모습을 관찰하기 위해 기름 위에 두 전하를 놓고 그 주위에 실 조각들을 띄워서 본 거야. 실 조각의 끝부분은 정전기 유도로 분극되면서 전기장을 따라 정렬하게 되는데 이것은 마치 자기장 속에서 철 조각들이 정렬하는 것과 비슷해.(313쪽, PART 9_자석과 자기장 참고)

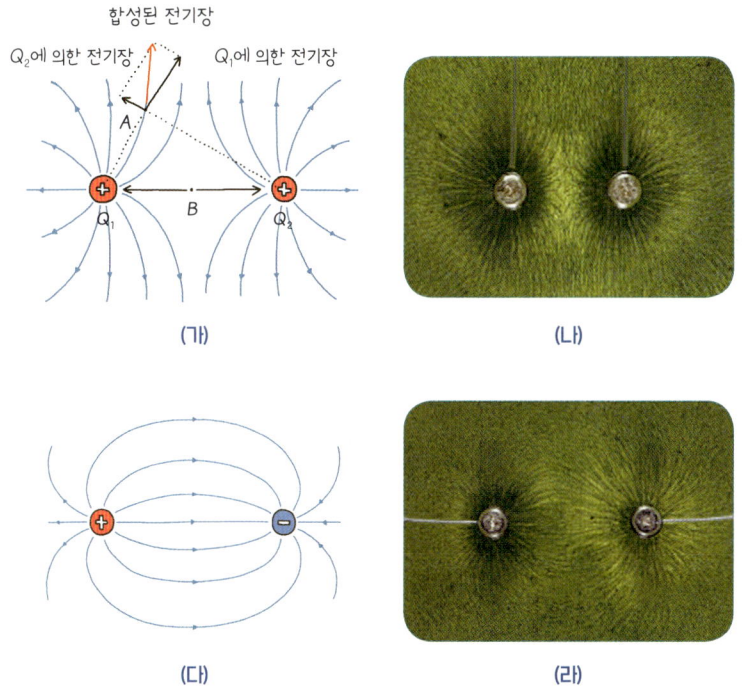

(가) (나)

(다) (라)

같은 방법으로 양(+) 전하와 음(-) 전하로 이루어진 전기장에서 전기력선을 그려보면 앞의 그림 (다)와 같이 나타나고, 전하가 반대인 경우에 전기력선은 양(+)전하에서 나와서 음(-)전하로 들어가는 모양을 보여 주지.

만일 평행하게 설치된 금속판에 같은 양의 양전하와 음전하가 각각의 도체판에 대전된다면 도체판 내부에는 균일한 전기장이 형성되지. 이때 균일하다는 말은 방향이 일정하고 세기가 같다는 뜻이야. 그런 전기장을 전기력선으로 나타낸다면 다음 그림과 같이 도체판 사이에서 평행하고 등간격인 직선으로 나타낼 수 있어. 예를 들면 A, B, C점에서의 전기장의 세기와 방향이 같다는 의미야.

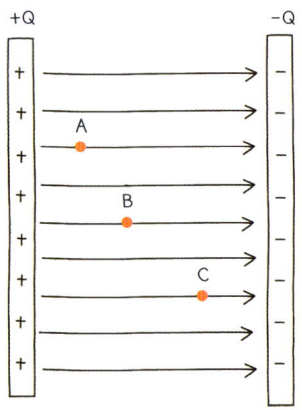

이렇게 평행하고 무한히 긴 도체판 사이에서의 전기장이 균일한 건 왜일까? 그 이유를 알아보고 넘어가자.

무한히 긴 직선 상에 균일하게 대전된 전하에 의해 형성되는 전

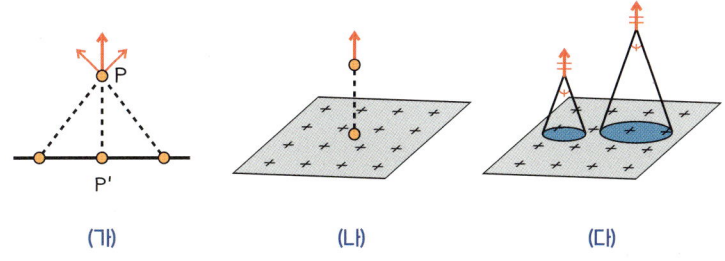

(가)　　　　　(나)　　　　　(다)

　기장을 생각해 봐. 그림 (가)에서 시험 전하가 있는 P점에서 직선에 내린 수선의 발을 P′라고 할 때 P′를 기준으로 양쪽으로 같은 거리에 있는 두 전하에 의한 전기장은 대전된 직선에 수직이야. 이 대전된 직선은 무한히 길기 때문에 어떤 점을 잡더라도 좌우가 완전히 대칭이어서 전기장의 수직한 성분만 남게 되지. 그림 (나)와 같은 무한히 넓은 대전된 평면에 의한 전기장의 방향도 같은 원리를 적용하면 판에 수직임을 알 수 있어.

　이제 대전된 판으로부터 떨어진 거리가 달라도 전기장의 세기가 같은지를 생각해 보자. 그림 (다)와 같이 사잇각이 같은 가상적인 원뿔 두 개가 대전된 판 위에 있을 때, 원뿔의 밑면에 분포한 전하가 꼭짓점에 있는 시험전하에 작용하는 전기력을 비교해 볼 수 있어.

　원뿔의 밑면적은 (떨어진 거리)^{2}에 비례하므로 시험전하에 작용하는 전하량이 (떨어진 거리)^{2}에 비례하지. 전기력은 (떨어진 거리)^{2}에 반비례하고 전하량에 비례하므로 두 요소가 완전히 상쇄되어 떨어진 거리에 관계없이 전기력이 일정하게 돼. 즉, 대전된 판에 의한 전기장의 세기는 판으로부터 떨어진 거리에 관계없이 일정하다는 거야.

전기장이
0인 공간

중력이 작용하고 있지만 또다른 힘의 작용으로 인해 실제 느껴지는 힘이 0인 상태를 무중력 상태라고 해. 무중력 상태는 인공위성과 같이 자유 낙하하는 물체 안에서나 가능하지. 지구 표면에 사는 우리는 중력이 작용하는 것을 피하기가 어려운데, 지구 표면에서 정지한 상태로 지구의 중력을 상쇄시킬만한 힘을 만들 수 없기 때문이야.

하지만 전기장을 막는(차폐시키는) 것은 의외로 간단한데, 차폐시키고자 하는 것을 도체 표면으로 둘러싸기만 하면 돼. 이렇게 하고 전기장 속에 넣어 보면 도체 표면의 자유 전자들이 도체 표면에서 움직여 도체 내부의 전기장이 0이 되도록 만들지. 이렇게 만든 것을 패러데이 케이지라고 해.

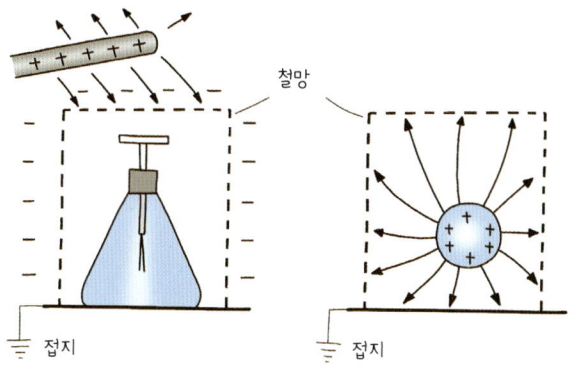

어느 순간이라도 패러데이 케이지 표면에 있는 전자들의 분포는
케이지 내부의 전기장을 0으로 만든다.

전자 부품을 금속 상자에 넣어 두거나, 통신선을 금속으로 감싸는 경우가 있는데, 이것은 모두 외부의 전기 작용으로부터 차폐시키기 위함이야. 이때 케이지는 외부 전기장으로부터 내부를 보호하고 민감한 전자 장치를 전자기 간섭으로부터 보호하는 데 중요한 장치야. 엘리베이터 안에서 휴대폰 연결이 잘 안 되는 이유도 바로 패러데이 케이지에 갇히기 때문이지.

이때, 전기를 띠고 있는 도체 안에 전기장이 없는 것은 전기장이 금속을 뚫고 들어가지 못하기 때문이 아니고, 도체 안의 자유 전자들이 내부의 전기장이 0일 때만 움직임을 멈추고 '정착'할 수 있기 때문이야.

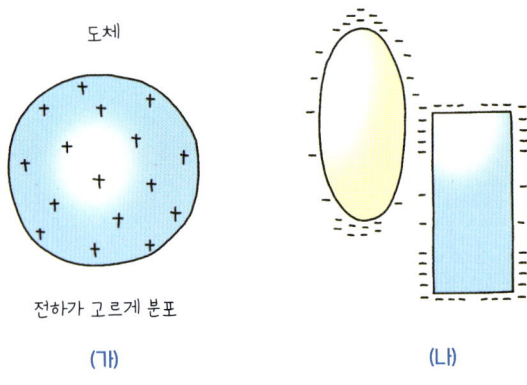

도체가 완전한 구 모양이라면 그림 (가)와 같이 전하가 고르게 분포하지만, 구 모양이 아니라면 균일하지 않아. 예를 들어 그림 (나)와 같이 타원형이거나 직육면체라면, 전하의 대부분은 모서리에 몰리는데 놀라운 것은 면과 모서리의 전자 분포는 타원이나 직육면체 안의 어디서나 전기장이 0이 되도록 이루어진다는 거야.

전위와 전위차

○ 힘이 작용하여 힘의 방향으로 물체를 이동시킬 때 '일을 한다'고 했었지.(1권, 317쪽_일은 과학적으로 어떻게 설명할 수 있을까? 참고) 물체는 장(場, field) 안의 위치에 따라 다른 위치(퍼텐셜)에너지를 가지고 있어. 예를 들어 우리가 물체를 들어 올릴 때 물체에 작용하는 힘은 물체의 무게와 같아. 물체를 얼마간 이

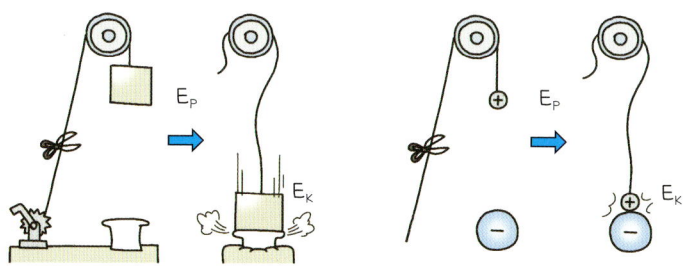

동시키면 물리적으로 일을 한 것이지. 중력에 의한 위치에너지를 증가시키고 있는 거야. 들어 올린 거리가 클수록, 중력에 의한 위치에너지가 커지게 되지. 이와 비슷하게 전하도 전기장 안에서 위치에 따라 다른 위치에너지를 가질 수 있어. 물체를 들어 올리기 위해 지구의 중력장에 대해 일을 해준 것처럼, 대전체의 전기장에 대해 전하를 이동시킬 때도 일이 필요하게 되는 거지.(이것을 시각화시키기는 어렵지만, 중력장이나 전기장에 대한 물리는 모두 같은 것이야.)

전하의 전기적인 (위치)에너지는 어떤 대전체의 전기장에 대해 미는 일을 할 때 증가하게 돼. 다음에 나오는 그림과 같이 양으로 대전된 구로부터 약간 떨어진 거리에 작은 양전하가 있다고 하자. 우리가 작은 양전하를 구 쪽으로 밀면 전기적 척력을 느끼게 될 거야. 용수철을 압축시킬 때처럼, 구의 전기장에 대해 밀 때도 같은 일이 일어나는 거지. 이 일은 전하가 얻은 에너지와 같아. 전하가 위치에 따라 얻게 되는 에너지를 전기적인 위치에너지라고 해.(앞으로는 전기에너지라

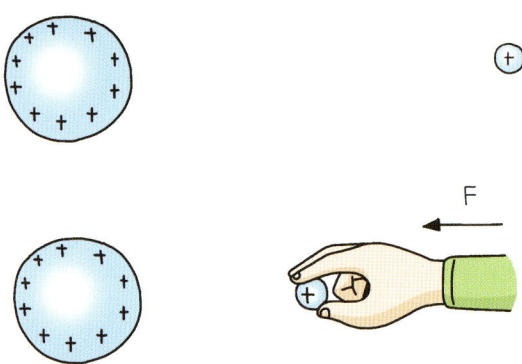

고 할게.) 만일 이 상태에서 전하를 놓아주면 구로부터 멀어지면서 가속 운동하게 되고, 전기에너지는 운동에너지로 전환하게 되는 거지.

두 개의 전하를 밀면 두 배의 일을 해. 그러니까 같은 위치에 두 개의 전하가 있으면 한 개의 전하가 있을 때보다 두 배의 전기에너지를 갖게 되는 거지.

전기에너지로 전기장을 나타내는데 있어서 전하의 전체 전기에너지보다는 단위 전하당 (+1C) 전기에너지를 생각하는 것이 더 편리해. 단위 전하당 전기에너지는 전체 전기에너지를 전체 전하량으로 나눈 것이거든. 즉, 단위 전하당 전기에너지는 전하량에 관계없이 같은 거야. 예를 들면 어떤 특정한 점에서 단위 전하의 10배의 전하량을 가진 입자는 단위 전하가 가지는 에너지의 10배 에너지를 갖지만, 그 입자는 전하량도 10배이므로 단위 전하당 전기에너지는 같다는 말이야.

여기서 단위 전하당 전기에너지라는 개념을 전위라고 하고, 전압(전위차, V)은 단위 전하(1C)를 옮기는 데 필요한 일(W)로 정의하지. 식으로 나타내면 다음과 같아.

$$V = |V_A - V_B| = \frac{W}{q} \; [\, J/C = V \,]$$

SI 단위로 전위(전압)의 단위는 볼트(V)인데, 이것은 이탈리아 물리학자인 볼트의 이름에서 딴 것이야. 전기에너지의 단위는 줄(J)이고 전하의 단위는 쿨롱(C)이니까 1V의 전위는 1C당 1J의 에너지와 같아.

전기장의 세기가 100N/C인 균일한 전기장에서 거리가 0.2m인 두 점 A, B 사이의 전위차는 $V = |V_A - V_B| = 100\text{N/C} \times 0.2\text{m} = 20\text{J/C} = 20\text{V}$임을 알 수 있어. 즉, B점을 기준으로 잡을 때 A점의 전위는 20V라는 거야. 이때 A점과 전위가 같은 점을 찾아보면 A를 통과하면서 전기력선에 수직인 선상의 모든 점이 되겠지.

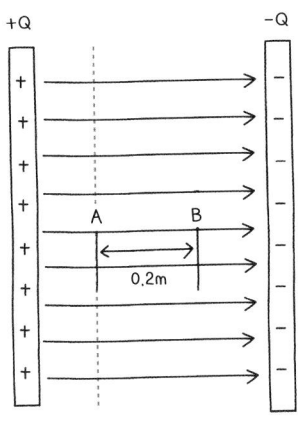

이와 같이 전위가 같은 점을 연결한 선이나 면을 등전위선 또는 등전위면이라고 하는데, 전기적인 퍼텐셜에너지가 같으려면 전기장 내에서 한 일이 0이어야 하기 때문에 힘의 방향과 이동 방향이 수직이 되어야 하지. 따라서 전기력선과 등전위면은 항상 수직이야.

다음에 나오는 그림 (가)는 균일한 전기장에서의 등전위면을 나타낸 것이고, 그림 (나)는 양의 점전하에 의한 전기장에서의 등전위면을 나타낸 거야. 이때 등전위면(선) 사이의 전위차는 일정하게 잡은 거야. 그림 (가)의 경우에는 전기장이 일정하므로 등전위면 간격이 일정하게 나타나고, 그림 (나)의 경우에는 중심으로 갈수록 전기장이 강해지므로 등전위면 간격이 좁아지게 돼.

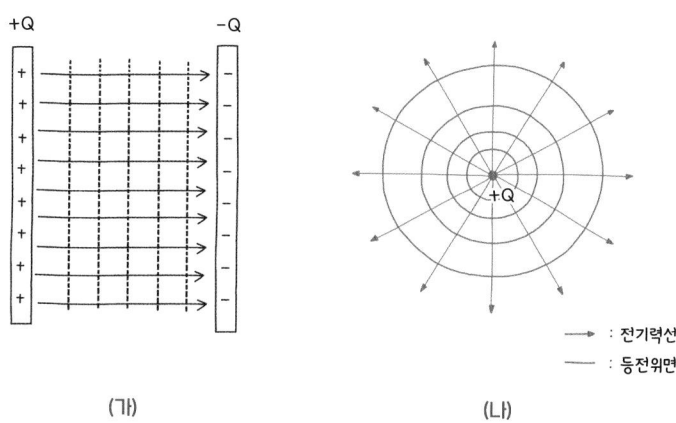

전기장에서의 등전위면은 지형도에서의 등고선이라고 볼 수 있어. 따라서 전기장의 수직 단면을 그리면 다음과 같아.

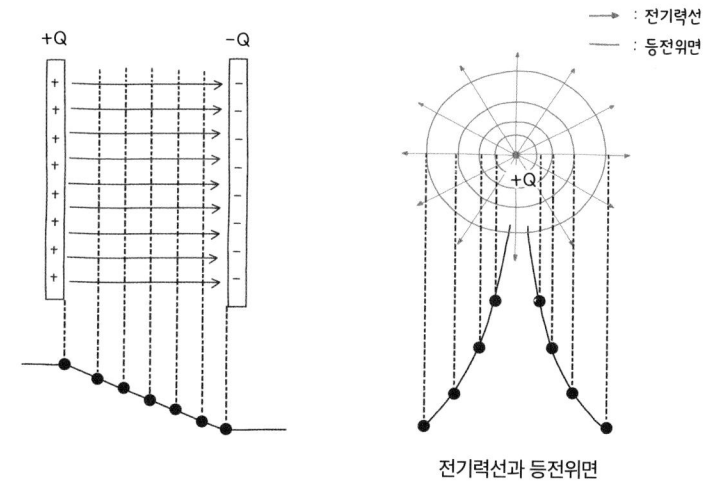

전기력선과 등전위면

같은 방법으로 양(+)전하와 음(-)전하의 쌍으로 이루어진 전기쌍극자의 전기장을 입체적으로 나타내면 다음 그림과 같아.

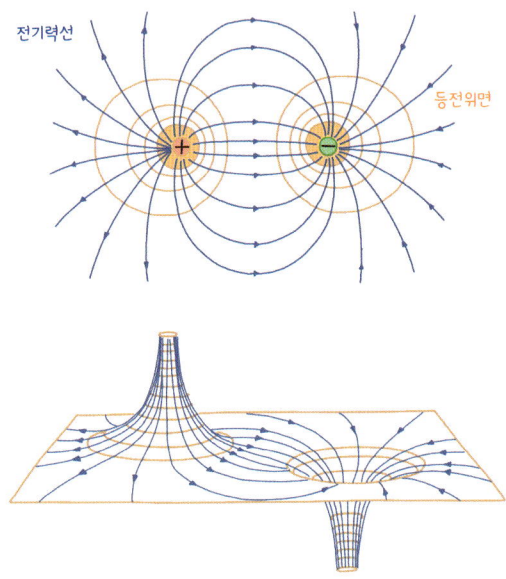

전기력선과 등전위면은 서로 수직인데
일과 에너지의 개념을 이용하면 그 이유를 알 수 있다.

전기쌍극자의 등전위면

균일한 전기장으로 기본전하량 측정

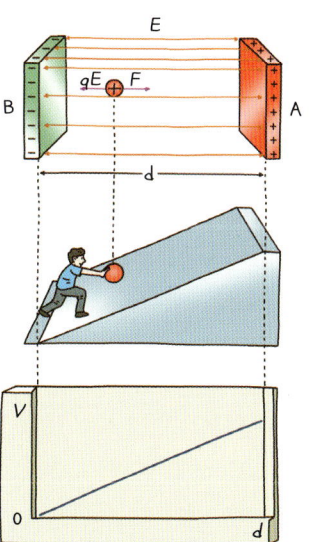

전기장의 세기는 단위전하가 받는 전기력으로 나타내기 때문에 벡터적 계산을 해야 하지만, 전위는 스칼라적인 계산으로 전기와 관련된 문제를 해결할 수 있어서 편리해. 전기장에서 전하가 이동하면 전기적인 일을 받거나 하게 되므로 전위는 변하게 되지. 지표면 근처에서 중력장의 세기가 일정하듯이 대전된 평행한 도체판 사이에서는 세기가 일정하고 균일한 전기장이 만들어진다는

것은 앞에서 공부했지? 그림과 같은 균일한 전기장에서 A점과 B점으로 전하 q가 운동할 때 전기적인 위치에너지를 각각 U_A, U_B라 하면 전압은 $\Delta V = \dfrac{U_B}{q} - \dfrac{U_A}{q} = \dfrac{\Delta U}{q}$ 이므로 두 점 사이의 전기적 위치에너지 차이는 $\Delta U = q\Delta V = W$가 되지.

따라서 A점에서 B점으로 전하가 운동할 때, 전하가 받은 일은 $W = Fs = qEd$이고, $W = q\Delta V$이므로 $\Delta V = Ed$임을 알 수 있어.

$E = \dfrac{V}{d} = \dfrac{\Delta V}{\Delta x}$ (일반적으로 ΔV를 전압 V의 기호로 나타내.)이므로 전위와 거리의 그래프에서 기울기는 전기장의 세기가 되는 거야.

1909년 밀리컨은 균일한 전기장을 이용하여 기본전하량 측정을 위한 기름방울 실험을 했어.

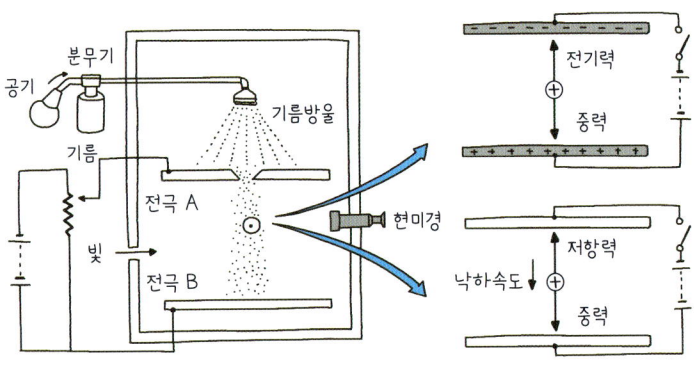

왼쪽 그림처럼 전압을 걸어준 평행한 도체판 사이에 분무기로 기름방울을 뿜어주면 기름방울들이 뿜어져 나올 때 마찰로 인해 음(-)전하를 띠게 되고 도체판 사이에서 일정한 전기력을 받게 돼. 그런데 오른쪽 위 그림처럼 아래 방향의 중력과 위 방향의 전기력이 같게

되면 기름방울은 정지하거나 등속도 운동을 하게 되는데 이것을 현미경으로 셀 수 없이 반복하여 관찰했어. 일단 기름방울의 전하량이 q라면 $qE = q\dfrac{V}{d} = mg$에서 $q = \dfrac{mgd}{V}$를 얻을 수 있어.

이번에는 오른쪽 아래 그림처럼 전기장을 없애고 동일한 방법으로 기름방울을 뿜어주면 기름방울은 중력을 받아 속도가 점점 빨라지다가 공기 저항을 받게 되어 일정한 속도에 도달하게 되는데 이를 이용하면 기름방울의 질량이 m일 때 $mg = kv$에서 $m = \dfrac{kv}{g}$을 구할 수 있지. 이런 과정으로 구한 기름방울의 전하량은 모두 기본전하량(전자의 전하량)인 1.6×10^{-19}C의 정수배라는 사실을 알아낸 거지.

축전기

○ 전기에너지는 축전기라고 부르는 장치에 저장하는데, 요즈음은 거의 모든 전기 회로에 쓰이고 있어. 예를 들어 그림 (가)와 같이 키보드에는 ON-OFF 스위치와 같은 저용량 축전기가 각 키 밑에 있어. 그림 (나)의 자동심장충격기(자동제세동기)나 그림 (다)의 사진기 플래시 안에 있는 축전기는 많은 양의 에너지를 저장해서 플래시를 터뜨릴 때 한꺼번에 쓸 수 있도록 하지. 그런가하면 대용량 레이저 속에 엄청난 양의 에너지를 저장하는 규모가 큰 축전기도 있어.

그림 (라)와 같이 두 장의 도체판을 약간 떨어뜨려 놓은 가장 단순한 축전기도 있어. 두 도체판을 배터리와 같은 전원장치에 연결시키면 전지의 양극은 연결된 도체판으로부터 전자를 끌어들여 음극

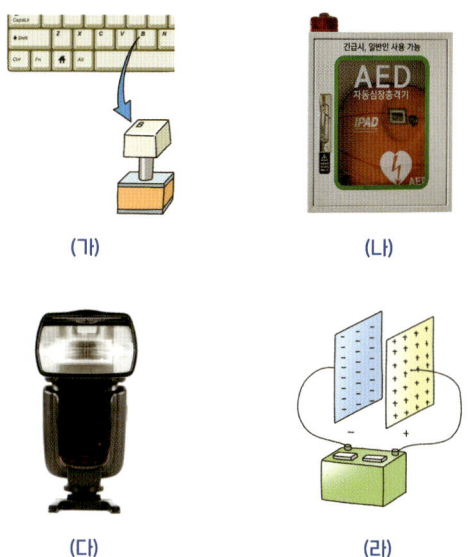

(가) (나)

(다) (라)

을 통해 반대편 도체판으로 이동시키게 되지. 축전기의 두 도체판은 크기는 같고 반대 부호의 전하를 갖게 되는데 두 도체판은 전지의 양(+)극과 음(-)극에 연결한 거야. 충전 과정은 축전기의 두 도체판 사이의 전위차가 전지의 전위차(전압)와 같아질 때 끝나게 돼. 이때 저장되는 전하의 양은 전지의 전압이 클수록 많아지지.

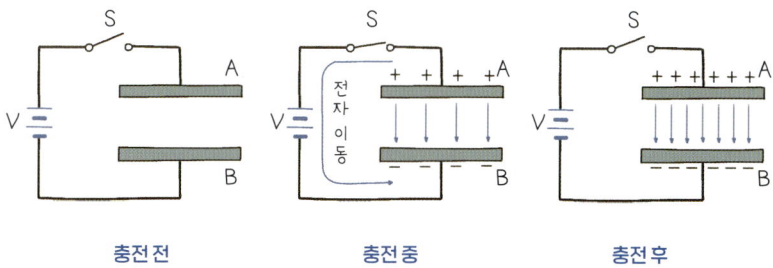

충전 전 충전 중 충전 후

가장 널리 쓰이는 축전기의 형태인 평행판 축전기에 대해서도 좀 알아볼까. 어떤 통에 물을 부을 때, 물의 양이 증가할수록 이에 비례해서 수위가 증가하게 되지. 이와 같이 평행판 축전기에 전하를 충전시킬 때, 충전된 전하량에 비례하여 극판 사이의 전기장이 커지고 전기장이 커지므로 전위차(전압) 또한 비례하여 커지게 되는 거야.

$$Q \propto V$$

두 도체판에 저장되는 전하량은 판 사이의 전압에 비례하지만 축전기의 특성에 따라 충전할 수 있는 전하량이 달라져. 일종의 충전할 수 있는 한계 같은 것인데, 이러한 충전 한계를 전기용량(C)이라고 해.

보통 전기용량은 단위 전압(1V)을 걸어주었을 때 모을 수 있는 전하량으로 정의하지.

$$C = \frac{Q}{V} \quad [\, C/V = F(패럿) \,]$$

(C는 전기용량, Q는 전하량, V는 전압)

전기 용량의 크기는 축전기의 기하학적인 모양과 도체판 사이의 절연 물질의 성질에 따라 달라지는데, 평행판 축전기의 전기 용량은 판의 면적에 비례하고, 두 판 사이의 거리에 반비례하게 돼. 또한 두 판 사이에 들어있는 물질의 전기 유전율이 클수록 전기 용량은 증가하지.

$$C = \varepsilon \frac{A}{d}$$

(ε는 유전율, A는 도체판의 면적, d는 도체판 사이의 거리)

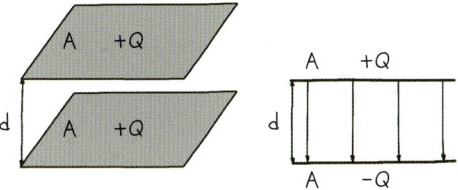

평행한 도체판 사이는 균일한 전기장이므로 도체판 사이의 전압은 $V = Ed$인데, 전압이 일정한 경우에 거리 d가 작을수록 전기장 E가 강해지게 돼. 전압이 일정한 경우에 전기장의 세기 E는 전하량 Q에 비례하므로 도체판 사이의 거리가 가까울수록 더 많은 전하가 모이게 되는 거지.

한편, 금속판 사이에 유전 물질을 넣으면 아래 그림에서 볼 수 있듯이 유전 물질 표면에 발생한 유전분극 때문에 도체판 사이의 실제 전기장이 약해지므로 유전 물질을 넣기 전과 같은 전압이 되려면 금속판에 더 많은 전하가 모여야 해.(화살표의 길이는 전기장의 세기를 의미함)

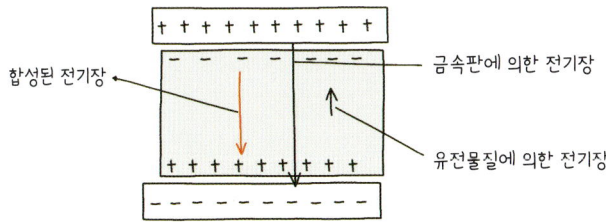

축전기의 도체판은 종이로 절연시킨 얇은 금속박으로 되어 있어. 이 종이 샌드위치는 잘 말아서 그림과 같은 원통 안에 집어넣기 때문에 공간을 절약할 수 있어. 대전된 축전기는 두 판 사이를 도체로 연결하면 방전되는데 축전기의 방전이 우리 몸을 통해 일어나면 충격을 받을 수도 있어. 텔레비전의 전원 공급 장치처럼(스위치를 껐다고 할지라도) 고전압일 때 일어나는 방전은 치명적일 수도 있어. 그래서 그런 장비들에는 경고 표시가 있는 거야.

축전기를 충전시킬 때 전기적으로 일을 하여 축전기 안에 전기에너지가 저장되는데, 그 에너지는 두 도체판 사이에 전기장의 형태로 저장되어 있어.

축전기에 전하가 충전될 때 전기적으로 해 준 일은 그래프와 같이 평균 전압 $\frac{V}{2}$인 도체판에 전하 Q가 이동했다고 볼 수 있으므로 해 준 일만큼 에너지가 저장되어 있다고 말할 수 있는거야. 전기장이 균일한 축전기에 저장된 에너지는 다음과 같아.

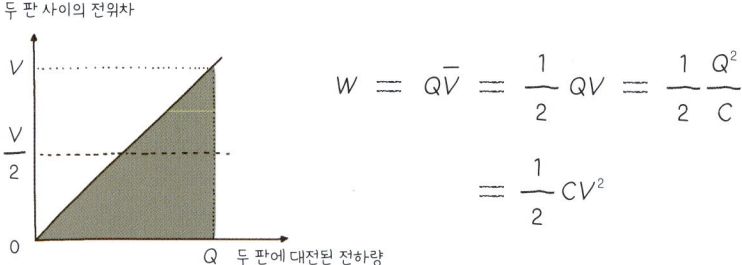

활시위를 당기거나 용수철을 늘릴 때, 활시위나 용수철에 에너지를 저장할 수 있듯이 축전기는 전기에너지를 저장할 수 있는 장치야. 오늘날과 같은 전자공학 시대에 축전기는 전기에너지 저장고 이상의 용도로 사용되고 있어. 축전기는 라디오나 텔레비전 송수신 장치의 진동수를 맞추는 회로에 절대적인 요소이고 미세 축전기로 컴퓨터 기억장치를 만드는데도 꼭 필요하지. 휴대폰이나 마이크 등에도 없어서는 안되는 장치이기도 해.

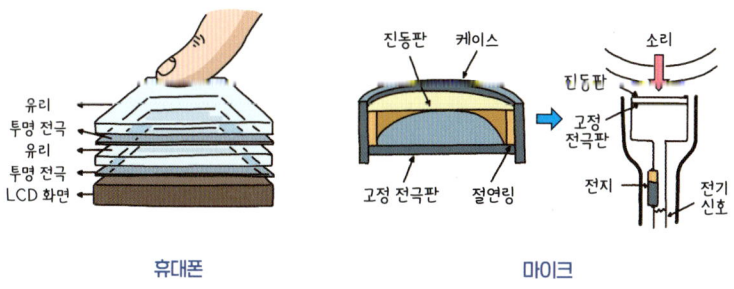

휴대폰   마이크

내용을 잘 이해했는지 확인해볼까?

※ 정답은 434쪽에

1 그림과 같이 $+4q$, $-q$로 대전된 두 점전하 A, B가 2m 떨어져 있다. 이때 a점, b점, c점의 전기장의 세기를 비교하고, 전기장의 세기가 0이 될 수 있는 점을 고르시오.

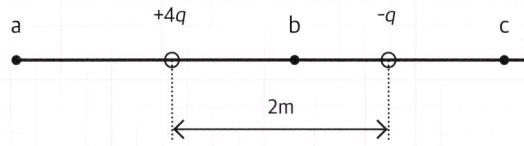

2 그림 (가)는 평행한 두 금속판에 전원을 연결한 것이고, 그림 (나)는 2개의 금속구에 전원을 연결한 것이다. 그림 (다)는 속이 빈 금속구 내부에 또하나의 금속구와 전원을 연결한 것이고, 그림 (라)는 금속판과 금속구에 전원을 연결한 것이다. 각각의 경우 금속판과 금속구 사이의 전기력선을 그리시오.

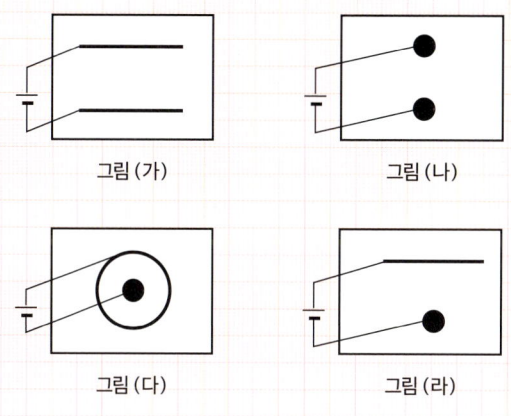

그림 (가)   그림 (나)

그림 (다)   그림 (라)

3 그림과 같이 양전하와 음전하로 대전된 평행한 두 도체판이 있다. 양으로 대전된 시험전하를 두 도체판 사이의 한 점 A에서 다른 점 B, C, D로 이동시키려고 한다. 각 점 B, C, D로 이동할 때 필요한 일을 각각 W_B, W_C, W_D라 할 때 그 크기를 비교하시오.

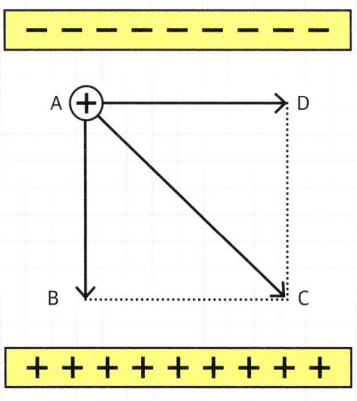

4 한 변의 길이가 5m인 정삼각형의 두 꼭짓점 B, C에 그림과 같이 2μC, -2μC의 점전하가 놓여 있다. 꼭짓점 A에서 전기장의 세기와 방향을 구하시오. (단, 쿨롱의 비례상수는 $9 \times 10^9 \text{N} \cdot \text{m}^2/\text{C}^2$이다.)

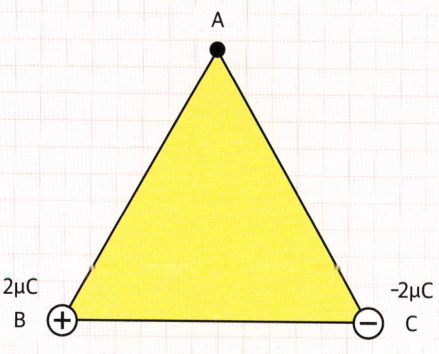

**조금 더 어려운 문제들도
한번 풀어볼까?**

※ 정답은 435쪽에

5 양성자에서 a만큼 떨어진 지점에 전자를 살며시 놓았다. 전자가 전기력을 받아 이 거리의 절반만큼 양성자 쪽에 접근했다면 전자의 운동에너지는 얼마가 되겠는가? (단, 양성자는 움직이지 않는다고 가정한다. 전하 Q 주위의 거리 r 만큼 떨어진 곳에 전하 q가 갖는 전기적인 위치에너지는 $k\frac{Qq}{r}$ 이다.)

6 세기가 E인 균일한 전기장에서 전하량 $+q$, 질량 m인 대전 입자를 그림과 같이 (a), (b), (c) 세 방향으로 운동시켰다. (단, 중력효과는 무시하고 처음 속력은 v이다.)

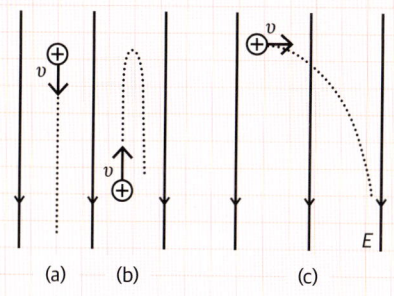

1) 각각의 경우 t초 후 속도와 가속도를 구하시오.

2) (b)의 경우 되돌아오는 데 걸린 시간을 구하시오.

3) (c)의 경우 t초 후 전기장과 이루는 각을 구하시오.

7 그림과 같이 전압 V인 전지에 스위치를 연결하여 전하 Q를 충전시켰다. 스위치를 열고 나서 도체판 사이의 간격을 2배로 했을 때 다음 중 2배로 증가하는 물리량을 〈보기〉에서 고르고 그 이유를 서술하시오.

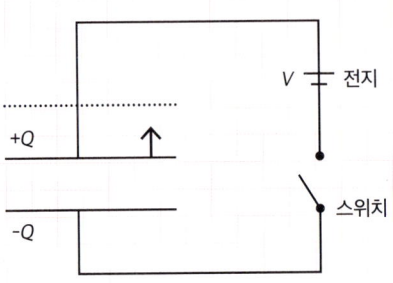

〈보기〉

축전기의 전기용량, 축전기에 모인 전하량, 도체판 사이의 전압, 도체판 사이의 전기장의 세기, 축전기에 저장된 전기에너지

8 무한히 멀리 떨어져 있는 정지 상태의 두 입자 A, B가 전기적 인력을 받아 운동을 하고 있다. 입자 A의 질량과 전하량은 $4m$과 $2e$, 입자 B의 질량과 전하량은 m과 e라고 하면, 두 입자 사이의 거리가 l일 때 두 입자의 상대속도는 얼마인가? (단, 쿨롱의 비례상수는 k이다.)

창의적으로 생각하고 해결하는 문제에도 도전해보자

* 정답은 436쪽에

9 패러데이는 도체의 알짜 전하는 도체의 표면에만 존재한다는 사실을 증명하기 위하여 이 실험을 최초로 수행하였다. 그림 (가), (나), (다), (라)를 보면 패러데이의 금속 얼음통 외부 표면에 모인 전하량을 알아보기 위해 전위계가 연결되어 있다. 그림 (가)와 같이 대전된 금속구를 얼음통 내부에 넣기 전에는 전위계의 눈금이 0을 가리키고 있었다. (단, 금속 얼음통은 지면과 절연되어 있다.)

그림 (나), (다), (라)의 눈금을 비교하고 그 이유를 서술하시오.

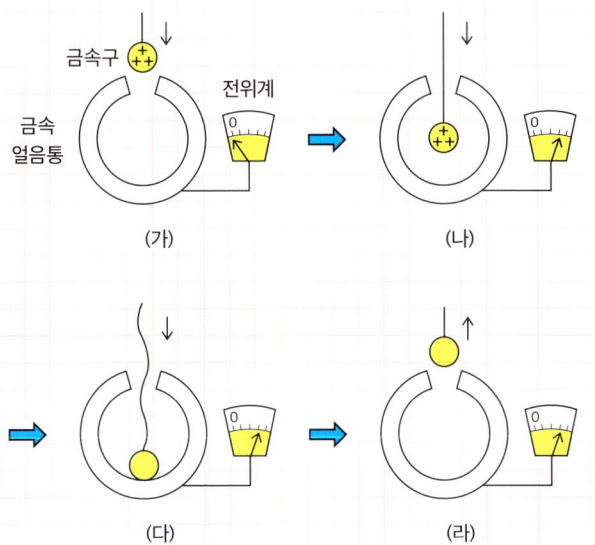

10 오징어는 외투강 안에 물을 담고 있다가 적을 만나면 외투강을 싸고 있는 근육을 수축하여 출구공으로 물을 분사시키며 재빨리 도피한다. 이러한 도피 행동에는 근육에 전달되는 신경 신호가 중요한 역할을 한다. 다음 그래프는 오징어의 축색돌기에 자극을 주고 Na^+, K^- 출입에 의한 안팎의 전위차를 시간에 따라 기록한 것이다.

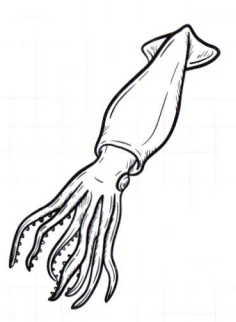
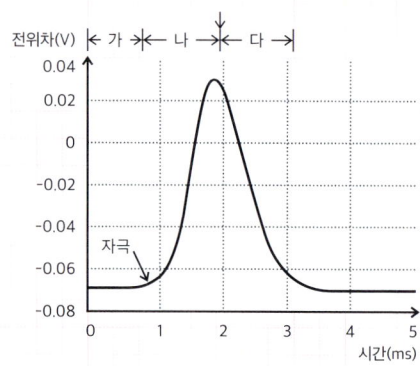

축색돌기의 세포막 부분이 1cm²당 전기용량이 10^{-6} 패럿인 축전기의 역할을 한다고 하자. 위 그래프를 이용하여 뉴런이 자극을 받을 때 축색막을 통하여 1cm²당 이동하는 Na^+의 전하량을 구하시오.

11 그림은 번개가 치는 들판에서 소떼가 나무 밑으로 피신하는 것을 나타낸 것이다. 이때 나무로부터 반지름 방향으로 늘어선 소들이 원주의 접선 방향으로 늘어선 소들보다 더 많이 감전되어 죽는 것으로 알려져 있다.

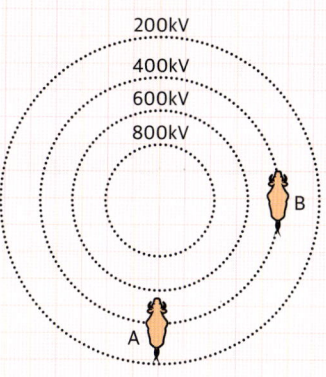

1) 그 이유가 무엇인지 서술하시오.

2) 소 A에 걸린 전기장의 세기를 구하시오.

3) 전형적인 번개 구름은 전위가 10^8 V이고 번개가 치면 20C의 전하가 이동한다고 한다. 구름을 평행판 축전기라고 생각할 때 방전시 방출되는 에너지를 구하시오.

옴의 법칙 교실

전류란 무엇일까?

볼로냐 대학의 해부학 교수였던 갈바니는 죽은 개구리의 뒷다리를 해부하다가 놀라운 장면을 보게 되었어. 금속판 위에 개구리를 올려놓고 해부칼로 뒷다리를 건드리는 순간, 씰룩하고 움직였던 거야. 이때 갈바니는 개구리의 근육에

갈바니(1737~1798)

갈바니 개구리 실험

볼타(1745~1827)

전기가 들어 있어서 금속을 통해 전기가 흐르는 것이라고 생각했어. 전류란 근육 조직 안에 존재하며 금속이 닿으면 방출되는 일종의 '동물 전기'라고 생각했었기 때문이지.

그런데 갈바니의 절친한 친구였던 볼타는 친구의 개구리 실험 소식을 전해 듣고는 갈바니의 생각이 잘못되었다고 주장했어. 개구리 뒷다리가 움직인 것은 실험에 사용한 금속들에 의해서 만들어진 전기 때문이라고 하면서 말이야.

볼타는 근육 조직이 없어도 전류를 발생시킬 수 있다고 생각하며 실험을 반복했고, 마침내 새로운 사실을 알아내게 되었어. 묽은 황산에 아연판과 구리판을 넣는 화학적인 방법으로 강한 전기가 발생한다는 것이었지.

이것을 볼타 전지라고 해. 볼타가 발견한 전기가 마치 물이 흐르고 있는 것처럼 보여서 전류라고 부르게 된 거야.

볼타전지
출처_wikipedia.org

도선에 전류가 흐른다는 것은 자유 전자들이 이동한다는 것이고, 이때 전자는 (-)전기를 띠므로 전원의 (-)극에서 (+)극 쪽으로 흐르게 되지.

그런데 왜 전류는 (+)극에서 (-)극 쪽으로 흐른다고 표현할까? 이건 말이지, 전류가 (+)극에서 (-)극으로 흐른다고 약속했기 때문이야. 그런데 왜 과학자들이 이런 약속을 하게 되었는지 궁금하지 않아? 전류의 개념은 1800년에 볼타 전지가 생기면서 정립되었지만, 그로부터 97년이나 지난 1897년 톰슨에 의해 전자와 전자의 흐름이 발견되었기 때문이야. 전류의 흐름이 전자의 흐름이라는 것을 모르던 때에 전류는 (+)극에서 (-)극으로 흐른다고 표현한 것이지.

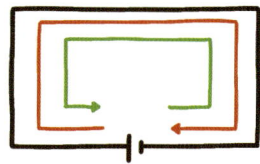

실제 전자의 흐름(녹색)과 반대로 전류의 흐름(적색)은 양극에서 음극으로 흐르는 것으로 정의된다.

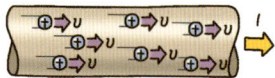

도선에서 실제로 이동하는 것 ➡ 음전하인 전자

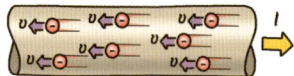

전선(도선)에서 실제 전자의 속력은 약 0.1mm/s로 매우 느려. 그렇다면 전지나 전원에서 전등까지 전자가 이동하는 시간도 굉장히 오래 걸릴텐데, 스위치를 켜면 바로 전등에 불이 켜지는 이유는 뭘까?

그건 바로 도선에 전자가 가득 차 있기 때문이지. 도선에 전자가 가득 차 있지 않다면 전등에 불이 들어오는 데 몇 시간이 걸릴지 몰

라. 그러나 실제 도선에는 전자가 가득 차 있기 때문에 전원을 연결하면 순식간에 전자들이 이동하여 즉시 불이 들어오게 되는 거야.

이것은 수도꼭지에 연결된 호스에서 물이 나오는 경우와 비슷하다고 할 수 있어. 호스 안에 물이 전혀 없다면 수도꼭지를 튼 뒤 호스에서 물이 나오기까지 시간이 다소 걸리겠지만 호스 안에 물이 가득 차 있다면 수도꼭지를 트는 동시에 물이 나오는 것과 같은 이치라고 생각하면 돼. 이런 이유로 우리는 기다림 없이 스위치를 켜는 순간 어두운 방이 환하게 밝아지고, 텔레비전이 켜지는 편의를 누릴 수 있는 거지.

그런데 전류도 세기가 있을까? 물론 전류도 강한 전류와 약한 전류가 있지. 단, 전류가 강한지 약한지를 서로 비교하기 위한 일정한 기준이 필요해. 전류의 세기를 정하는 기준을 알기 위해 다음의 예를 보도록 하자.

물이 흐르고 있는 투명한 유리관 속에 질량 2g의 가벼운 입자들이 물과 함께 운동을 하고 있어. 이 관의 한 부분을 점선으로 표시하고, 10초 동안 이 부분을 통과한 입자의 수를 세어보았더니 50개였어.

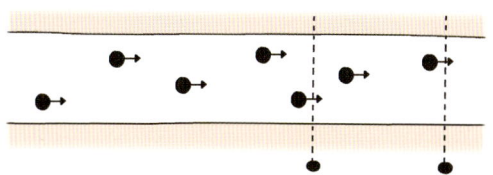

위의 결과에서 1초당 통과한 입자의 수를 계산해보면 50개/10초 = 5개/초이지. 또한, 1초당 지나간 입자의 질량을 계산해보면 2g×50개/10초 = 10g/초야. 관의 단면을 1초당 통과한 입자의 수는 5개, 그 양은 10g이라는 것을 알 수 있지. 다시 정리하자면 1초당 관의 단면을 통과한 입자의 양은 입자의 질량(또는 수)/시간(초)이야.

전류의 세기도 이와 같은 방식으로 구하면 되는 거야. 단지 다른 점은 입자의 질량이나 수의 자리에 전하량이 들어가야 하고, 유리관 대신 도선을 사용해야 한다는 것이야. 따라서 전류의 세기는 도선의 단면을 1초당 통과한 전하의 양(실제는 전자의 수)으로 나타낼 수 있고, 이러한 전류의 세기를 나타내는 단위는 암페어(A)야. 이것을 식으로 표현하면 다음과 같아.

$$I = \frac{q}{t} \;[\; C/s = A \;]$$

(여기서 I는 전류의 세기, q는 전하량, t는 시간)

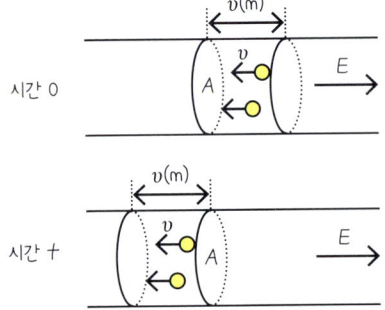

단위 부피당 n개의 자유 전자(e)가 들어있고 도선의 단면적 A를 통과하는 전자들의 평균 속도가 v일 때, 1초 동안 이동한 부피 속의 전자수는 Avn, 전하량은 $Avne$이므로 도선을 흐르는 전류의 세기는 $I = Avne$이다.

보통 우리 가정에서 사용하는 전자 제품의 경우 전류의 세기는 각기 다른데, 텔레비전은 0.5A 정도이고, 전자레인지는 5A 이상이야.

전기 도체 양 끝의 전위가 다르면 전하는 한 쪽에서 다른 쪽으로 흐르게 되겠지. 그러다가 도체 양 끝의 전위차가 없어지면 멈추게 돼.

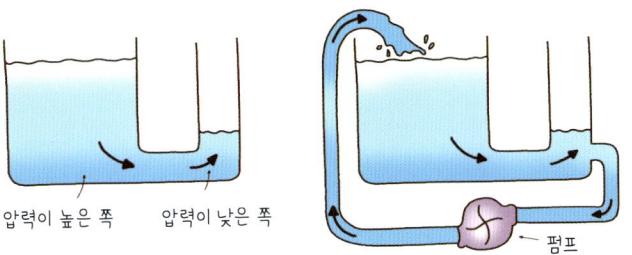

이때, 전류가 계속 흐르려면 전위차(전압)를 유지시켜 주는 전원인 전기 펌프가 있어야 해. 전지나 발전기가 그러한 역할을 하는 거야.

금속구 하나를 양으로 대전시키고 다른 금속구는 음으로 대전시키면 그들 사이에 큰 전압이 생길 수 있지만 이 전원은 좋은 전기 펌프가 아니야. 금속구 사이를 전선으로 연결하면, 전하가 금방 옮겨가서 전위가 같아지기 때문이지. 건전지나 자동차 배터리, 발전기 등은 전하가 움직일 수 있도록 에너지를 계속적으로 공급하기 때문에 전류도 계속해서 흐르는 거야.

단자(전기회로, 전기기기, 전기장치 등이 외부의 회로와 연결되는 부분) 사이에서 전자들이 움직여 갈 때 단위 전하당 전기에너지의 차이를 전압이라고 하는데, 이것은 전기 회로의 단자 사이에서 전자를 움직이게 하는 전기적인 압력과 같은 거야. 이처럼 에너지를 공급해서 전자를 움직이고 전류를 흐르게 하는 능력을 기전력이라고 부르고 단위는 V(볼트)를 사용해.

전력 회사에서는 가정에 220V의 전압을 공급하기 위해 큰 발전기를 돌리고 있어. 콘센트의 두 구멍 사이에 플러그를 꽂으면 평균전압 220V가 플러그에 연결된 회로에 걸리게 되는 거지.

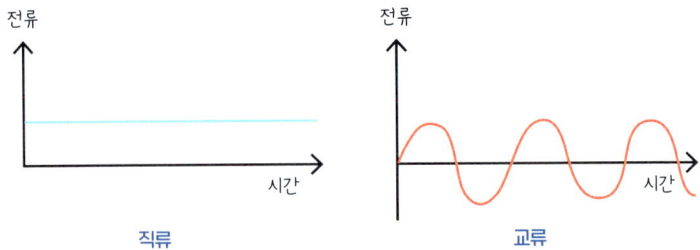

전류는 흐르는 방향에 따라 직류와 교류의 두 종류로 나눌 수 있어. 한쪽 방향으로 계속 흘러가는 전류를 직류 전류, 흐르는 방향이 일정한 시간 간격으로 바뀌는 전류를 교류 전류라고 하지. 교류에서는 어떤 방향으로도 전도 전자들의 실제 이동이 없는데, 한 주기 동안에 한 방향으로 몇 mm 이동하다가 곧 같은 거리만큼 반대로 움직이기 때문이야. 따라서 전자들은 이리저리 진동할 뿐이지.

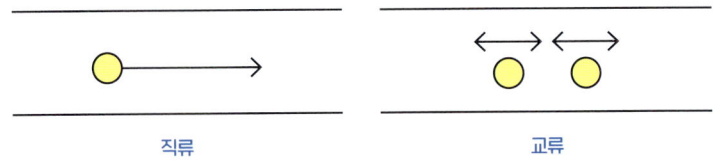

옴의 법칙

고체 상태의 도체에서 원자 사이를 자유롭게 움직이는 전자를 전도 전자라고 해. 20세기 초에 금속의 열전도성, 전기전도성 및 그 밖의 성질을 설명하기 위해 전도 전자 이론이 확립되었지. 이 이론에 따르면, 전도 전자들은 끊임없이 금속 내부를 움직이기 때문에 실질적으로 금속 내에는 항상 아주 약한 전류가 흐르고 있어. 그렇지만, 이 전자들의 운동은 아주 제멋대로이기 때문에 한쪽 방향으로 움직이는 전자의 양과 반대 방향으로 움직이는 전자의 양이 평균적으로는 같아지게 돼. 그래서 금속 전체적으로 봤을 때는 전류가 흐르지 않는 상태인 거야.

금속에 전위차(전압)가 걸리면, 금속 내의 모든 전도 전자는 양(+)극 쪽으로 이동하려는 경향이 있어. 전도 전자는 전기력과 나란한 방향의 전기장에 의해 가속되는데 전자들은 상당한 속력에 이르기 전에 금속 이온에 부딪쳐서 운동에너지를 잃게 돼. 이것이 전류가 흐르는 도선이 뜨거워지는 이유지. 이러한 충돌이 전자의 운동을 방해하는 거야. 그래서 그림과 같이 도선을 따라 전기장에 의해 이동하는 전자의 유동 속력은 지극히 작아.

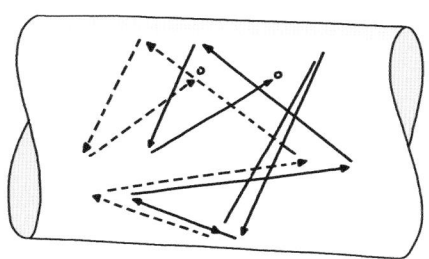

학생들이 여기저기에 서 있는 복도와 텅 비어 있는 운동장을 비교해 보자. 복도에서 뛰는 것과 운동장에서 뛰는 것 중 어느 것이 더 쉬울까? 당연히 운동장이겠지? 복도에서는 주변 사람들이 장애물로 작용할 테니까.

이와 마찬가지로 전류가 흐르는 도선 내부에도 전류의 흐름을 방해하는 장애물들이 있어. 도선 내부에서 자유 전자들이 이동할 때 각각의 전자들은 금속 이온과 끊임없이 충돌하지. 이 충돌로 인해 금속 이온들이 전자들을 흩어놓아 한쪽으로 움직이는 전자들의 운동이 방해받게 되는데 이것을 (전기)저항이라고 해.

독일의 물리학자 옴은 물질의 전기 저항을 연구했어. 회로도와 같이 직류전원, 전류계, 전압계를 이용하여 물질의 저항을 측정하는 실험을 하기도 했지. 전류를 변화시키면서 전압을 측정한 결과, 다음 그래프와 같이 전압이 전류에 정비례한다는 사실을 알게 되었어. 그래프에서 직선의 기울기를 저항(R)이라 하고, 저항은 다음과 같이 정의되지.

$$R \equiv \frac{V}{I}$$

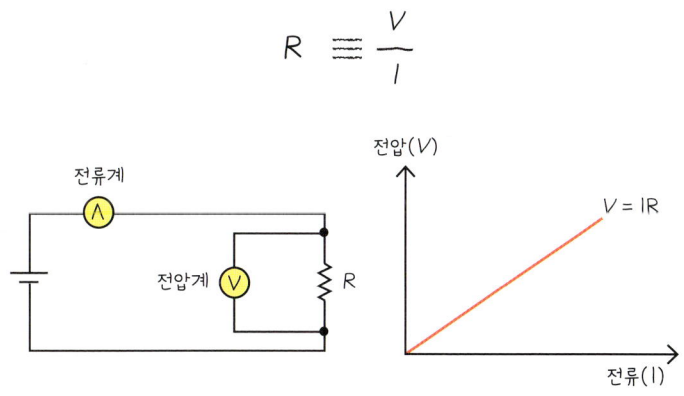

이 관계식은 옴의 이름을 따서 옴의 법칙이라고 하고, 저항의 단위 역시 '옴(Ω)'을 쓰고 있어. 저항은 전류가 달라져도 값이 변하지 않고, 이것은 물질의 전기적 특성이라고 볼 수 있어.

물질의 저항이 달라지면 전류와 전압의 관계에서 기울기가 달라지는데, 물질 A와 B의 저항값 R_A와 R_B를 비교하면 $R_A > R_B$임을 알 수 있어. 두 도선에 같은 전압 V_0를 걸었을 때 A에는 I_1의 전류가, B에는 I_2의 전류가 흐름을 볼 수 있지. 다시 정리하자면, A의 저항이 B의 저항보다 크며 B가 A보다 전류가 잘 통한다는 말이야.

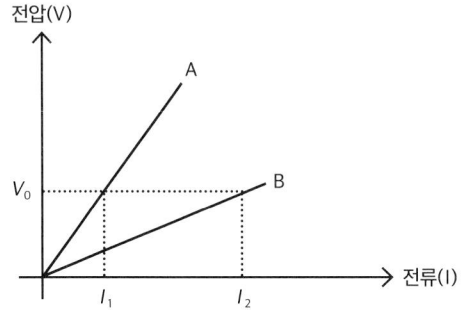

그러면 간단한 회로도를 보며 저항값을 알아볼까?

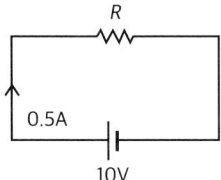

저항에 흐르는 전류가 0.5A일 때 전압이 10V라면 저항값은 $R = \frac{10V}{0.5A} = 20\Omega$이야.

그림과 같이 저항 R에 전압 V가 걸려서 I의 전류가 흐르는 경우, a점과 b점의 전위차(전압)는 다음과 같이 나타낼 수 있어.

$$V_a - V_b = IR$$

이것을 저항에 의한 전압 강하라고 하는데, 그 크기는 저항값에 전류값을 곱한 양이야.

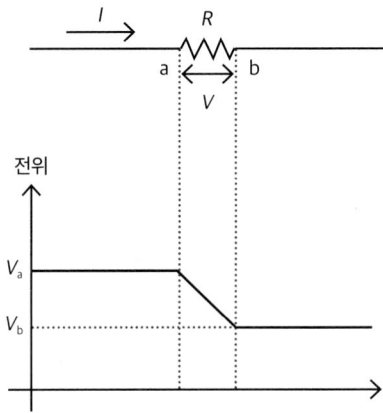

　도선에 일정한 전류 I가 흐른다는 것은 도선을 통과하는 전자들의 평균적인 속력이 도선상의 위치에 상관없이 같다는 것을 의미해. 그런데 저항의 양쪽 끝인 a와 b 사이에는 전위차로 인하여 일정한 전기장이 형성되어 있을 것이고, 그 구간을 통과하는 전자의 속력은 점점 빨라져야 하는데(전기장에 의해 전자가 에너지를 얻어야 하는데), 전류가 일정하므로 속력의 변화가 없어야 해. 그러면 저항 속에서 전기장에 의해 가속되는 만큼 전자는 저항을 이루는 입자들과 충돌하여 에너지를 열적인 형태로 잃게 되지. 이것을 줄열이라고 해. 즉, 전위차에 의해 얻은 에너지만큼 줄열(다른 형태의 에너지도 가능)로 방출한다는 거야. 저항에 전압을 걸었을 때 저항에서 열에너지가 발생하여 외부로 방출된다는 거지.

몸이 느끼는 전기 충격

사람이 전기에 감전되면 몸으로 전류가 흐르기 때문에 충격을 받게 되지. 조금 전에 배운 옴의 법칙을 생각해보면, 이 전류는 회로에 걸린 전압과 사람 몸의 저항에 따라 결정된다는 것을 알 수 있어.

새가 고압 전선에 앉아있는 모습은 흔하게 볼 수 있지? 참 위험해 보이는데 아무렇지도 않게 앉아있는 모습을 보면 신기하지. 전선을 타고 다람쥐가 이동을 하는 모습도 정말 귀여워.

새나 다람쥐의 양 발가락 사이의 전선의 저항($R_{전선}$)은 거의 0이어서 접촉점 사이의 전위차가 거의 없어. 즉, 새나 다람쥐의 양 발가락 사이의 전위차는 거의 0인데, 새나 다람쥐 발가락의 저항($R_{새 또는 다람쥐}$)은 매우 크니까 새나 다람쥐의 몸으로 흐르는 전류는 없게 되는 거지.

 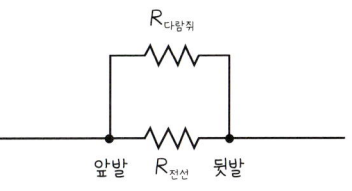

그래서 감전되지 않는 거야. 만약 새나 다람쥐가 전기 충격을 받으려면 몸의 한 부분과 다른 부분 사이에 전위차가 있어야 해.

그러면 사람은 어떨까? 사람 몸의 저항은 상태에 따라 달라. 소금물에 젖었을 때는 100Ω 정도이지만, 매우 건조할 때는 500,000Ω에까지 이르지. 건전지의 두 극을 건조한 손가락으로 만질 때는 보통 100,000Ω 정도의 저항으로 전류의 흐름을 방해해. 이렇게 되면 12V나 24V 정도로는 거의 느낌이 없어. 하지만 피부가 젖어 있는 경우라면 이야기가 좀 달라지지. 24V라고 할지라도 그렇게 안전하지는 않다는 말이야. 표를 보면 1mA 이상의 전류가 흐르면 위험해질 수 있음을 알 수 있어.

전류	몸에 대한 전류의 효과
1mA	느낄 수 있다.
5mA	고통스럽다.
10mA	무의식적으로 근육이 수축한다(경련).
15mA	근육을 통제할 수 없다.
70mA	심장을 통과하면 파열될 수 있고, 1초 이상 지속되면 죽을 수도 있다.

저항의 온도 특성

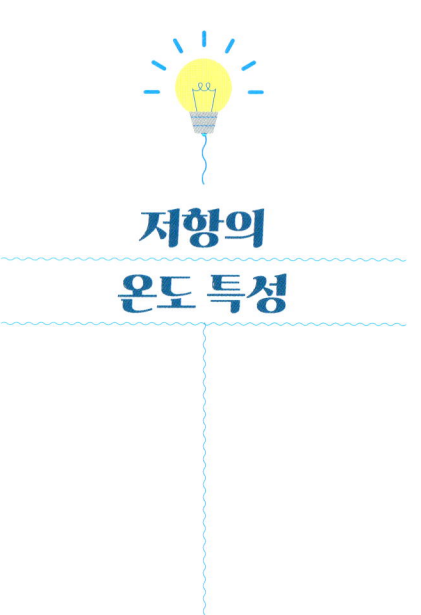

도선의 저항은 전선을 만드는 데 사용된 물질의 전도도와 도선의 굵기 및 길이에 따라 달라지게 돼.

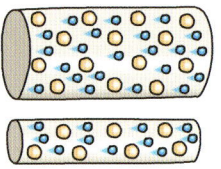
좁은 곳보다 넓은 곳의 저항이 작다.

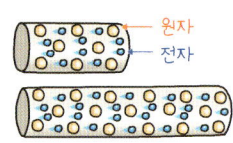
긴 곳보다 짧은 곳의 저항이 작다.

도선의 저항

굵은 전선은 가는 전선보다 저항이 작고 긴 전선은 짧은 전선보다 저항이 커지게 되는데, 식으로 나타내면 다음과 같아.

$$R = \rho \frac{l}{A}$$

(ρ는 비저항[$\Omega \cdot m$], l은 전선의 길이,
A는 전선의 단면적이며 전기전도도는 $\sigma = \frac{1}{\rho}$)

전기 저항은 도선의 길이와 굵기에 따라 다르게 나타날 뿐만 아니라, 물질의 종류에 따라서도 다르게 나타나. 각 도선마다 전기 저항이 다르게 나타나는 이유는 각 물질을 이루는 원자의 크기와 종류, 또 전기를 흐르게 하는 내부 구조가 서로 다르기 때문이지. 이것을 비저항(ρ)이라고 해. 다음 표는 상온에서 단면적이 $1m^2$이고, 길이가 1m인 물질들의 저항값[Ω]을 나타낸 것이야.

물질	은	구리	철	니크롬	저마늄	실리콘	유리	고무
전기저항	1.6×10^{-8}	1.7×10^{-8}	9.7×10^{-8}	1.1×10^{-6}	0.46	6.4×10^2	$10^{11} \sim 10^{15}$	10^{13}

여러가지 물질의 전기 저항

물질 중에서 은, 구리, 철 등과 같은 금속 물질은 전기 저항이 매우 작아서 전류가 매우 잘 흐르지. 이처럼 고체 상태에서 전류가 잘 흐르는 물질을 도체라고 해. 도체의 경우 대부분 금속 물질인데, 금속 물질에는 자유롭게 흐를 수 있는 자유 전자가 많아. 이들이 전하를 운반하는 역할을 하기 때문에 전류가 잘 흐르는 거야.

반면에 고무, 유리 등과 같이 그 물질의 저항이 매우 커서 전류가

잘 흐르지 않는 것들도 있어. 고체 상태에서 전류가 잘 흐르지 않는 물질을 부도체 또는 절연체(유전체)라고 하는데, 이러한 부도체는 전류가 완전히 흐르지 않는 것은 아닌데 전류의 흐름을 방해하는 전기 저항이 너무 커서 전류가 흐르는 것을 막고 있는 거야.

물질 중에는 완전한 도체도 아니고 완전한 부도체도 아닌 것이 있어. 이러한 물질을 반도체라고 하는데, 전기 저항이 도체와 부도체의 중간 정도 값을 가지고 있지. 규소나 저마늄 등이 여기에 해당하지.

그런데 반도체는 좀 독특한 성질을 가지고 있어.

전기 저항이 도체와 부도체의 중간값을 가진다고 해서 전류도 중간 정도 세기로 흐르는 것이 아니라, 평소에는 아예 전기가 흐르지 않는 부도체처럼 행동해. 하지만 반도체에 빛이나 열을 가하거나 다른 불순물을 섞어 주면 전기 저항이 쉽게 변하여 전류가 흐르게 되지.

이러한 반도체는 도체와 달리 섞어 주는 불순물의 정도에 따라 전류의 세기를 조절할 수 있고, 교류 전류를 직류 전류로 변화시킬 수 있는 등 여러 전기적 특성이 있기 때문에 매우 유용하게 이용되고 있어. 대표적으로 실리콘(규소) 반도체는 여러 전자 부품을 만드는 데 사용하는 아주 유용한 물질이야.

도체의 저항은 온도에 따라서도 달라져. 대부분의 도체는 온도가 높아질수록 저항이 커지는데, 온도가 높아지면 도체 안의 원자가 활발하게 움직여서 전자의 운동을 방해하기 때문이야. 반대로 반도체는 온도가 높아질수록 저항이 작아지는데, 온도가 높아지면 전도 전자가 많아지기 때문이지.

다이오드　　　　트랜지스터　　　　IC(집적회로)

또 일반적인 도체와 같이 온도가 낮아짐에 따라 비저항이 감소하다가 어떤 온도(임계온도)에 이르면 비저항이 갑자기 0이 되는 물질도 있는데, 이런 물질을 초전도체라고 불러.

이러한 특징들을 한 눈에 볼 수 있도록 그래프로 정리해보았으니 비교하며 잘 살펴보자.

초전도체는 엄청나게 전기가 잘 흐르는 상태를 의미하는데, 전기저항이 없기 때문에 저항에 의한 에너지 손실이 거의 없고 강한 전

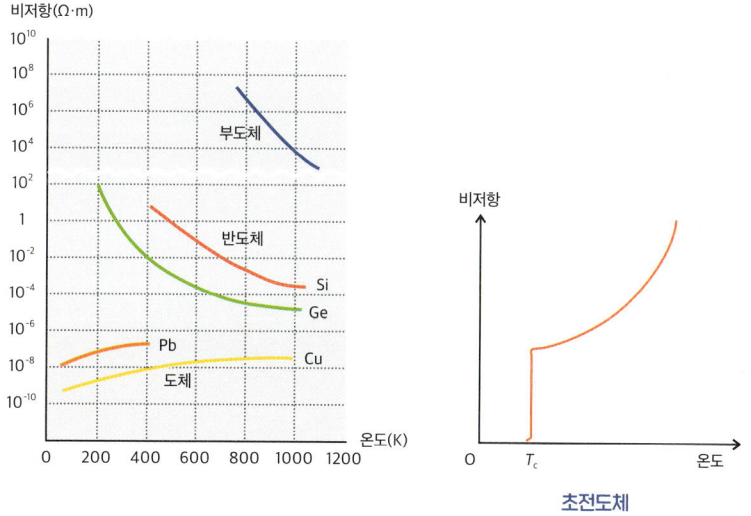

류를 흘려서 강한 자기장을 만들 수 있는 등 여러 가지로 유용한 특성을 가지고 있어. 대표적으로 자기부상열차, 자기공명 영상장치(MRI), 초전도 양자 간섭소자(SQUID) 등에 이용되고 있지.

최근 우리나라에서도 상온에서 초전도 현상을 일으키는 물질을 발견했다고 발표했는데, 검증 결과 불순물에 의한 일시적 초전도 현상임이 밝혀졌어.

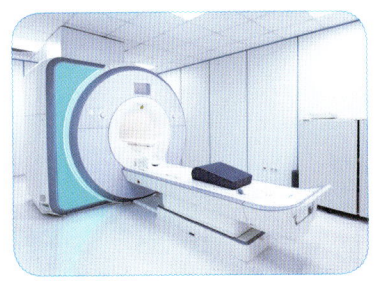

MRI(자기공명 영상장치)

자기부상열차

전기회로와
저항의 연결

전지와 전기 장치들을 도선으로 연결하여 전류를 흐르게 한 것을 전기회로 (가)라고 하고, 이를 기호로 나타낸 것을 전기회로도 (나)라고 해. 전류가 흐르려면 틈이 없는 완전한 회로가 만들어져야 하는데, 회로에 틈을 만드는 스위치를 통해 전류의 차단과 흐름을 통제하기도 하지.

대부분의 전기회로에는 전기에너지를 받아들이는 한 개 이상의 장치가 있고 이런 장치들은 보통 직렬이나 병렬 중의 한 가지 방식으로 연결되어 있어. 직렬로 연결되면 전지나 발전기, 또는 벽에 달린 콘센트의 두 단자 사이에 전자가 흐를 수 있는 통로가 단 하나가 되는 것이고, 병렬로 연결되면 전자가 흐를 수 있는 통로가 여러 개 생기게 되는 거야.

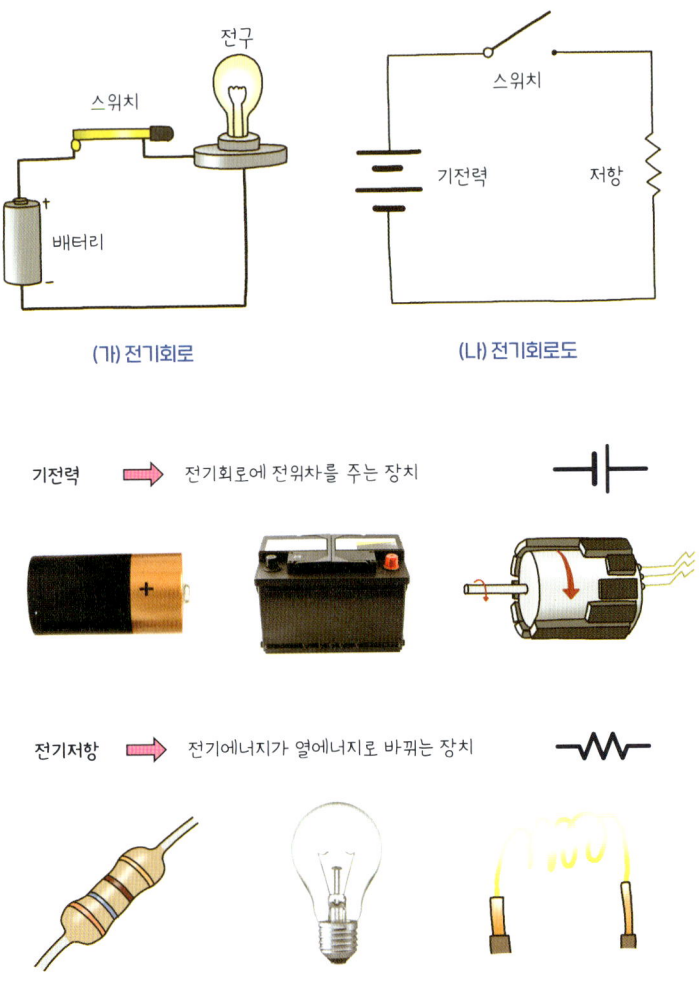

그림과 같은 전기회로를 보자. 이렇게 전구와 전지를 차례대로 연결한 것을 직렬 회로라고 하는데, 이때 전구가 전기 저항으로 작용하게 되지.

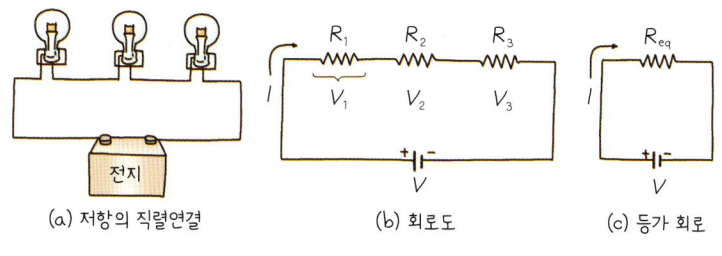

저항의 직렬연결

이 경우 전류가 흐를 수 있는 통로가 오직 하나뿐이므로 모든 저항(전구)에 흐르는 전류의 세기는 같아. 이러한 직렬 연결 회로에서 저항 R_1, R_2, R_3에 걸리는 전압을 각각 V_1, V_2, V_3라 하고, 회로에는 전류 I가 흐른다고 하자. 옴의 법칙에 따라 각 저항에 걸리는 전압은 $V_1 = IR_1$, $V_2 = IR_2$, $V_3 = IR_3$임을 알 수 있고, 전체 저항에 걸리는 전압은 $V = V_1 + V_2 + V_3$이므로 합성저항은 다음과 같이 구할 수 있어.

$$R = \frac{V}{I} = \frac{I_1 R_1 + I_2 R_2 + I_3 R_3}{I} = R_1 + R_2 + R_3$$

결과적으로 저항의 직렬 연결은 저항의 길이가 길어지는 효과이므로 저항이 커지는 거야.

이러한 직렬 연결 회로에서는 어느 하나에만 문제가 생겨도 전체가 작동되지 않는다는 문제점이 있어.

그러면 저항의 병렬 연결 회로도 한번 알아볼까. 아래 그림과 같은 병렬 연결 회로에서는 전류가 흐르는 길이 세 갈래로 나누어지게 돼. 이것은 물이 흐르다가 세 갈래 길을 만나 나누어지는 것에 비유할 수 있지.

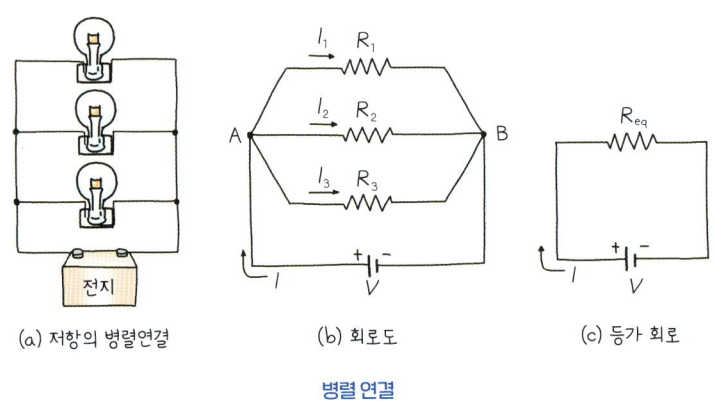

(a) 저항의 병렬연결   (b) 회로도   (c) 등가 회로

병렬 연결

전류가 흐르다가 세 갈래로 나누어지므로 각 저항에 흐르는 전류의 세기도 달라져. 이를 식으로 나타내면 다음과 같아.

전체 전류 = 저항1에 흐르는 전류 + 저항2에 흐르는 전류
➡ $I = I_1 + I_2 + I_3$

병렬 회로에서 R_1, R_2, R_3에 걸리는 전압은 V로 같기 때문에 각 저항에 흐르는 전류 I_1, I_2, I_3를 옴의 법칙을 적용하여 구할 수 있어.

$$I_1 = \frac{V}{R_1}, \quad I_2 = \frac{V}{R_2}, \quad I_3 = \frac{V}{R_3}$$

병렬 연결된 저항 전체에 걸리는 전압은 V이고, 전체 전류는 I이므로 합성저항 R은 다음과 같이 구할 수 있어.

$$I = \frac{V}{R} = \frac{V}{R_1} + \frac{V}{R_2} + \frac{V}{R_3}$$

$$\Rightarrow \frac{1}{R} = \frac{1}{R_1} + \frac{1}{R_2} + \frac{1}{R_3}$$

병렬 연결 회로에서 각 저항에 걸리는 전압의 크기는 같기 때문에 전구를 한 개 연결하든 두 개 연결하든 전구의 밝기는 항상 그대로야. 그러나 병렬로 연결하는 저항이 많을수록 전류의 세기는 더 커지게 되지. 이러한 현상은 전류가 흙은 도선을 지나갈 때 길이 넓어져 더 쉽게 갈 수 있는 것과 비슷한 거야. 또한, 전압은 일정한데 전류의 세기가 커졌다는 것은 저항은 오히려 작아졌다는 것을 의미해.

가정에서 사용하는 전기 회로는 병렬 연결인데, 이것은 어느 하나가 고장나도 다른 것을 계속 사용하기 위한 것이야. 그러나 이러한 병렬 연결은 전체 저항을 작게 하므로 과도한 전류를 흐르게 할 수 있어서 화재가 발생할 위험이 있지. 따라서 용량을 초과해서 사용하면 아주 위험해져. 이를 방지하기 위해 각 가정에는 반드시 누전차단기(또는 자동회로차단기)를 설치하여 과

누전차단기

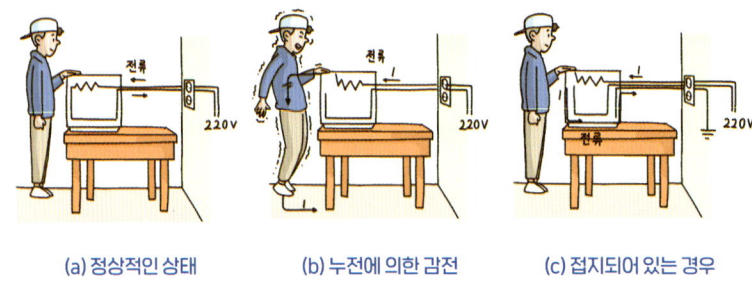

(a) 정상적인 상태　　　(b) 누전에 의한 감전　　　(c) 접지되어 있는 경우

전류가 흐르는 등 위험한 상황이 되면 전류의 흐름을 차단시켜야 해.

그림 (b)와 같이 전기 기구 내부의 전선이 끊어지거나 피복이 벗겨지면 우리 몸이 전기 기구를 감싸고 있는 금속 케이스와 접촉하는 것만으로도 감전이 될 수 있어. 이런 사고를 방지하기 위해 케이스는 다른 선을 이용하여 따로 접지를 해 두는 것이 좋아. 만약 고압선이 케이스에 닿을 경우에도 접지선이 있다면 그림 (c)와 같이 대부분의 전류가 저항이 큰 인체보다는 저항이 작은 접지선쪽으로 흐르기 때문에 위험한 상황은 생기지 않게 되는 거지.

전기에너지

○ 토스터나 전기난로처럼 열을 이용하는 전기 기구는 전열선을 사용하지. 도선을 통해 흐르는 전류는 열을 발생시키거나 전동기를 움직이는 일을 할 수 있는데, 이와 같이 전기가 일을 할 수 있는 능력을 전기에너지라고 해.

전기에너지는 전기 기구에 전압과 전류를 제공하여 전기 기구가 제 기능을 할 수 있도록 하지. 만약 전기에너지가 공급되지 않으면 텔레비전이나 컴퓨터는 물론 휴대폰 같은 것도 사용하지 못할 테니 생활이 많이 어려워지겠지.

전기에너지는 다른 형태의 에너지로 쉽게 전환하여 사용할 수 있기 때문에 다음과 같이 우리 생활 전반에 걸쳐 이용되고 있어.

전환되는 에너지	예
열에너지	전기다리미, 전기밥솥, 전기난로, 헤어드라이어 등
빛에너지	전등, 텔레비전, 컴퓨터 모니터 등
소리에너지	오디오, 스피커, 텔레비전, 휴대폰 등
운동에너지	전동기, 세탁기, 선풍기, 청소기, 믹서 등
화학에너지	배터리 충전 등

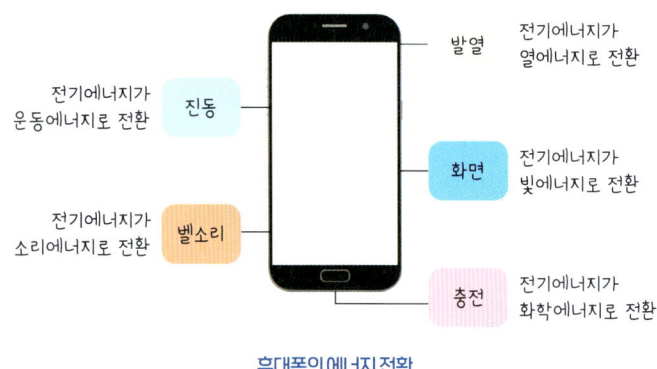

휴대폰의 에너지 전환

그런데 이 전기에너지는 어디에서 오는 건지 궁금했던 적 없어? 전기를 사용하려면 코드를 콘센트에 꽂기만 하면 되는데, 콘센트에서는 어떻게 전기에너지가 나오는 걸까?

우리가 사용하는 전기에너지는 수력·화력·원자력 등의 발전소에서 만들어진 후, 변압기를 통해 적절한 전압으로 바뀌어 가정이나 공장으로 보내지는 거야. 요즘에는 화석 연료에 의한 발전 방식 이외에 공해가 없는 발전 방식(재생에너지 또는 신재생에너지)들을 연구하여 이용하고 있지. 그중 대표적인 것이 태양에너지의 열로 증기를 만들어 터빈을 돌리는 태양열 발전이야. 또한 바람을 이용하는 풍력 발전이나 밀물과 썰물의 차이를 이용한 조력 발전, 땅속의 뜨거운 열을 이용한 지열 발전 등도 사용하거나 연구하고 있지.

태양에너지　　　　　풍력에너지　　　　　지열에너지

전기에너지는 다음과 같은 식으로 나타낼 수 있어.

전기 에너지 = 전류 × 전압 × 시간

$$\Rightarrow W = qV = VIt = I^2Rt = \frac{V^2}{R}t[J]$$

전기에너지의 단위는 줄(J)을 사용하는데, 1J은 1V의 전압으로 1A의 전류를 1초 동안 흘렸을 때 공급된 에너지야.

회로 안에서 움직이는 전하는 모두 에너지를 소모하는데, 이 에너지는 회로에서 열을 발생하거나 모터를 돌리는 데 쓰여. 이때 전기에너지가 역학적 에너지나 열, 빛과 같은 다른 형태의 에너지로 전환하는 비율을 전력이라 하는데, 이는 1초 동안 소비하는 전기에너지로 나타내고 다음과 같은 식으로 정리할 수 있어.

$$전력 = 전기에너지/시간 = 전류 \times 전압 \times 시간/시간$$

$$\Rightarrow P = \frac{W}{t} = VI = \frac{V^2}{R} = I^2 R [J/s = W]$$

전력의 단위로는 와트(W)를 사용하고, 1W는 1V의 전압으로 1A의 전류를 흘릴 때 공급되는 전력이야. 실제로 일정 시간 동안 전기 기구에 공급된 전기에너지는 (전력)×(사용한 시간)인 전력량으로 나타내. 전력량의 단위는 와트시(Wh)를 사용하지. 여기서는 시간을 초로 계산하면 너무 값이 커지니까 사용한 시간, 즉 한 시간 단위로 계산하는데, 1Wh는 1W의 전력을 한 시간 동안 사용하였을 때의 전력량이야. 1kW는 1,000W이고, 1kWh(=3.6×10⁶J)는 1kW의 비율로 1시간 동안 소모하는 에너지의 양이지.

1kWh를 사용하는데 100원이 든다면, 100W 전구를 10시간 써도 100원이 드는 거지. 이것은 전기료가 매 시간당 10원 꼴이 된다는 얘기야. 전기다리미나 세탁기처럼 전류를 더 많이 사용하는 제품은 전력을 더 많이 소비하므로 같은 시간 동안 더 많은 돈을 지불해야만 해. 이러한 전력소비량을 확인하기 위해서 모든 전기제품에는 에너지소비효율등급이 표시되어 있어.(1권, 328쪽_일률 참고) 현명한 소비자들은 등급을 보고 더 좋은 제품을 선택하려고 하지.

과학 영재, 존 바딘의 학생시절 이야기

과학계의 최고 영예인 노벨상을 한 번도 아니고 두 번이나 받은 사람들이 있어.

지금까지 단 4명이 있는데, 그 중 한 명이 바딘이야. 첫 번째 노벨상은 1956년 트랜지스터를 발명하여 브래튼, 쇼클리와 함께 수상했고, 두 번째는 1972년 저온 초전도 현상에 대한 이론적 연구로 쿠퍼, 슈리퍼와 함께 수상했어.

바딘은 초등학교와 중학교 시절에 영재 학급에서 공부했는데, 이 때는 특별히 수학에 관심이 많았었다고 해. 워낙 실력이 뛰어나서 월반을 몇 차례 할 정도였다고 하니 정말 평범하지는 않은 학생이었던 거지.

15살에 위스콘신 대학교에 입학하여 전기공학을 전공했는데, 대학을 마치고 석사과정을 이수하는 동안 디락, 디바이, 하이젠베르크 등 거장들의 강의를 들었고, 그것을 계기로 양자역학 분야에 깊은 관심을 가졌다고 알려져 있어.

수학에 대한 관심에서부터 시작해 물리학에 이르기까지. 평생을 흥미있는 학문을 연구하며 공부하여 20세기 고체물리학 분야의 획기적인 업적을 이루어낸 것이지. 그의 일생을 건 연구와 그로 인한 발견들은 그가 사망한 뒤에도 과학 발전에 큰 힘이 되어주고 있어.

내용을 잘 이해했는지 확인해볼까?

* 정답은 437쪽에

1 그림과 같이 자유전자가 단위길이당 n개씩 들어있는 도선이 있다. 자유전자가 모두 오른쪽으로 v의 속력으로 운동할 때 이 도선에 흐르는 전류의 세기와 방향은?

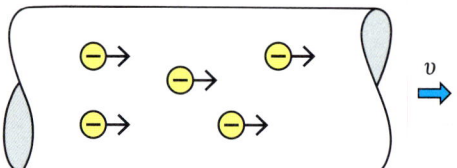

2 어떤 물질의 전압과 전류의 관계가 (가)와 (나) 같이 주어질 때 이 물질의 전기적 특성을 설명하시오.

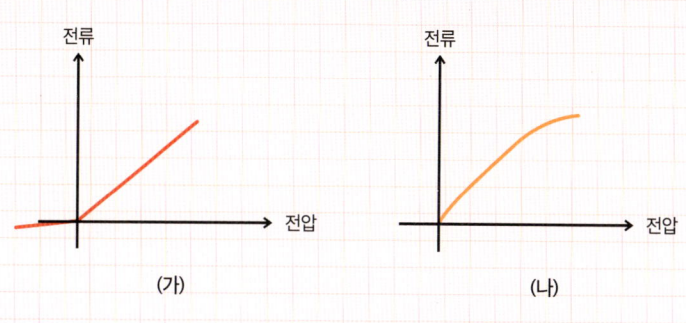

3 그림의 회로에서 a점에 흐르는 전류의 세기가 1.2A일 때 a, b 사이의 전압은 얼마인가?

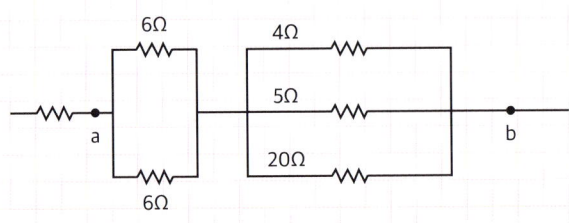

4 그림의 회로에서 16Ω의 저항에서 소비되는 전력은 얼마인가?

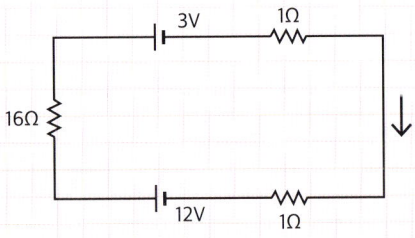

5 크기가 같은 세 개의 저항 R_1, R_2, R_3가 그림과 같이 전압 V인 전원에 연결되어 있다. 각 저항에서 소비되는 전력을 각각 P_1, P_2, P_3라 할 때 P_1, P_2의 관계를 구하시오.

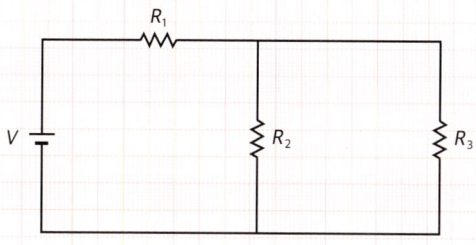

조금 더 어려운 문제들도
한번 풀어볼까?

* 정답은 438쪽에

6 반지름이 1m, 단위 길이당 저항이 1Ω인 원형 도선이 그림과 같이 전압 10V인 전지에 연결되어 있다. 접점 A는 원형도선에 고정되어 있고 접점 B는 자유로이 움직일 수 있다. (단, 전지의 내부저항은 무시하고 원형도선의 밀도는 균일하다.)

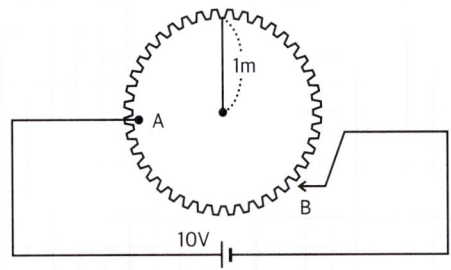

1) 접점 B를 반시계 방향으로 움직이면 회로에 흐르는 전류의 세기가 어떻게 되는지 서술하시오.

2) 회로에 흐르는 최소 전류를 구하시오.

7 두 도선 A, B에 걸린 전압과 전류의 관계가 아래 그래프와 같았다. 두 도선을 직렬로 연결했을 때와 병렬로 연결했을 때, 각각의 두 경우에 대해서 전압과 전류의 관계를 그래프로 개략적으로 나타내시오.

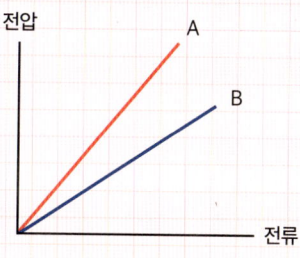

8 [그림 1]과 같은 회로에 [그림 2]와 같은 회로를 점 A, B에 연결할 때 전지 X에 전류가 흐르지 않는다면 전지 X의 전압은 얼마인가?

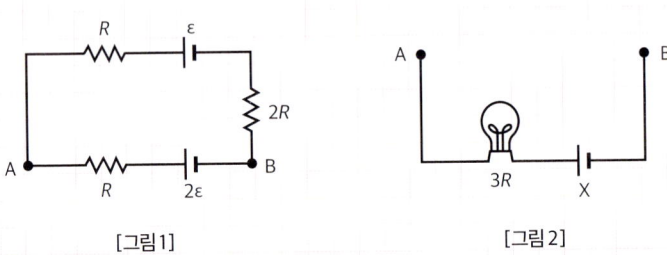

[그림 1]   [그림 2]

9 그림과 같은 회로에서 내부저항이 r인 전압계를 이용하여 저항에 걸린 전압을 측정하려고 한다. V_{ab}를 ε, R, r로 나타내시오.

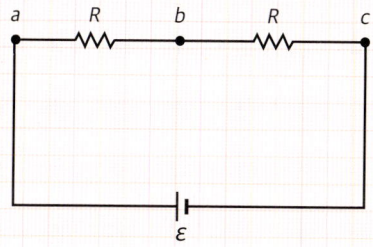

창의적으로 생각하고 해결하는 문제에도 도전해보자

＊ 정답은 439쪽에

10 1879년 에드윈 홀은 도선 속을 흐르는 전하들이 자기장에 의하여 힘을 받는다는 것을 실험하면서 전하의 운반체가 음전하, 즉 전자라는 사실을 확인하였는데 이를 홀 효과라 한다. 반도체 공정에서 홀 효과를 이용하여 p형 반도체와 n형 반도체를 구별하고자 한다. (가)는 금속판에 전지를 연결하고 자기장을 가했을 때 전류와 자기장의 방향이 서로 수직인 상태를 보여주며 (나)는 반도체를 전지와 연결했을 때 전자가 한쪽으로 이동하여 홀 효과가 나타났다.

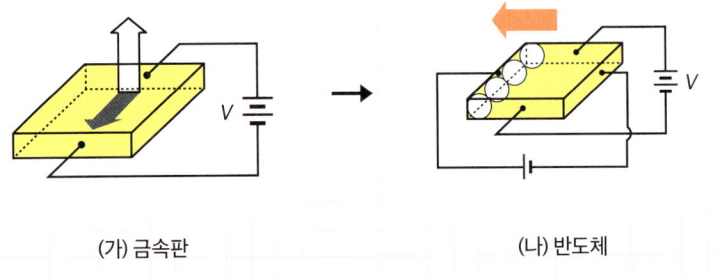

(가) 금속판   (나) 반도체

1) (가)에서 검은 화살표와 회색 화살표가 의미하는 물리량을 말하고 전자들이 어느 쪽으로 모이는지 또 어떻게 확인할 수 있는지 서술하시오.

2) (나)에서 p형 반도체와 n형 반도체를 어떻게 구별한다는 것인지 실험방법을 서술하시오.

11 그림과 같이 두 도선의 끝점 a, b 사이에 크기가 r인 저항 N개를 이용하여 합성 저항을 만들고자 한다.

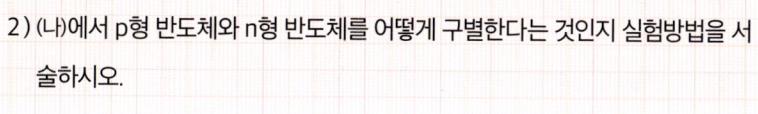

1) N = 3인 경우, 연결할 수 있는 모든 경우의 회로를 을 이용하여 그리시오.
 (단, 합성저항이 같은 것은 한 번만 그리시오.)

2) N = 4인 경우 연결할 수 있는 모든 경우의 회로를 을 이용하여 그리시오.
 (단, 합성저항이 같은 것은 한 번만 그리시오.)

반도체 교실

현대 물질 문명의
변화를 이끈
획기적인 발견들

우리나라는 정보 기술(IT) 분야에 있어서 세계적인 기술력을 갖고 있는데, 그 바탕엔 강력한 반도체 산업이 있지. 이러한 반도체는 원자에 관한 물리학인 양자역학에 바탕을 두고 있어. 그래서 현시대를 양자역학의 시대라고들 하는 거야.

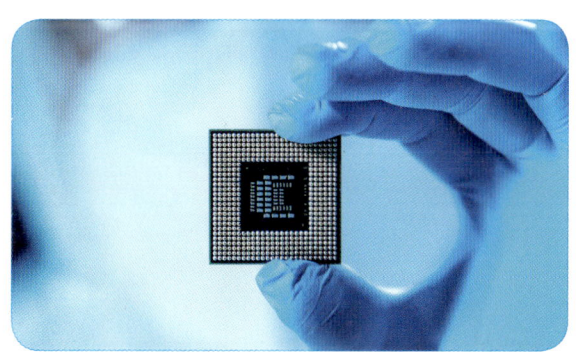

인공지능(AI), 사물인터넷(IoT), 가상현실(VR), 자율주행 자동차 등 첨단 과학기술은 반도체가 나오지 않았으면 꿈도 꿀 수 없는 것들이야. 다시 말하면 반도체 소자는 현대 문명을 지탱하는 기둥이라고 할 수 있는 거지.

그러면 반도체란 무엇일까? 반도체는 말 그대로 절반은 전기를 잘 통하는 도체이고 절반은 전기를 잘 통하지 않는 부도체야. 이러한 중간적인 성질을 잘 활용하면 전자를 원하는 대로 조정할 수 있다고 해. 이러한 성질을 지닌 물질에는 규소와 저마늄이 있지.

반도체 소자라는 것은 반도체를 이용해서 만든 기구인데, 대표적인 것으로는 다이오드와 트랜지스터가 있어. 이러한 소자로는 스위치, 정류장치, 증폭 장치를 만들 수 있고, 이것은 컴퓨터, 전자제품 등의 핵심적인 기능이야.

다음에 나오는 세 명의 사진 속 인물들은 트랜지스터를 발명한 주역들이야. 벨 연구소 연구원이었던 이들은 1947년에 트랜지스터

트랜지스터 발명의 주역(좌측부터 바딘, 쇼클리, 브래튼)

시제품을 만들었어. 그리고 그 공로를 인정받아 1956년에는 노벨물리학상을 받게 되었지. 이러한 트랜지스터의 발명으로부터 전자공학의 혁명적 변화가 시작되었고, 정보화 시대가 열리게 된 것이야.

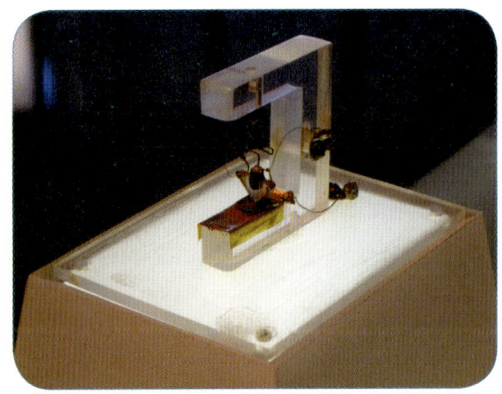

트랜지스터 시제품
출처_wikipedia.org(Windell Oskay from Sunnyvale)

원자 에너지 준위

반도체를 이해하기 위해서는 원자의 구조를 알아야 해. 원자는 원자핵 주위를 전자가 운동하는 기본 구조를 갖고 있어. 전자는 원자핵에 특정한 에너지 상태로 묶여 있는데, 이러한 전자가 가질 수 있는 에너지를 그 원자의 에너지 준위라고 해. 가장 단순한 수소 원자의 경우 에너지 준위는 다음과 같아.

$$E_n \simeq -\frac{13.6}{n^2}\left[\,eV\,\right] (n = 1, 2, 3 \cdots)$$

eV는 에너지 단위로 전자볼트라고 읽어.

1eV는 전하량이 1.6×10^{-19}C인 전자에 1V의 전압을 걸 때, 전자가 얻게 되는 에너지로 1.6×10^{-19}J이야.

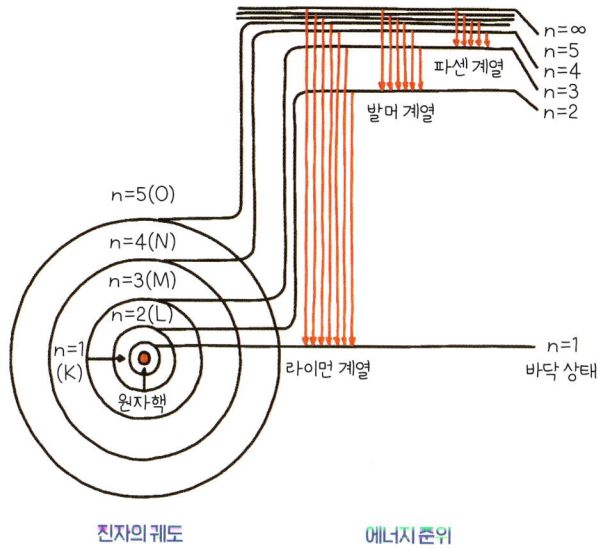

전자는 한 에너지 준위에서 다른 에너지 준위로 이동할 때 에너지 준위의 차이에 해당하는 에너지를 흡수하거나 방출하는데, 이때 방출하거나 흡수한 빛을 분광기로 보면 선스펙트럼으로 나타나지. 그림에 있는 것처럼 전자가 $n=1$의 상태로 이동할 때 방출하는 빛에 의한 선스펙트럼을 라이만 계열, $n=2$로 이동할 때 나타나는 선스펙트럼을 발머 계열, $n=3$인 경우 파셴 계열 스펙트럼이라고 해.

$n=1$로 떨어지는 라이만 계열의 빛은 에너지가 큰 자외선 영역의 스펙트럼, $n=2$의 발머 계열은 가시광선 영역의 스펙트럼, $n=3$인 파셴 계열은 에너지가 낮아 적외선 영역의 스펙트럼이야.

에너지띠

 같은 원자가 2개 붙어 있는 수소 분자나 같은 원자가 여러 개 붙어 있는 금속들의 에너지 준위 구조는 어떻게 될까? 원자 2개가 가까이 있으면 인접한 원자의 원자핵과 전자에 의한 전기력에 영향을 받아 에너지 준위가 2개로 갈라질 수밖에 없어. 만일 3개의 원자가 붙어있는 경우라면 에너지 준위가 3개로 갈라질 거야. 보통의 물질은 아보가드로수만큼 많은 원자로 이루어져서 수많은 에너지 준위들이 매우 촘촘하게 모여 연속적인 띠의 형태를 이루게 되는데, 이러한 에너지 준위의 모임을 에너지띠(energy band)라고 해.

여러 개의 원자에 의해 형성된 에너지띠 구조에서 에너지띠 사이의 간격을 띠간격(띠틈)이라 하는데 전자는 이 영역에 해당하는 에너

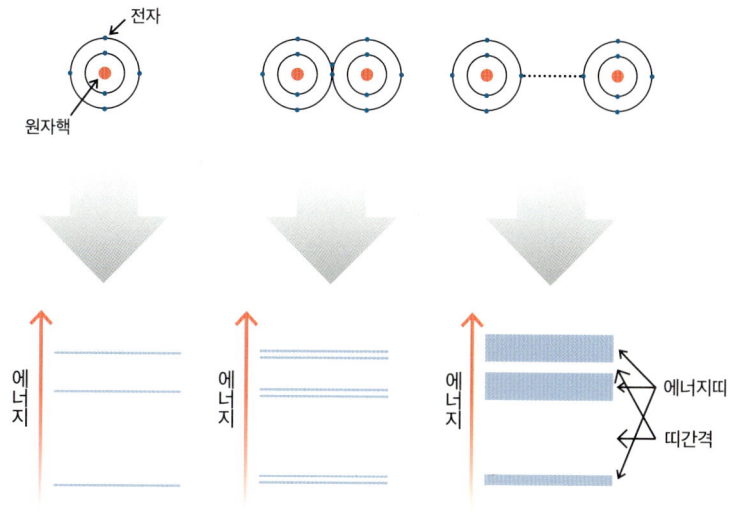

지를 가질 수 없어서 금지된 영역이라고 하지.

　이러한 에너지띠 구조에서 전자는 한 에너지 준위에 2개의 전자가 채워지고, 에너지가 낮은 준위부터 높은 준위로 채워지게 돼. 전자가 아래쪽 에너지띠를 모두 채우고 나면, 다음부터는 바로 위 에너지띠를 채우게 되지. 그림과 같이 에너지띠를 완전히 채우지 못한 경우와 완전히 채운 경우로 나눌 수 있는데, 완전히 채워지지 않는 경우는 전자가 인접한 에너지 준위로 쉽게 이동할 수 있는데 비해 완전히 채워진 경우는 전자가 띠간격을 극복해야만 이동할 수 있어.

　이와 같이 에너지 준위가 채워지지 않는 경우는 전류가 잘 흐르는 도체이고, 에너지 준위가 완전히 채워진 경우는 전류가 거의 흐를 수 없는 부도체야.

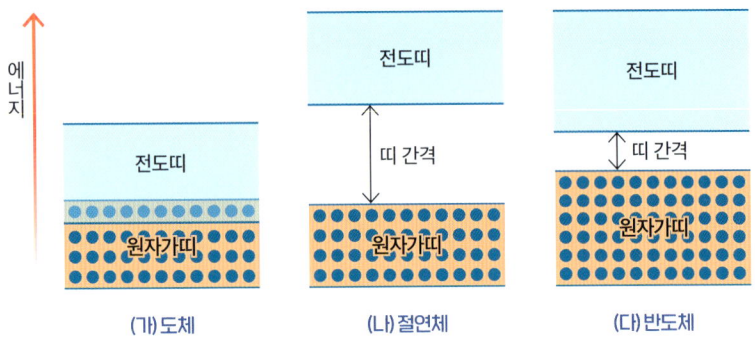

그림에서 원자가띠는 절연체에서 전자가 채워진 에너지띠 중 맨 위의 띠를 말하고, 원자가띠 바로 위의 띠를 전도띠라고 해. 나무나 고무와 같은 부도체도 미량의 전류가 흐를 수 있는데, 원자가띠에 있던 미량의 전자가 띠간격을 극복하고 전도띠로 이동하여 생긴 현상이야. 이때 원자가띠에서 전자가 빠져나간 빈자리는 마치 (+)전하를 가진 입자처럼 행동해서 양공이라고 해.

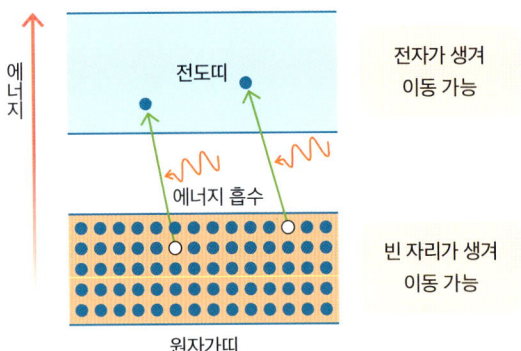

도핑

　운동선수들의 금지 약물 복용 여부를 알기 위해 하는 약물 검사를 도핑 검사라고 하지. 반도체에서도 도핑은 거의 유사한 의미로 사용되고 있어. 순수한 반도체 물질에 불순물을 섞어서 반도체 특성을 향상시키는 방법이거든.

　순수한 반도체란 반도체 물질이 불순물 없이 완벽한 결정구조를 갖는 경우를 말하는데 이를 고유 반도체라고도 해. 대표적인 고유 반도체에는 규소와 저마늄이 있어. 실제로 반도체 재료로 사용하는 규소는 그림과 같이 원자가 전자가 4쌍이 공유결합하여 안정된 구조를 갖는 물질이야. 여기서 공유결합이란 말은 처음 들어보지? 공유라는 말은 짐작하듯이 주변 사람들과 어떤 것을 공동으로 갖는다는 의미야. 그래서 공유결합이란 화학결합 중 전자를 원자가 공유하

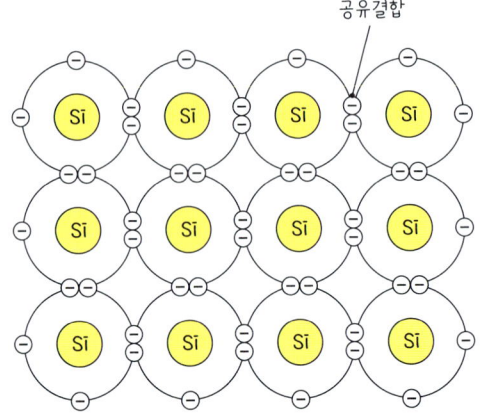

였을 때 생성되는 결합이야. 규소의 경우 원자가 전자를 8개 공유하면 안정된 상태가 되므로 4쌍의 전자를 공유하게 돼.

따라서 규소와 같은 순수 반도체는 전류가 잘 흐르지 않는데, 여기에 약간의 불순물을 넣으면 전류를 잘 흐르게 할 수 있어. 이러한 불순물을 섞는 과정을 도핑이라고 하고, 이렇게 해서 만들어진 반도체를 비고유 반도체라고 해. 에너지띠 이론에 따르면 도핑은 띠간격 사이에 새로운 에너지 준위를 넣는 것과 같은 거야.

또, 순수한 반도체에 원자가 전자가 3개인 붕소(B), 알루미늄(Al), 갈륨(Ga), 인듐(In) 등의 13족 원소를 도핑하면 양공이 생기는데 이를 p(positive)형 반도체라고 해. 다음 그림에서 원자가 전자가 4개인 규소 대신 원자가 전자가 3개인 붕소가 들어가면 전자가 1개 부족한 상태가 되고, 상대적으로 (+)를 띤 구멍이 생긴 것으로 생각할 수 있어. p형 반도체는 양공이 운동하여 전하를 운반하는 역할을 맡지.

에너지띠 관점에서 보면 붕소에 의해 원자가띠 바로 위에 불순물띠가 생겨서 원자가띠의 전자가 1개 불순물띠로 올라가서 원자가띠에 양공이 생긴다는 거지.

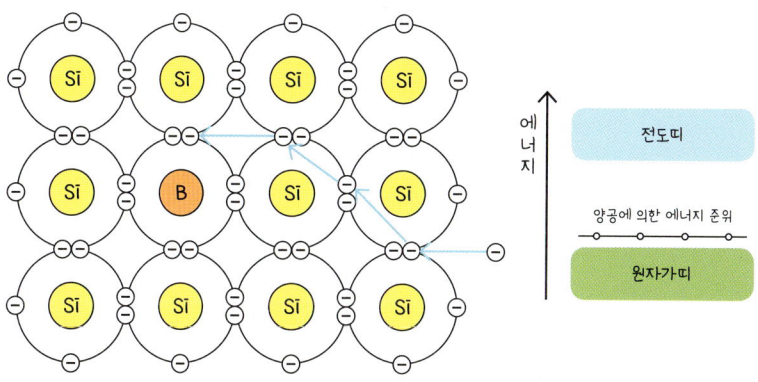

다음으로, 순수한 반도체에 원자가 전자가 5개인 질소(N), 인(P), 비소(As), 안티모니(Sb) 등의 15족 원소를 도핑하면 전도 전자가 생기는데 이를 n(negative)형 반도체라고 해. 다음 그림에서 원자가 전자가 4개인 규소 대신 원자가 전자가 5개인 인(P)이 들어가면 전자가 1개 남는 상태가 되고, 인접 원자에 전자를 주고 양이온이 되는 방식으로 여분의 전자가 전하를 운반하게 해. 에너지띠 관점에서 보면 인에 의해 전도띠 바로 아래의 불순물띠까지 전자가 차 있는데, 불순물띠의 전자 1개가 전도띠로 전자가 올라가서 전류가 흐르는 거지.

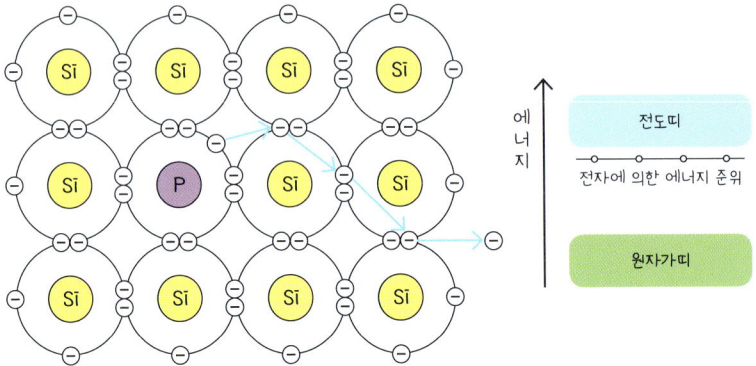

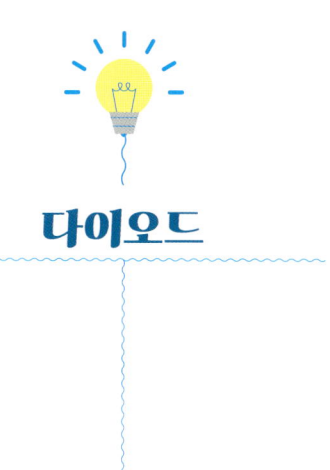

다이오드

다이오드는 p형 반도체와 n형 반도체를 결합하여 만든 소자(제품의 주요 구성 요소)로, 한쪽 방향으로는 전류가 잘 흐르지만 반대 방향으로는 전류가 거의 흐르지 않는 특성이 있어. 그림은 다이오드의 구조와 기호, 그리고 실제로 사용하는 다이오드 소자를 나타낸 거야.

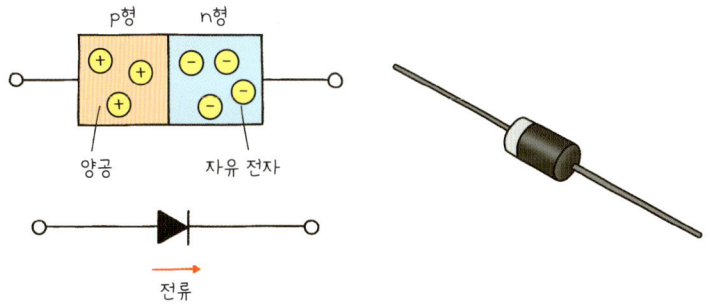

다음에 나오는 그림 (가)와 같이 전지의 양극(+)을 p형 반도체에 연결하고, 음(-)극을 n형 반도체에 연결하면 회로에 전류가 흐르는데, 이러한 연결을 순방향 연결이라고 해. 이와 반대로 그림(나)와 같이 전지의 양(+)극을 n형 반도체에 연결하고, 전지의 음(-)극을 p형 반도체에 연결하면 회로에 전류가 흐르지 않는데 이러한 연결을 역방향 연결이라고 하지.

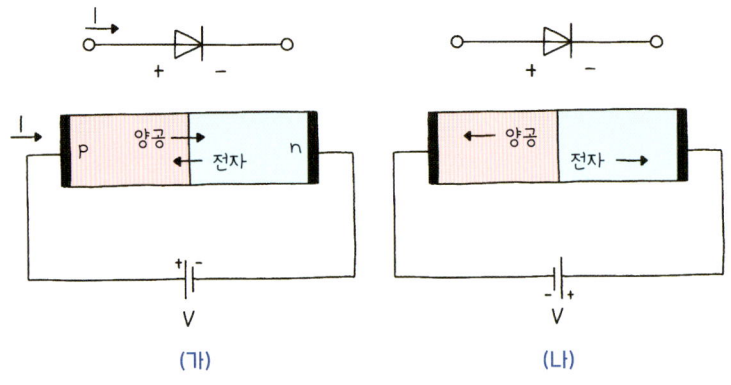

(가)　　　　　　　(나)

순방향인 경우, 전지에 의한 전기장이 p형 반도체에서 n형 반도체 쪽으로 형성되므로 양공은 p형에서 n형 쪽으로 이동하고, 전자는 n형에서 p형 쪽으로 이동하여 회로 전체에 전류가 흐르게 돼. 역방향인 경우, 전기장이 n형에서 p형 쪽으로 형성되므로 양공은 p형의 끝으로 이동하고, 전자는 n형의 끝으로 이동하여 접합 부위에는 전하를 이동시킬 운반자가 없어서 회로에 전류가 흐르지 않게 되지.

이러한 다이오드의 특성을 이용하면 휴대폰 충전기와 같이 교류를 직류 변환시키는 장치를 만들 수 있어. 다음에 나오는 그림은 교류 전압이 입력된 경우에 저항에서 양(+)의 전압 부분만이 출력되는 반파정류기를 나타낸 거야. 이 회로에 축전기와 전기저항 등 몇 가지 전기 소자를 더 추가하면 교류를 완전히 직류로 바꿀 수 있어.(더 설명하면 너무 복잡해질 수 있으니 일단은 여기까지만 정확하게 알아두고, 자세한 내용은 나중에 배우기로 하자.)

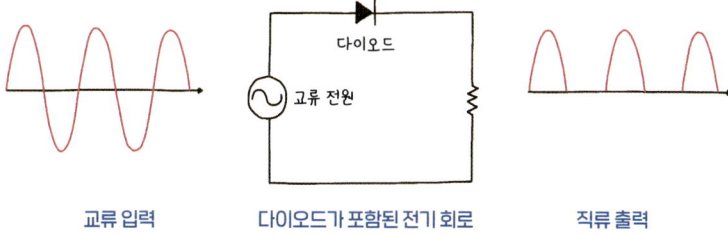

교류 입력 　　　다이오드가 포함된 전기 회로 　　　직류 출력

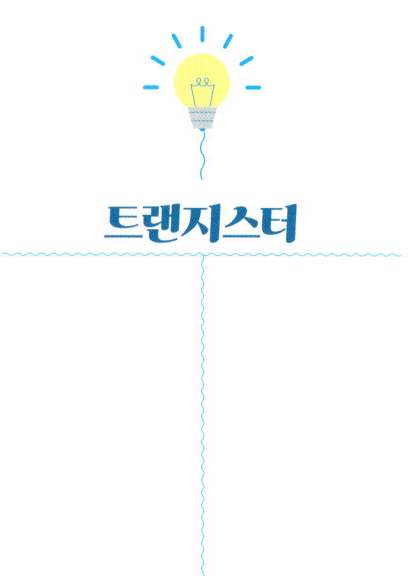
트랜지스터

트랜지스터는 pn 접합 다이오드에 p형 반도체나 n형 반도체를 더 붙여 만든 것으로, p형을 붙이면 pnp형 트랜지스터, n형을 붙이면 npn형 트랜지스터라고 해.

트랜지스터에는 이미터(E), 베이스(B), 컬렉터(C)라는 3개의 단자가

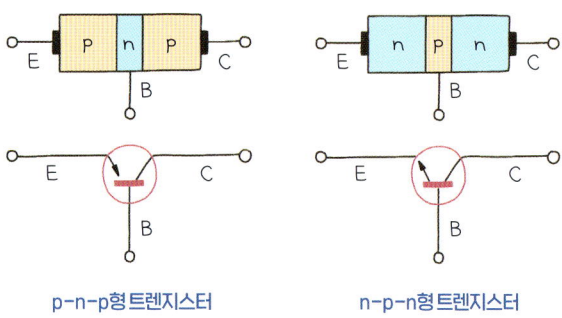

p-n-p형 트랜지스터   n-p-n형 트랜지스터

있어. 트랜지스터 기호에서 화살표는 전류가 흐르는 방향을 의미해. pnp형의 경우 이미터로 전류가 들어가고, npn형의 경우 이미터로 전류가 나오는 것을 나타낸 거야.

트랜지스터의 작동 원리는 다음 그림에 나오는 물펌프의 작동 원리와 같다고 생각하면 돼.

위쪽의 직경이 큰 관과 아래쪽의 직경이 작은 관을 연결하고, 관이 좁아지는 연결 부위에 위 아래로 움직임이 가능한 마개를 올려놓

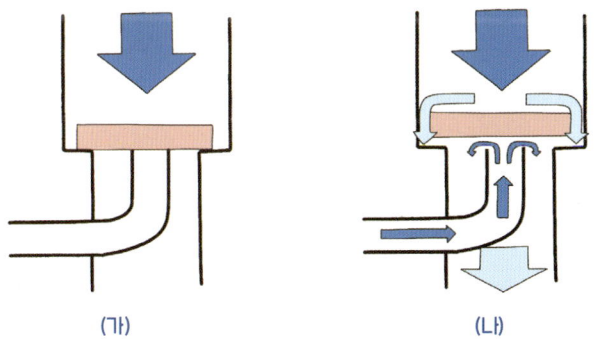

(가)   (나)

았어. 그리고 아래쪽 관에는 별도로 외부에서 물을 공급하는 작은 관을 설치했어. 앞의 그림 (가)처럼 물이 위에서 아래로 흐르는 경우 마개에 막혀서 아래쪽으로 흐르지 못해. 하지만 그림 (나)와 같이 아래쪽에 설치한 별도의 관에 물을 흘려 마개를 약간 밀어서 올려주면 위쪽 관의 물이 아래쪽으로 흘러내릴 수 있지. 여기서 위쪽 관을 컬렉터, 아래쪽 관을 이미터, 별도의 관을 베이스, 물을 전자라고 생각하면 트랜지스터의 작동 원리가 더 쉽게 이해되겠지?

그러면 이번에는 트랜지스터가 어떻게 동작하는지 pnp형을 기준으로 알아보자.

그림에서 이미터와 베이스 사이의 전압 V_{eb}는 순방향으로 연결되어 있고, 컬렉터와 베이스 사이의 전압 V_{cb}는 역방향으로 연결되어 있어. 베이스가 충분히 두껍다면 베이스에 흐르는 전류 I_b가 크고, 컬렉터에 흐르는 전류 I_c는 0이겠지. 그러나 일반적으로 트랜지스터의 베이스는 얇게 제작하기 때문에 이미터에서 베이스로 이동하던 대다

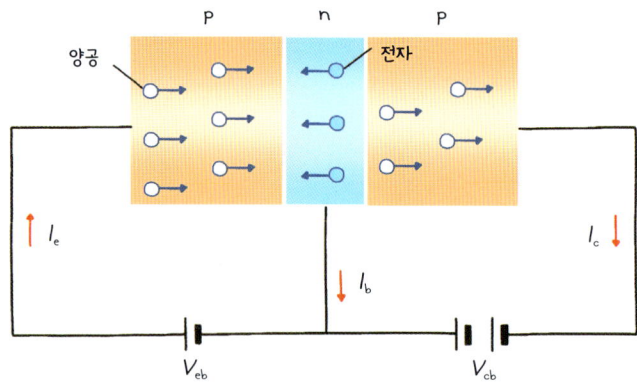

수 양공들은 컬렉터 쪽으로 확산돼. 컬렉터로 확산된 양공과 컬렉터에 연결된 음(-)단자에서 공급되는 전자가 계속 결합하므로 $I_b \ll I_c$이고, $I_e = I_b + I_c$가 성립해. 이때 전류의 증폭 정도는 베이스 전류 I_b와 컬렉터 전류 I_c의 세기를 비교하여 정해지는데, 대략 20~500배 정도 값을 갖는 게 보통이야.

$$전류증폭률 \equiv \frac{I_c}{I_b}$$

컬렉터로 확산되는 양공의 양은 이미터와 베이스 사이의 전압 V_{eb}의 미세한 변화에 의하여 영향을 많이 받지. 따라서 V_{eb}의 미세한 변화가 컬렉터 전류 I_c의 커다란 변화로 나타나. 이러한 성질을 이용하여 미세한 전기적 변화를 커다란 전기 신호로 바꾸는 것을 증폭 작용이라고 하지.

트랜지스터의 증폭 기능을 극대화하면 V_{eb}가 정해진 값 이하일 때는 컬렉터 쪽의 전류가 0이 되고, V_{eb}가 정해진 값 이상으로 변하면 다량의 전류를 컬렉터에 흐르게 할 수도 있어. 이러한 특성을 스위칭 작용이라고 하며, 신호가 0과 1로만 구성된 디지털 회로 제작에 이용될 수 있어. 그래서 디지털 회로에 사용되는 집적회로(IC)는 많은 수의 트랜지스터로 구성되어 있지.

트랜지스터는 크기가 작고 소비전력도 작기 때문에 열이 적게 발생하는 장점이 있어. 그래서 전자 장치의 성능을 높이거나 소형화하는데 아주 큰 기여를 했어.

내용을 잘 이해했는지 확인해볼까?

* 정답은 440쪽에

1 수소 원자의 선스펙트럼에서 파장이 가장 짧은 빛의 파장은?

2 그림은 어떤 고체의 에너지띠 구조를 나타내 것이다. 에너지 준위 A, B를 무엇이라고 하는가?

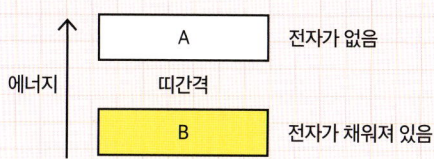

3 순수 반도체에 불순물을 약간 섞어서 약하게 결합된 전자를 함유하도록 만든 것을 A라 하고, 반대로 전자가 부족한 부분이 함유되도록 불순물을 섞은 반도체를 B라고 하자. A와 B를 접촉시킨 상태에서 접촉된 부분의 반대쪽에 있는 A와 B의 단자에 전원장치의 (+)와 (-)극을 연결하였다.

1) 전원 장치를 어떻게 연결한 경우에 전류가 잘 흐르는가?

2) 전류가 잘 흐르는 동안 접촉면에서는 어떤 현상이 발생하는가?

4 그림과 같은 npn형 트랜지스터가 베이스 단자의 전류를 증폭시켜 컬렉터 단자에 흐르는 전류의 증폭 기능을 할 때, 각 단자의 전위를 비교하시오.

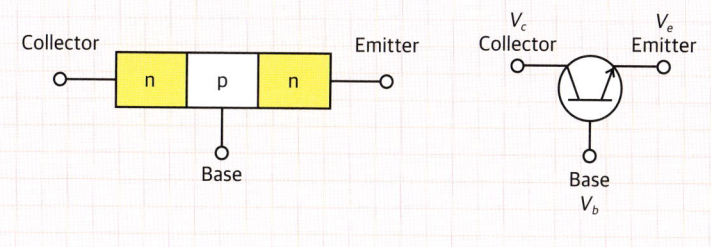

응용문제

조금 더 어려운 문제들도
한번 풀어볼까?

* 정답은 440쪽에

5 그림과 같이 다이오드 4개와 저항을 이용하여 브리지 회로를 만들었다.

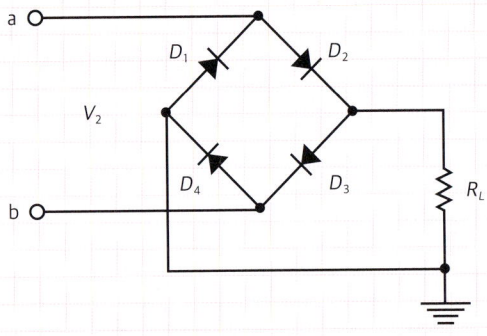

단자 a와 b 사이에 다음 그림과 같은 신호가 입력되면 저항 R_L에 전류가 어떻게 출력되겠는가?

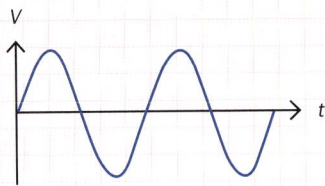

6 발광다이오드(LED)를 작동시키려면 순방향으로 전압을 걸어서 허용 범위 내의 전류를 흘려주어야 한다.

다음 회로도에서 발광 다이오드에 걸린 순방향 전압이 3.0V, 전지 전압이 4.0V일 때, LED에 흐르는 전류를 I_{led}=10mA로 조절하기 위해 필요한 저항의 크기 R을 구하시오.

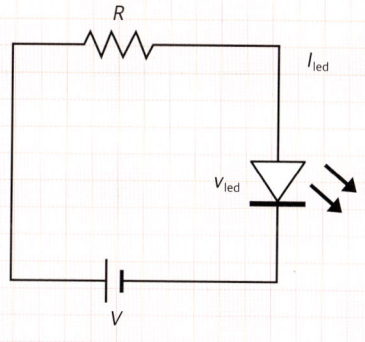

창의적으로 생각하고 해결하는 문제에도 도전해보자

※ 정답은 441쪽에

7 다음은 회전식 손잡이를 돌려 밝기를 조절하는 전등의 회로도이다. 트랜지스터의 증폭률을 100이라고 하고, V_1과 V_2의 크기가 비슷할 때 가변저항에서 소모되는 전력과 전구에서 소모되는 전력의 $\dfrac{P_{가변}}{P_{전구}}$ 비를 구하시오.

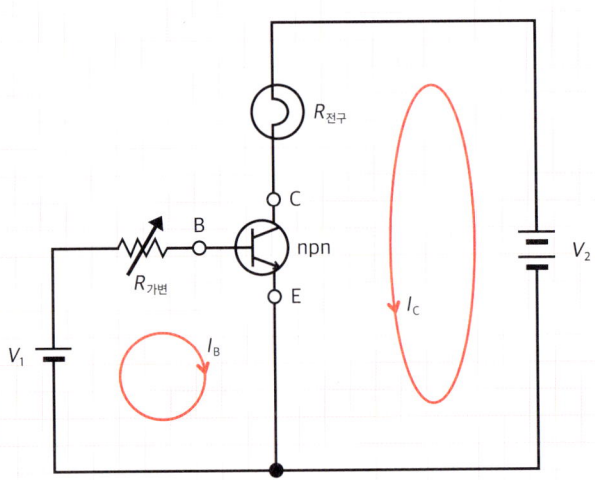

자기장과 자성 교실

자석과 자기장

○ 자석은 어떻게 발견되었을까?

2000년 전 그리스의 마그네시아라고 하는 지방에 살던 한 양치기가 지팡이 끝에 붙어있는 철 조각이 산화철의 광물 형태인 자철광(lodestone, 천연자석)쪽으로 끌리는 것을 보고 자석의 존재를 알게 되었다는 이야기가 전해지고 있어. 11세기경 송나라의 심괄이 자침을 연구했다고 하는 기록도 있는데, 이는 '지남철(指南鐵)' 또는 '지남차(指南車)'라는 이름으로 사용되었지.

보통 자철광을 자석이라 하는데, 자석의 성질을 이용해서 뒤에 나오는 그림과 같이 가운데에 지남침을 장치하고 원을 24방위로 나누어서 방위를 알 수 있도록 만들기도 했어. 이러한 도구는 항해할 때 아주 유용하게 사용되었지.

윤도
출처_국립민속박물관

유럽의 항해가들은 200년이 지나서야 이 기술을 배우게 되는데, 1560년 카르디노는 이 도구에 나침반이라는 이름을 붙여주었어. 이즈음에 뱃사람들은 배에 있는 나침반에 함부로 손을 대면 폭동을 일으키려고 한다고 생각할 만큼 나침반을 소중하게 여기고 의존하게 되었지.

그리고 현재는 일상생활에서 여러 가지 자석들이 사용되고 있어.

나침반

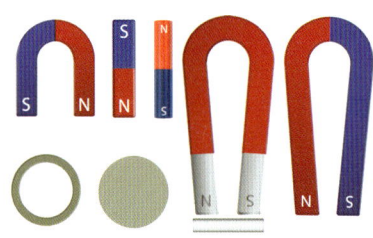

다양한 모양의 자석

1600년 길버트는 쇠붙이를 끌어당기는 성질을 가진 자철광과 호박이 띠는 전기를 처음으로 구별한 사람이야. 자성을 띤 자석 조각은 양쪽 끝이 뚜렷하게 다른 성질을 갖고 있는데, 이것을 자극이라 하지.

자극은 어떤 면에서는 전하와 비슷하지만 매우 중요한 차이점도 있어. 전하는 (+), (-)가 각각 독립적으로 존재할 수 있지만 자극은 그럴 수 없다는 거지. 음전기를 띠는 전자와 양전기를 띠는 양성자가

길버트의 테렐라 모형

실제로 존재하는 입자라는 사실을 알고 있을 거야. 여기서 전자와 양성자가 반드시 함께 있어야 하는 것은 아니야. 하지만 자석의 N극은 S극 없이는 존재할 수가 없고 항상 함께 있지. 그림과 같이 자석을 반으로 쪼개면 그 반쪽들은 각각 독립된 두 개의 자석이 되고, 다시 그것들을 반으로 쪼개면 모두 네 개의 자석이 되지. 아무리 많은 수로 쪼개어도 한 개의 극을 가진 자석을 얻을 수는 없어.

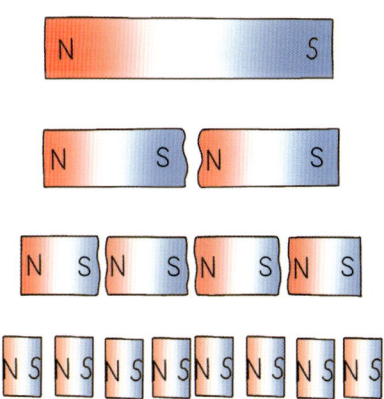

쪼개진 자석의 크기가 원자 하나의 두께라고 하더라도, 그것은 여전히 두 개의 극을 갖게 되는데, 이 말은 원자도 자석이라는 거지.

자석의 성질을 좀 알게 되었으니 이번에는 자기장에 대해서 알아보자. 막대자석 위에 종이 한 장을 올려놓고 그 위에 철가루를 뿌리면 그림 (가)와 (나)처럼 철가루가 자석을 에워싸는 질서정연한 선 모양으로 늘어서게 돼. 자기력이 작용하는 공간을 자기장이라고 하는데 철가루가 늘어선 모양을 자기력선이라고 생각하면 되는 거야. 그림 (다)처럼 철가루를 하나의 작은 나침반으로 바꾸어 자기장을 나타낼 수도 있어.

이와같이 자기장을 시각적으로 나타내는 방법으로 자기력선을 사용하는 거야. 자기력선은 철가루가 늘어선 것처럼 N극에서 나와

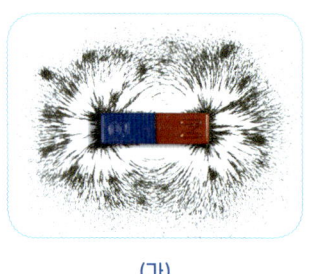

(가)

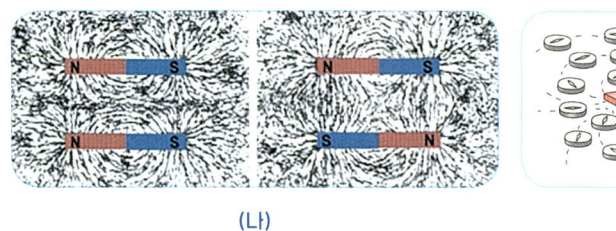 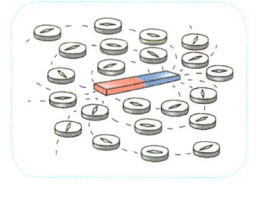

(나)　　　　　　　　　　(다)

자석 주위를 돌고 S극으로 들어가거든. 자기력선이 촘촘한 곳이 자기장의 세기가 센 곳인데, 그림을 보면 자극 부근의 자기장이 가장 세다는 것을 알 수 있지? 전기력선과 다른 점은 그림과 같이 자기력선은 N극에서 나와서 S극으로 들어가서 다시 N극으로 나오는 단일 폐곡선을 이룬다는 거지.

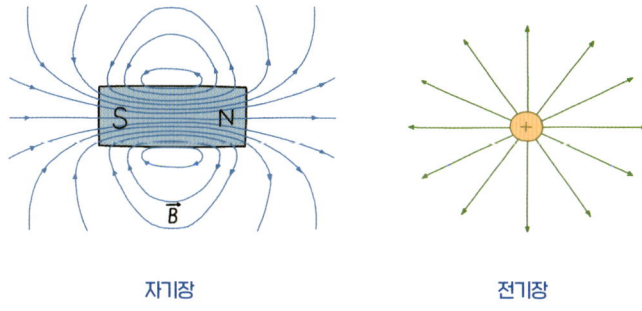

자기장   전기장

자성

○ 자기장은 전하의 운동으로 형성된다고도 볼 수 있어. 다음 그림은 전하의 운동에 따른 자기장의 형성을 나타내고 있는 거야. 오른쪽의 그림 (가)는 원형 도선에 전류가 흐르면 주변 공간에 자기장이 형성되는 것, 그림 (나)는 원자에서 전자의 궤도 운동으로 자기장이 형성되는 것, 그림 (다)는 전자의 스핀에 의해 자기장이 형성되는 것을 나타낸 거야.

자석은 정지해 있지만 자석을 이루고 있는 원자에서 전자가 운동하고 있어. 이렇게 움직이는 전하가 자기장을 만들어내는 거야. 특히 그림과 같이 전자가 축을 중심으로 자전하는 스핀 운동에 의해서 강한 자기장이 만들어진다고 해. 대부분의 물질에서 스핀에 의한 자기장이 궤도 운동에 의한 자기장보다 더 크다고 해.

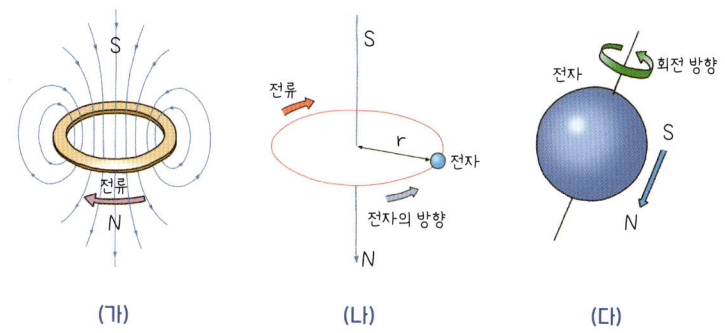

(가)　　　　　　　(나)　　　　　　　(다)

　　같은 방향으로 스핀 운동하는 한 쌍의 전자는 더 강한 자석이 되고, 반대 방향으로 스핀 운동하는 한 쌍의 전자는 서로 반대 효과를 보이므로 자기장이 상쇄돼. 이러한 이유로 대부분의 물질이 자석이 아닌 상태로 있는 것이야.

　　그렇지만 철, 니켈, 코발트 같은 물질에서는 자기장이 완전히 상쇄되지 않아. 철 원자는 스핀 자기장이 상쇄되지 않는 네 개의 전자를 가지고 있어서 철 원자 하나하나가 작은 자석이 되는 거야. 약간 덜하기는 하지만 같은 방식이 니켈이나 코발트 원자에도 적용돼.

　　이와 같이 물질의 자기적 속성, 즉 물질이 자석에 반응하는 성질을 자성이라고 하는데 물질은 자성에 따라 강자성, 상자성, 반자성 이렇게 세 가지로 구분을 하고 있어.

　　또 자석이 아닌 물체가 자석의 성질을 갖게 되는 것을 자화라 하지. 자성을 띠지 않는 대부분의 물질은 전자의 스핀이 마구잡이 방향을 갖고 있어. 하지만 자석을 이루는 철과 같은 강자성체는 그 내부에 일정량의 원자나 분자의 전자스핀이 정렬되어 있는 그림 (가)와 같은 자기 구역이라는 영역들이 있어서 외부 자기장의 방향과 같은 방향으로 강하게 자화되어 자석에 강하게 끌리게 되고 외부 자기장을 제거해도 자화된 상태를 오랫동안 유지하게 되지.

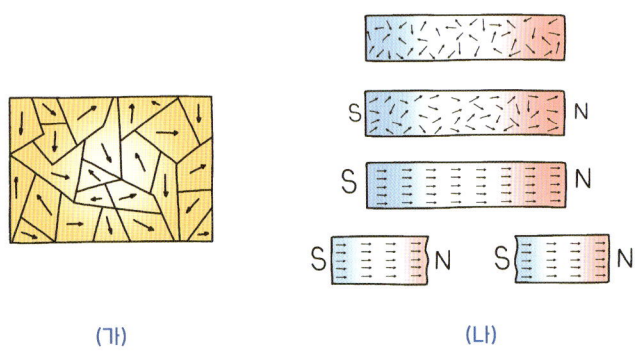

(가)   (나)

망간, 종이, 알루미늄 같은 상자성체는 외부 자기장이 걸리는 경우 약하게 자화되고 외부 자기장을 제거하면 자석의 효과가 바로 사라지게 돼. 또한 유리, 플라스틱, 구리 같은 반자성체는 자석을 가까이 하면 끌리지 않고 오히려 약간 밀리는데 이처럼 물질이 외부 자기장의 방향과 반대 방향으로 자화되면 자석에 반발하는 성질을 갖게 돼.

보통의 쇠못에 강한 자석을 가까이 가져가면 자기장을 걸어 준 방향으로 자기 구역의 크기가 커지고 정렬되지 않은 자기 구역의 크기는 줄어들어. 또 대전된 막대를 가까이 가져갈 때 전하들이 정렬하는 것처럼 강한 자석을 가까이 가져가면 자기 구역의 전자스핀도 정렬하려고 회전하지. 그 결과, 한 방향으로 자성이 나타나게 돼.

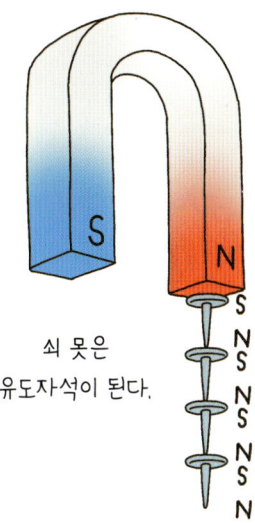

쇠 못은
유도자석이 된다.

　하지만 자석을 멀리하면 보통 열운동으로 인해 쇠못 속에 있던 자기 구역들이 작아지고 전자스핀이 무질서한 배열 상태로 돌아가게 되어 본래의 자성이 없는 모습으로 변하게 되지. 따라서 영구 자석을 만들려면 강자성체인 철이나 철 합금 조각을 강한 자기장 안에 오랫동안 놓아두고 또 자석으로 철 조각을 문지르거나 가볍게 두들겨서 단단한 자기 구역들이 더 쉽게 정렬할 수 있게 해야 해. 하지만 영구 자석을 떨어뜨리거나 가열하면 자기 구역들이 서로 밀고 당기면서 정렬이 흐트러지게 되어 다시 자성이 약해지게 돼. 계속 가열을 하여 물질이 자성을 잃게 되는 온도를 퀴리온도라 하고 퀴리온도 이상에서 강자성은 사라지고 거의 상자성을 유지하는 거야.

강자성과
정보저장

우리가 흔히 사용하는 마그네틱 카드와 하드디스크는 강자성체를 이용해서 디지털 정보를 기록하고 인식하는 거야. 마그네틱 카드의 경우 뒷면에 강자성체로 된 띠가 있는데 이곳에 카드 번호, 소유자 성명, 유효 기간 등의 정보가 저장되어 있어. 각각의 정보들은 서로 다른 방향의 자성을 띠고 있지. 마그네틱 카드가 판독기를 통과하면 판독기 속의 솔레노이드(341쪽, PART 10_전류와 자기장 참고)에 전류가 흐르는데, 이 전류를 통해 카드에 담긴 정보가 인식되는 것이지.

그런데 만약 이 마그네틱 카드에 자석을 가까이 대면, 자석의 자기장으로 인해 강자성체를 이루는 자기 구역의 자기장이 변할 수 있어. 그렇게 되면 기존에 저장되어 있던 모든 정보가 사라질 수 있기 때문에 주의해야 해.

하드디스크는 플래터라고 불리는 디스크와 읽고 쓰는 역할을 하는 헤드로 구성되어 있지. 하드디스크 드라이브의 헤드는 코어(철심)에 코일이 감겨 있는데, 여기에 정보가 담긴 전류를 흘리면 자기장을 만들어서 기록 매체인 강자성체를 자화시키게 되는 거야.

앞에서 설명한 것처럼 강자성체는 보통 때는 자성을 띠지 않고 자기 구역이 무질서하게 분포되어 있는데 외부에서 강한 자기장을 걸어 주면 한쪽 방향으로 규칙적으로 배열되지. 이때 자화되는 방향에 따라 정보가 디지털 정보(0, 1)로 저장되는 거야.

HDD 케이스를 열어 본 사람이라면 그 안에서 원반을 본 적이 있을 텐데, 이것은 플래터라고 불리는 알루미늄 금속판이고 자성 물질이 코팅되어 있어서 데이터를 저장할 수 있어. 이렇게 저장된 정보는 전자기유도 현상(370쪽, PART 11 패러데이 법칙 참조)을 이용해서 읽혀지게 되는 거야.

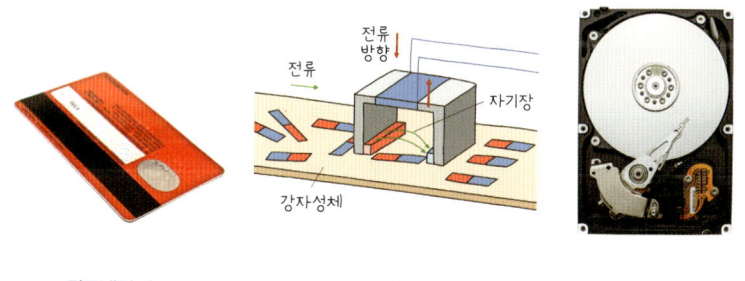

마그네틱 카드   정보 저장 과정   하드디스크

즉 정보가 저장된 강자성체가 헤드 아래를 지날 때는 자기장이 변하므로, 전자기유도에 의해 코일에 유도 전류가 흐르지.(383쪽, PART 11_전자기유도의 이용 참고) 이런 유도 전류가 없으면 0, 유도 전류가 흐르면 1이라는 디지털 신호가 발생해서 저장된 정보들을 읽을 수 있어.

지구자기장

○ 나침반이 늘 북쪽을 가리키는 것은 지구 자체가 거대한 자석이기 때문이지. 그런데 지구의 자극(자북, S극)은 지리상의 북극과 일치하지 않을뿐더러 가깝지도 않아. 예를 들면 북반구의 자극은 지리적 북극(진북)에서 1,800km 떨어진 캐나다 북부의 허드슨만 근처에 위치해 있거든.

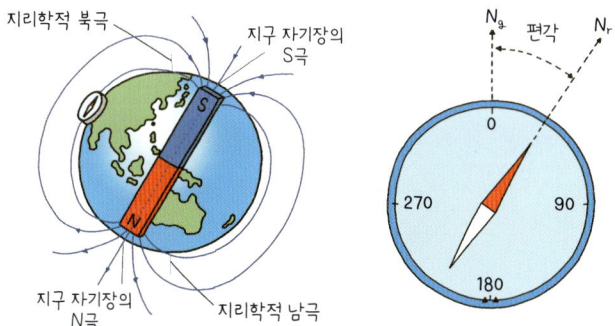

이때 나침반이 가리키는 방향과 진북과의 방위 차이를 (자기)편각이라고 해. 어찌 되었건 나침반이 가리키는 방향은 언제나 변함이 없다는 것을 알았기 때문에 옛날 사람들은 여행을 떠날 때 길을 찾기 위해 나침반을 들고 다녔어. 그때는 지금처럼 훌륭하게 길을 안내해 주는 내비게이션이 없었으니까. 특히 망망대해를 움직이는 배 위에서 나침반은 길을 안내해 주는 훌륭한 도구였지.

지구가 왜 자석의 성질을 나타내는지를 알아내기 위해 많은 과학자들이 연구를 하고 있지만 아직 정확히 밝혀지지는 않았어. 하지만 대부분의 지구 과학자들은 지구 내부의 핵에서 움직이고 있는 대전 입자들의 운동이 자기장을 만든다고 믿고 있어. 또한 지구의 핵에서 올라오는 열 때문에 생기는 대류 전류도 또 하나의 원인인 것으로 생각되고 있지. 지구의 열은 핵에너지의 방출, 즉 방사능 붕괴 때문에 생긴 것이고, 지구의 회전 효과와 결합하여 그런 대류 전류가 지구 자기장을 만드는 것 같다는 추측은 하고 있지만 완전한 설명은 미래 연구과제로 남아 있어.

원인이 무엇이든 지구 자기장은 지질학적 규모와 시간에 따라 변해왔어. 이에 대한 증거는 암석의 자기적 성질을 분석하면서 밝혀졌어. 용융 상태에 있는 철 원자는 지구 자기장을 따라 정렬하려는 경향이 있는데 철이 굳을 때 지구 자기장의 방향이 암석 속의 자기 구역의 방향으로 기록되지.

그래서 지질학적 시간을 통해 형성된 다른 지층으로부터 채취한 암석을 조사하면 그 시기의 지구 자기장을 알 수 있는 거야. 암석의 연구를 통해 알려진 것은 지구 자기장이 0이 되었다가 다시 방향이

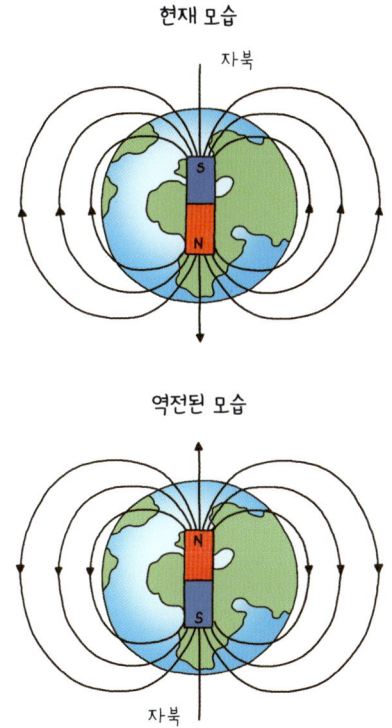

역전된 시대가 있었다는 것인데, 지난 500만 년 동안 20번 이상의 역전이 있었고 가장 최근에는 70만 년 전에 일어난 것으로 관찰되었어. 그리고 깊은 바다의 침전물을 연구한 결과 약 100만 년 전에 지구 자기장이 사라졌던 시기가 있었는데, 이 때는 현생 인류가 출현한 시기이지.

우리는 다음번의 역전이 언제 일어날지는 알 수 없는데, 그 이유는 역전 과정이 불규칙하기 때문이야. 하지만 지난 100년 동안 지구 자기장이 5% 이상 감소했다는 최근의 측정 결과를 단서로 해서 다음번의 역전을 어느 정도 추측해 볼 수는 있겠지.

지구 자기장과 생물

우리는 지구 자기장을 나침반에 의해 길을 알려 주는 역할을 하는 정도로만 알고 있지만, 동물들은 아주 오래전부터 지구 자기를 생활 속에 이용해오고 있었어.

우리 주변에서 흔히 볼 수 있는 비둘기는 머릿속에 자철광 자석이 있는데, 이 자석이 뇌와 통하는 수많은 신경들과 연결되어 있어서 지구자기장의 방향을 감지하여 이동하는데 도움을 준다고 해.

비둘기뿐만 아니라 벌, 개미, 철새, 고래, 송어와 같은 일부 물고기, 곤충, 미생물에 이르기까지 많은 생물들이 몸 속 어딘가에 있는 자성을 이용해 방향을 잡고 이동한다는 연구 결과가 있어.

오스트레일리아 흰개미는 자기장과 정확히 일치하는 남북 방향의 집을 짓는데, 만일 개미집 주변에 인공적인 자기장을 발생시키면 주어진 자기장에 맞게 다시 집을 짓는다고 해.

50여 년 전에는 철새 몸에 생물나침반이 있음을 확실하게 보여주는 연구 결과도 보고되었지. 실험실에서 자기장을 걸어주면서 철새의 이동 방향을 지켜봤는데, 자기장에 따라 철새의 날갯짓 방향을 변화시킨다는 사실을 알게 된 것이야.

또한 독일의 한 연구팀은 송어가 어떻게 매년 똑같은 산란지를 찾아오는지 밝히기 위한 실험을 했어. 이들은 어두운 물속에서 방향을 찾는 송어의 능력이 상어와 유사할 것으로 판단하며 연구하던 중 송어 콧등에 난 검은 돌기들이 자철광을 함유하고 있다는 사실을 발견했어. 달리 말하면 송어의 돌기들이 나침반의 바늘과 같은 역할을 하여 방향을 알려주었다는 것이었지.

더 놀라운 것은 우리 눈에 보이지도 않는 세균도 자기장의 영향을 받으며 살아간다는 거야. 세균 속에 있는 마그네토좀이라는 나노 자석이 지구 자기장을 감지하고 이동하는데 도움을 주지. 나노 자석

을 지닌 세균은 독성도 낮아 의료용으로도 많이 연구되고 있어. 특히 항암 약물을 효과적으로 전달하기 위한 매개체로서의 연구가 활발히 진행되고 있지.

내용을 잘 이해했는지 확인해볼까?

＊ 정답은 441쪽에

1 똑같이 생긴 두 개의 금속 막대 A, B가 있다. 그 중 막대 A는 자석이고 막대 B는 자석이 아니다. 막대 A가 자석임을 확인할 수 있는 방법을 제시하시오.

2 산소는 액체 상태이든 기체 상태이든 모두 자석에 달라붙는 성질을 가지고 있다고 한다. 달라붙는 이유를 서술하시오.

조금 더 어려운 문제들도 한번 풀어볼까?

* 정답은 441쪽에

3 일반적으로 자석과 아주 가까운 곳의 자기장은 지구 자기장을 무시해도 좋지만 자석으로부터 약 50cm 이상 떨어지게 되면 지구 자기장을 무시할 수 없다. 다음 그림은 적도 지방에서 막대 자석을 북극을 향해 놓은 것이다. 지구 자기장을 고려하여 막대 자석 주위의 자기장을 자기력선으로 그려보시오.

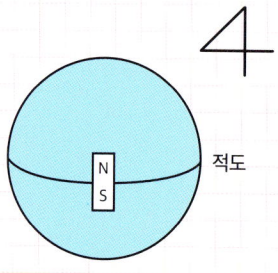

4 자기장 내에 그림과 같이 6개의 작은 막대자석을 놓았다. 이 순간 막대자석이 받는 알짜힘의 방향이 아래쪽을 향하는 경우를 모두 고르시오.

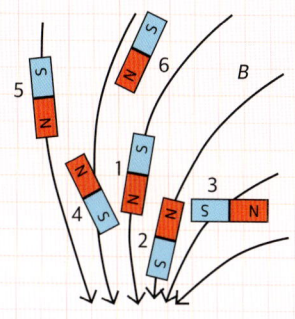

5 그림과 같이 자북(자침의 N극이 가리키는 방향) 방향으로 수평하게 놓인 도선에 일정한 세기의 전류가 흐르고 있다. 도선 바로 아래 거리 h인 곳에 놓은 나침반에서 자침의 N극이 자북 방향과 θ의 각을 이룬다면 다음 중 h와 θ의 관계를 구하시오.

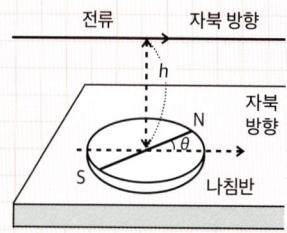

창의적으로 생각하고 해결하는 문제에도 도전해보자

※ 정답은 442쪽에

6 20℃에서 전기 비저항이 $1.68 \times 10^{-8}\ \Omega \cdot m$이고 지름이 2mm인 구리 도선으로 자기장의 세기가 1T정도의 전자석을 만들고자 한다. 이러한 전자석을 제작하는데 있어서 어떤 요소를 고려해야 하는지를 설명하시오.

MEMO

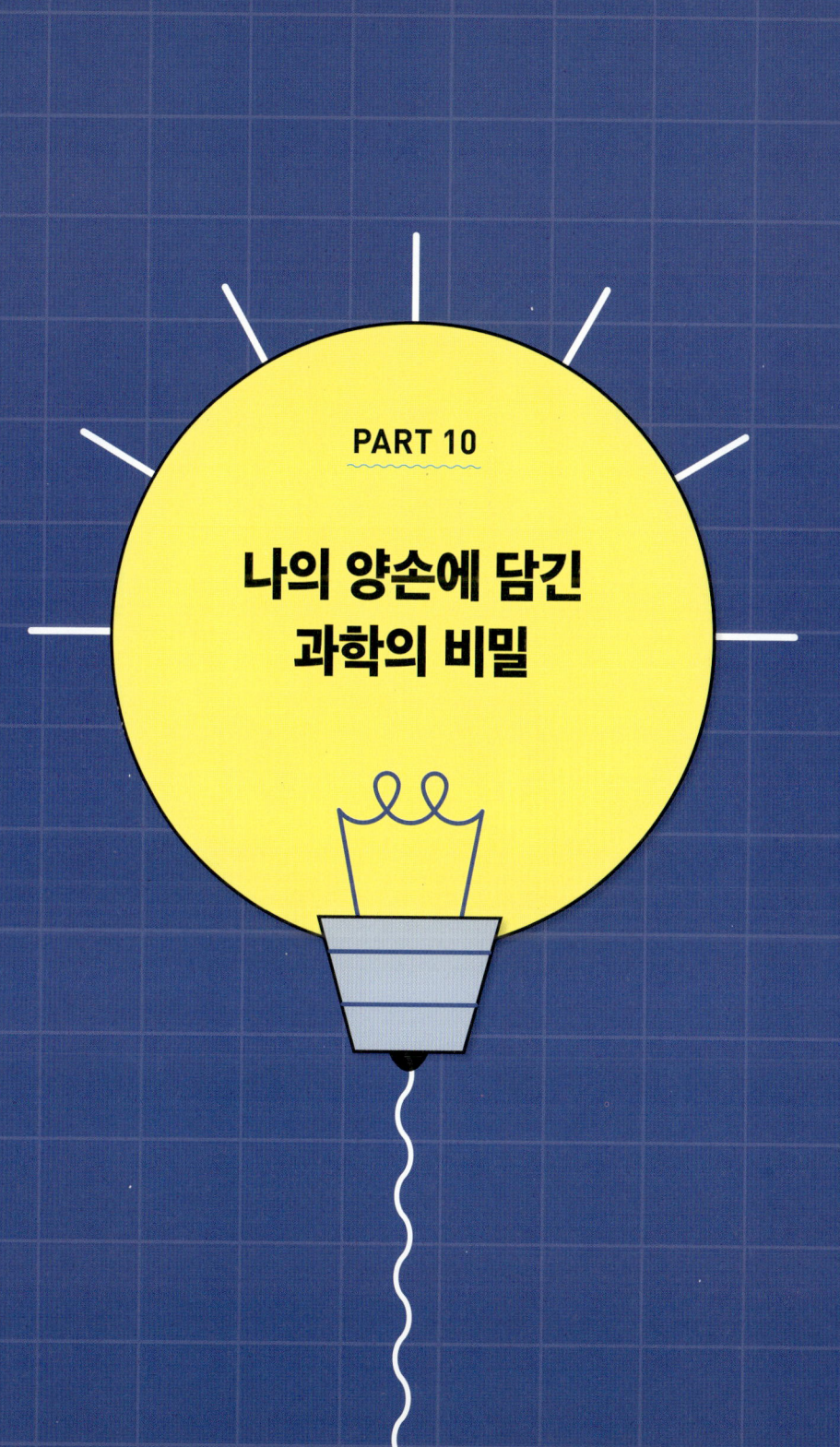

PART 10

나의 양손에 담긴
과학의 비밀

전류와
자기장

쿨롱이 전기력 법칙을 발표한 후 약 35년이 지나고, 볼타가 전지를 만든 지 약 20년이 지난 후에 덴마크의 코펜하겐 대학 한 강의실에서 중대한 사건이 일어났어. 외르스테드가 실험 강의를 하던 도중, 도선에 전류를 흘릴 때마다 가까이에

있던 나침판의 바늘이 움직이는 것을 발견한 것이었지. 한때 외르스테드는 전기와 자기 사이의 관련성을 찾아내려고 했지만 찾지 못했었거든. 그런데 우연히 이러한 사실을 관찰하고는 흥분하여 더 강한 전지를 준비하고 계속해서 전기와 자기에 관한 실험을 계속해 나갔어.

전류가 흐르는 도선 주위에서 나침반 바늘이 어떻게 움직이는지를 알기 위해 더 면밀하게 실험을 하였고, 마침내 도선 주위에 원 모양의 자기장이 형성된다는 이론을 세우게 되었어. 이를 통해 그는 전기와 자기 사이의 떼어 놓을 수 없는 관계를 밝힌 첫 번째 인물이 되었지.

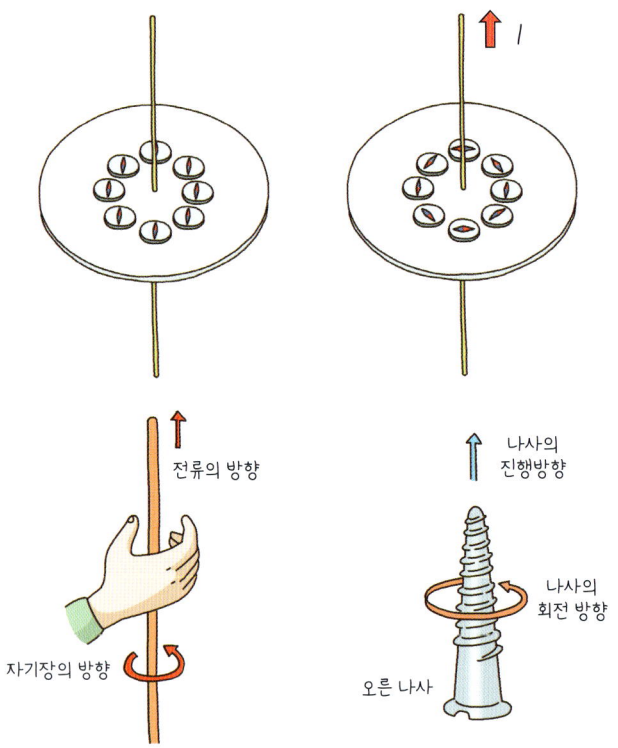

19세기 프랑스의 물리학자 앙페르는 외르스테드의 발견을 바탕으로 해서 더 정밀한 실험을 했어. 그 결과, 그림과 같이 직선 전류가 만드는 자기장은 오른나사를 돌리는 것과 같은 방향으로 형성된다는 사실을 발견했어.

이것을 '오른나사의 법칙' 또는 발견자의 이름을 따서 '앙페르의 오른손 법칙'이라고 부르지. 오른손 법칙이라고 부르는 이유는, 오른손으로 전류가 흐르는 방향을 따라 전선을 잡았을 때 전류의 방향은 엄지손가락이 가리키는 방향이고, 자기장의 방향은 나머지 손가락이 감기는 방향과 같게 나타나기 때문이야. 직선 도선에 흐르는 전류는 도선에 수직한 평면 내에 도선을 중심으로 한 동심원 모양의 자기장을 만들게 되지.

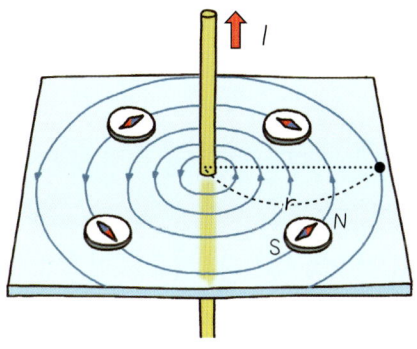

실제로 자기장의 세기는 다음과 같은 실험을 통해 알 수 있어.

그림과 같이 나침반의 바늘을 자북을 향하게 하고 전류의 세기 I와 거리 r에 따라 바늘의 움직임을 관찰하면 자기장의 세기는 도선

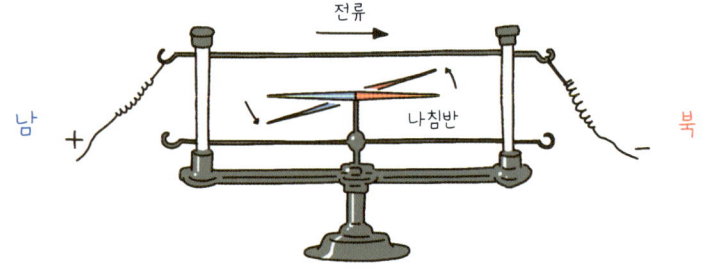

에 흐르는 전류의 세기가 클수록, 또 전류에 가까울수록 강해져.

직선 전류에 의한 자기장의 세기를 수식으로 나타내면 다음과 같아.

$$B = k\frac{I}{r}$$

여기서 $k = 2 \times 10^{-7}$ T·m/A로 1A의 전류가 직선 도선에 흐르는 경우 도선에서 1cm 떨어진 곳의 자기장의 세기는 $B = \frac{2 \times 10^{-7}}{10^{-2}} = 2 \times 10^{-5}$ T = 0.2G(1T = 10^4G)정도에 불과하지. 평균 지구 자기장의 세기인 0.5G보다 조금 약한 자기장이 형성되는 거야.(T는 테슬라, G는 가우스이다.)

이번에는 원형 전류에 의한 자기장을 한번 알아볼까.

그림 (가)와 같이 전류가 흐르는 직선 도선을 그림 (나)와 같은 원형으로 구부리면, 직선 전류에 의한 자기력선이 합쳐져서 원형 전류 내부의 자기력선은 직선 전류보다 촘촘하게 만들어져. 그래서 같은 세기의 전류가 흐르더라도 원형 전류 내부의 자기장 세기는 직선 전류에 의한 자기장 세기보다 커지는 거야.

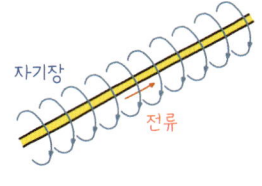
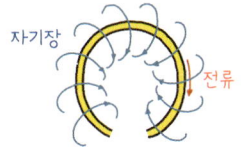

(가) 직선 도선 주위의 자기장   (나) 원형 도선 주위의 자기장

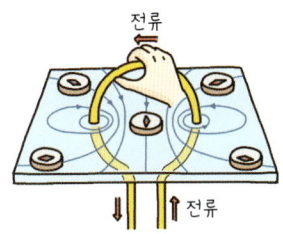

원형 전류의 중심에서 자기장은 앙페르 법칙을 이용하면 그림과 같이 원형 도선이 만드는 평면에 수직인 방향으로 만들어지게 되지. 또 원의 중심에서 자기장 세기는 전류의 세기 I에 비례하고, 도선이 만드는 원의 반지름 r에 반비례하게 돼. 원형 전류에 의한 자기장의 세기를 수식으로 나타내면 다음과 같아.

$$B = k' \frac{I}{r}$$

여기서 $k' = 2\pi \times 10^{-7}$ T·m/A로 원형 전류의 반지름이 작을수록 더 강한 자기장이 형성되는 것을 알 수 있어.

솔레노이드에 의한 자기장도 있어. 그림처럼 도선을 고리 모양으로 규칙적으로 감아놓은 것을 솔레노이드라고 하는데, 여기에 전류를 흐르게 하면 앙페르 법칙에 따라 솔레노이드 내부의 자기력선은 많은 고리에 빽빽한 다발이 걸린 모양이 돼. 이것은 막대자석 주위와 내부에 생기는 자기장과 같아. 솔레노이드가 매우 길고 상대적으로 반지름이 작은 경우 솔레노이드 내부는 거의 균일한 자기장이 생기게 되는데 이를 전자석이라고 불러. 전자석의 코일 안에 연철 막대를 넣는 경우도 있어. 이 때는 철 안의 자기 구역들이 정렬하여 자기장의 세기를 증가시키게 되지. 일반적으로 솔레노이드 안에 생기는 자기력선은 감은 고리의 수가 늘어남에 따라 촘촘해지고, 감은 고리가 촘촘해질수록 자기장의 세기도 커지지. 물론 전류의 세기가 증가하면 자기장의 세기는 커지게 돼. 솔레노이드 내부의 자기장의 세기를 수식으로 표현하면 다음과 같아.

$$B = k''nI$$

여기서 $k'' = 4\pi \times 10^{-7}\,\mathrm{T \cdot m/A}$이고, n은 단위길이당 감은 수야. $n = 10^4$인 솔레노이드에 1A의 전류를 흐르게 할 때 솔레노이드 내부의 자기장의 세기는 $B = 4\pi \times 10^{-7} \times 10^4 \times 1 = 4\pi \times 10^{-3}\,\mathrm{T}$ = 약 125G로 보통 사용하는 자석의 $\frac{1}{3}$정도야.

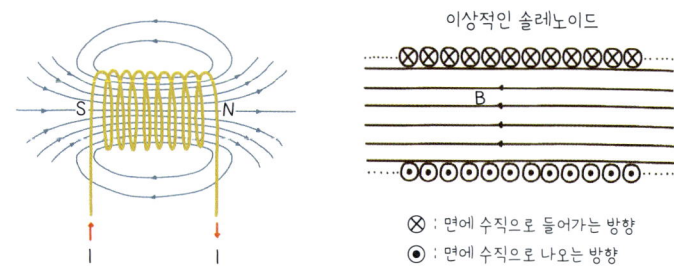

자기장에서 전류가 받는 힘

운동하는 전자는 모든 자기장의 근원이므로 운동하는 전하 즉 전류 역시 모든 자기장의 근원이야. 따라서 자기장에서 전류가 흐르면 자기장과 자기장이 상호작용하여 자기력이 작용하게 되는 거야. 즉 전류는 자기장에서 힘(전자기력)을 받게 되는데, 그 힘을 받는 방향을 알 수 있을까?

자기장 속에 전류가 흐르는 도선을 놓으면 자기력을 받아 도선이 움직이는 것을 볼 수 있어. 도선에 흐르는 전류의 방향과 자기장의 방향이 그림과 같이 수직인 경우 왼손의 엄지, 검지, 중지 세 손가락을 수직이 되게 폈을 때 중지는 전류(I)의 방향, 검지는 자기장(B)의 방향, 엄지는 전류가 자기장에서 받는 힘(F)의 방향이 되는데, 이를 '플레밍의 왼손 법칙'이라고 해.

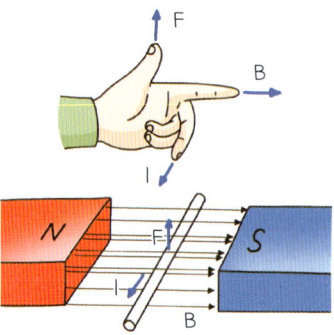

자연현상에서 압력이 큰 쪽에서 작은 쪽으로 어떤 변화가 일어나는 것과 같이, 두 자기장이 상호작용할 때는 자기장이 강해지는 쪽에서 약해지는 쪽으로 힘을 작용하게 돼.

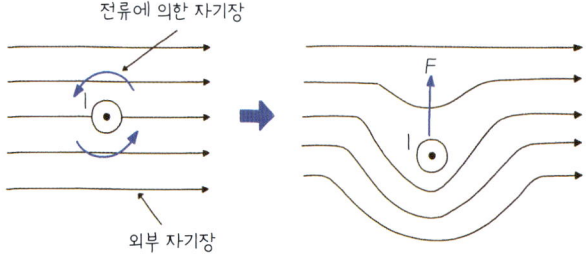

다음에 나오는 그림 (가)에서 도선 아래쪽의 자기장은 (앙페르의 오른손 법칙을 이용한) 전류에 의한 자기장과 말굽자석의 자기장이 같은 방향으로 겹쳐지므로 강해지고, 위쪽의 자기장은 서로 반대가 되어 약해지게 되므로 전류가 흐르는 도선은 위쪽으로 힘을 받게 되는 거야. 그림 (나)에서 도선 위쪽의 자기장은 전류에 의한 자기장과 말굽

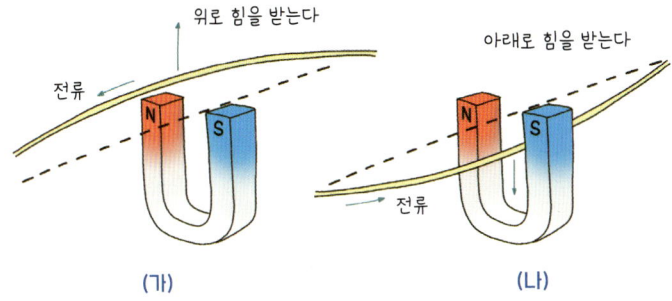

자석의 자기장이 같은 방향으로 겹쳐지므로 강해지고, 아래쪽의 자기장은 서로 반대가 되어 약해지게 되므로 전류가 흐르는 도선은 아래쪽으로 힘을 받게 되는 거지. 그 힘의 크기는 다음 식으로 나타낼 수 있어.

$$F = IlB \quad (I: \text{전류의 세기}, l: \text{도선의 길이}, B: \text{자기장의 세기})$$

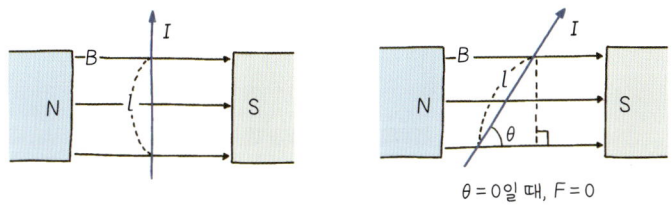

여기서 자기장에 나란한 방향으로 전류가 흐르게 되면 그 전류는 힘을 받지 않지. 자기장의 세기 B는 단위 전류(1A)가 흐르는 단위 길이(1m)의 도선을 자기장 속에 수직으로 놓을 때 받는 힘으로 정의되는 거야.

그러면 평행한 두 전류 사이에도 힘이 작용할까? 평행한 두 직선 도선 a, b에 각각 세기가 I_1, I_2인 전류가 흐를 때 '플레밍의 왼손법칙'을 이용하면 도선 a는 도선 b에 흐르는 전류가 만드는 자기장에 의해 힘을 받게 되지. 이때 작용 반작용 법칙에 따라 도선 b도 크기가 같고 방향이 반대인 힘을 받게 되는 거야. 도선 b에 대해서도 '플레밍의 왼손 법칙'을 적용하면 힘의 방향을 확인할 수 있어.

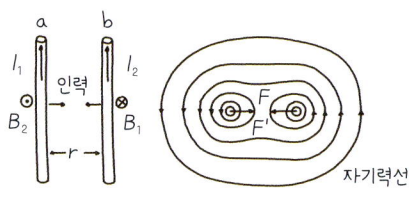

전류의 방향이 같을 때

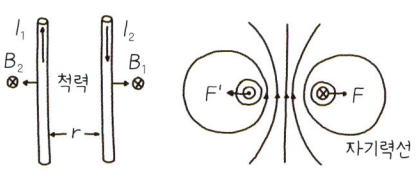

전류의 방향이 반대일 때

그림과 같은 평행한 두 전류 사이에 작용하는 힘을 수식으로 나타내면 다음과 같아.

$$F = I_1 l B_2 = I_1 l \left(k \frac{I_2}{r} \right) = k \frac{I_1 I_2}{r} l,$$

단위길이당 받는 힘은 $\dfrac{F}{l} = k \dfrac{I_1 I_2}{r}$

힘의 작용을 자기장 측면에서 보면 두 전류에 의한 자기장의 방향이 일치하는 곳은 자기력선이 밀해지고, 서로 반대방향인 곳은 자기력선이 소해지므로 도선은 밀한 곳에서 소한 곳으로 향하는 힘을 받게 되지. 평행한 전류 사이에 작용하는 힘은 전류가 흐르는 각각의 도선이 다른 하나의 전류가 형성하는 자기장 안에 놓인 상태이므로 전자기력을 받게 되는 거야.

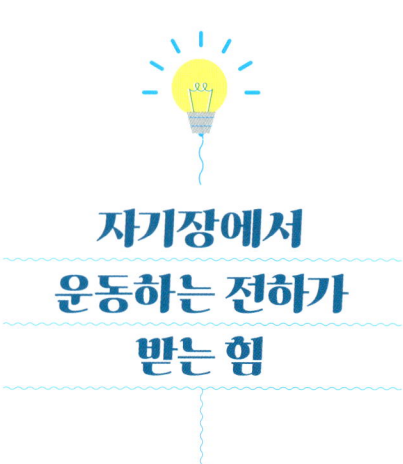

자기장에서 운동하는 전하가 받는 힘

○ 운동하는 대전 입자가 받는 힘은 상호 작용하는 두 물체를 잇는 직선 방향이 아니라 자기장과 속도에 수직인 방향으로 작용해. 앞에서 공부한 전류가 자기장에서 받는 힘의 방향을 구하는 '플레밍의 왼손법칙'으로도 알 수 있어. 단지 양전하가 운동하면 전류는 같은 방향이고, 음전하가 운동하면 전류는 반대 방향일 뿐이지.

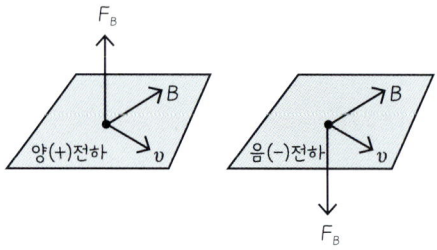

운동하는 전하가 자기장에서 받는 힘을 로렌츠의 힘이라 하는데 이 힘의 크기를 식으로 나타내면 다음과 같아.

$$F = qvB$$

(q : 전하량, v : 전하의 속도, B : 자기장의 세기
여기서 전하가 자기장에 나란한 방향으로 운동하면 힘을 받지 않는다.)

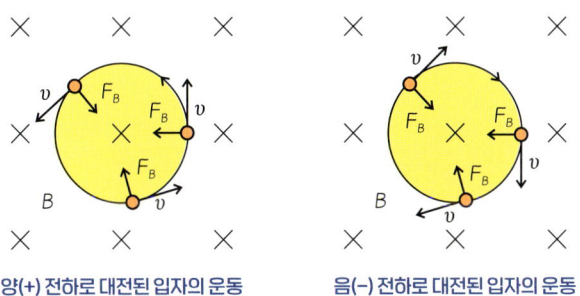

양(+) 전하로 대전된 입자의 운동   음(-) 전하로 대전된 입자의 운동

전하가 균일한 자기장에 수직으로 입사하면 운동하는 전하 주위에 자기장이 형성되면서 일정한 크기의 자기력을 받게 되지. 이때 받는 자기력은 운동 방향에 항상 수직으로 작용하는 구심력 역할을 하기 때문에 전하는 등속원운동을 하게 돼. 식으로 나타내면 다음과 같아.

$$\frac{mv^2}{r} = qvB \text{ 이므로 } r = \frac{mv}{qB}, \quad T = \frac{2\pi r}{v} = \frac{2\pi m}{qB}$$

이때, 자기장에서 등속 원운동하는 대전입자의 주기는 전하의 속력과는 무관하며 비전하($\frac{q}{m}$)와 자기장의 세기에만 관계되지.

운동하는 대전 입자가 자기장에서 편향된다는 것은 정말로 멋진 일이야. 이것을 이용하여 브라운관의 안쪽에 전자들을 흩뿌려 화면을 만든 것이 바로 텔레비전이지. 자기장의 이런 효과는 아주 큰 규모에서도 나타나. 외계로부터 날아온 대전 입자(우주선, cosmic ray)는 지구의 자기장에 의해 휘게 돼. 만일 그렇지 않다면 지구 표면으로 날아오는 우주선의 강도는 훨씬 더 세게 다가올 거야.

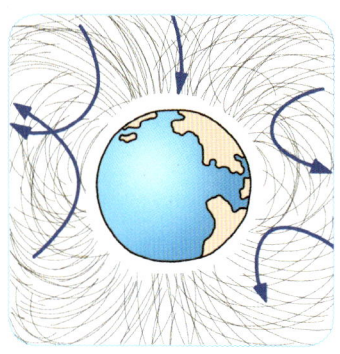

- **토카막** 자기장 가둠 장치인 토카막이라는 것도 있어. 많은 과학자들이 수많은 노력 끝에 개발해 낸 핵융합 장치인데 자기장을 이용한 둥근 도넛 모양의 플라스마(초고온에서 음전하를 가진 전자와 양전하를 띤 이온으로 분리된 기체 상태) 가둠 장치야.

플라스마가 빠져나가지 못하도록 끝과 끝을 연결한 도넛 모양의 진공용기를 만들고 그 주변에 자기 코일이 설치되어 있지. 플라스마 입자들의 진행 방향에 수직으로 자석을 설치해 자기장을 형성하면 도넛 안에 플라스마가 가둬지게 되는 거야.

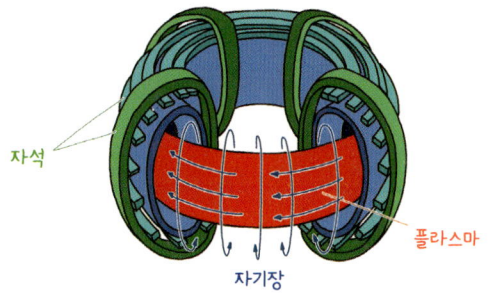

핵융합은 심화되는 에너지 위기에서 인류를 구할 꿈의 기술이야.

핵융합 기술을 이용해 발전소를 지으면 물만 있어도 인류가 영원히 쓸 수 있는 에너지, 즉 전기를 생산할 수 있어.

핵융합 전문가들은 2045년경이 되면 핵융합 발전 기술이 완성되어 인류가 에너지 위기를 극복하는 시대가 열릴 것으로 보고 있어.

• **홀효과** 1879년 미국의 물리학자인 에드윈 허버트 홀은 도선 내부에 흐르는 전하의 이동방향에 수직인 방향으로 자기장을 가하게 되면, 도선 내부에는 전하 흐름에 수직인 방향으로 전위차가 형성

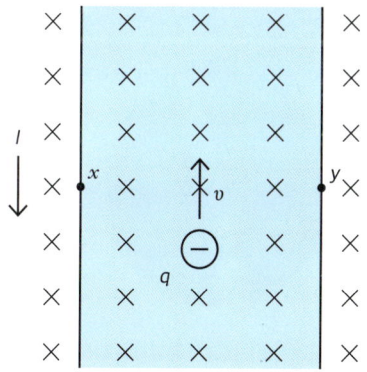

된다는 사실을 발견했어. 이러한 현상을 홀 현상이라고 하고, 그렇게 형성되는 전위차를 홀 전압이라고 해. 이를 통해 전류를 흐르게 하는 전하의 운반체가 양전하인지 음전하인지 알 수 있어. 전류의 방향

이 아래이므로 전하의 종류와 관계없이 전하는 오른쪽으로 힘을 받게 되지. 그림에서 y쪽의 전위가 x쪽보다 높다면 전하의 운반체는 양전하이고, y쪽의 전위가 x쪽보다 낮다면 전하의 운반체는 음전하인 거야. 실험결과 y쪽의 전위가 x쪽보다 낮았어. 따라서 전하의 운반체는 음전하 즉 전자인 거지. 전자의 유동 속도는 $qvB = qE_{xy}$를 이용하면 $v = \dfrac{E_{xy}}{B}$이지. 이러한 홀효과를 이용하면 자기장의 세기나 전하의 속도를 측정할 수 있을 뿐만 아니라 휴대폰, 위치측정장치, 연료측정기 등에 응용할 수 있어.

- **사이클로트론(입자가속기)** 로렌츠의 힘을 이용하는 대표적인 실험기기 중의 하나로 입자가속기가 있어. 원운동의 주기가 속도와 무관함을 이용하여 대전 입자를 가속시키는 장치야. 반원통 2개가 균일한 자기장 속에 놓여 있고 대전입자가 반원통 사이를 지날 때 고전압의 교류에 의해 가속되지. 이와 같은 방법으로 입자가 고속의 큰 에너지를 얻게 되지만 전하를 띠지 않은 입자는 가속시킬 수 없어.

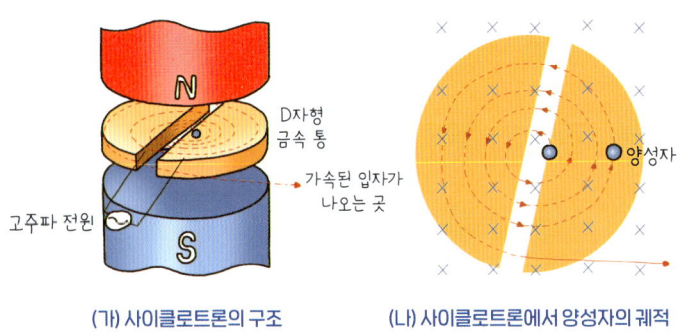

(가) 사이클로트론의 구조 (나) 사이클로트론에서 양성자의 궤적

잠시 쉬어가는 이야기

힌덴부르크 비행선 대참사의 원인

1937년 5월 6일, 독일의 프랑크푸르트에서 미국의 뉴저지로 향하던 힌덴부르크 비행선이 폭발을 했어. 착륙 직전 갑작스런 화재로 인해 대형 참사가 일어나게 된 것이지. 이 사고로 인해서 총 97명의 승객과 승무원 중에서 35명이 사망을 했어.

사고의 원인은 비행선을 가득 채운 수소 가스 때문이라고 추측하고 있어. 원래 힌덴부르크 비행선은 헬륨 가스를 사용하도록 설계된 비행선이거든.

하지만 헬륨 생산국인 미국에서 독일에 헬륨을 공급하지 않았다고 해. 당시 주변국을 침략하던 독일에 제재를 가하기 위한 조치였다고도 하고, 독일군에 의해 비행선이 군사용으로 전용될 것을 우려했기 때문이라는 말도 있어. 어쨌든 이로 인해 비행선 운항에 어려움을 겪었던 힌덴부르크 비행선은 궁여지책으로 헬륨 대신 수소를 채워 운항을 했었다고 해.

사고가 나던 날, 바람이 강하게 부는 악천후 속에서 착륙하기 위하여 비행선에서 지상으로 줄을 내렸어. 이 줄은 비행선의 금속 부분과 연결되어 있어서 비행선 표면의 금속 부분은 지면에 접지된 반면, 비행선의 금속이 아닌 부분에 대전된 양(+) 전하는 그대로 남아 있어서 비행선에서 강한 전기 스파크가 발생했어. 더구나 스파크는 비행선에서 새어나온 수소기체를 점화시켰고, 그래서 강한 폭발이 일어난 거야.

수소는 가연성 기체이기 때문에 폭발을 일으킬 수 있어 주의해야 하는데, 이 부분에 대한 경각심이 부족했던 것은 아닐까. 계속해서 발전하는 기술력 앞에서 우리 모두 더욱 겸손한 마음으로 연구를 게을리하지 말아야 함을 일깨워준 사고였다고 생각해.

내용을 잘 이해했는지 확인해볼까?

※ 정답은 443쪽에

1 그림과 같은 도선에 세기가 1A인 전류가 흐르고 있고 원의 $\frac{1}{4}$인 곡선 부분의 반지름 r이 1m라면 O점에서의 자기장의 세기는 얼마인가? (단, 직선 전류에 의한 자기장의 비례상수는 k, 원형 전류에 의한 자기장의 비례상수는 k'이다.)

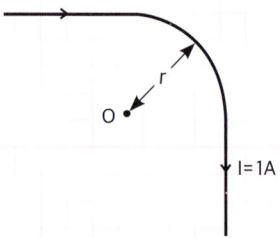

2 그림은 단면적이 일정한 니크롬선으로 이루어진 전기회로의 일부분이 세기가 2T의 균일한 자기장에 놓여있는 것을 나타낸 것이다. 정삼각형 A, B, C의 한 변의 길이는 1m이고 자기장은 한 변 BC와 나란하다. BA, AC, BC 세 변에 흐르는 각각의 전류가 받는 힘의 방향과 크기는 각각 얼마인가?

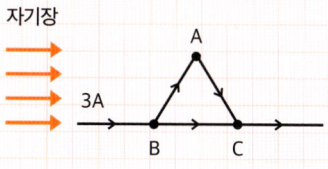

3 그림과 같이 한 변의 길이 L인 정육면체의 두 변을 따라 흐르는 세기 I인 두 직선 전류가 있다. 정육면체의 한 꼭짓점 P에서의 자기장의 방향과 세기를 구하시오. (단, 직선 전류에 의한 자기장의 비례상수는 k이다.)

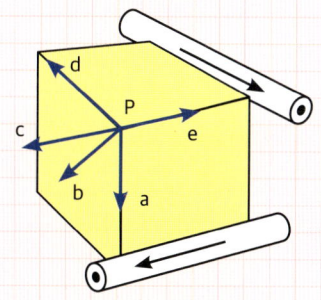

조금 더 어려운 문제들도 한번 풀어볼까?

∗ 정답은 443쪽에

4 질량 m, 전하량 q인 입자가 균일한 자기장 속에서 반지름 r의 원운동을 하고 있다. 입자의 운동에너지가 E_k라면 자기장의 세기는 얼마인가?

5 그림과 같이 질량 m, 전하량 q인 입자가 일정한 속도 v로 세기가 B인 균일한 자기장을 향해 입사하고 있다. 이 입자가 $x > b$인 곳에 도달하려면 입사속력 v는 어떤 조건을 만족해야 하는가?

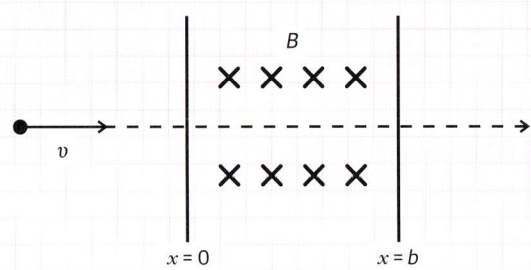

6 그림과 같이 연직면 내에 놓여 있는 금속 레일에 길이 L, 질량 m인 금속 막대가 놓여 있고 금속 막대 아래에 긴 직선 도선에 전류 I가 흐르고 있다. 금속 막대에 직선 도선과 반대 방향으로 전류 I가 흐를 때 금속 막대는 평형 상태를 유지하고 있었다. 직선 도선에 흐르는 전류의 세기를 2I로 증가시켰을 때 금속 막대의 가속도의 방향과 크기는? (단, 직선 전류에 의한 자기장의 비례상수는 k이다.)

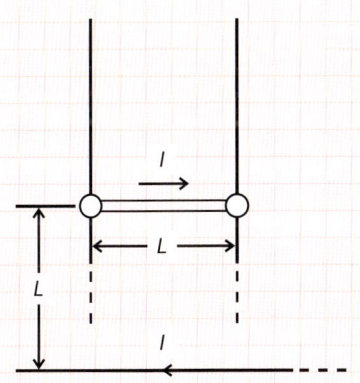

창의적으로 생각하고 해결하는 문제에도 도전해보자

※ 정답은 444쪽에

7 그림과 같이 사이클로트론(입자가속기)의 반원통의 중간에서 양이온이 $+x$ 방향으로 v의 속도로 직선운동하고 있다. 사이클로트론에 걸린 전기장과 자기장의 방향을 제시하고 그 이유를 서술하시오.

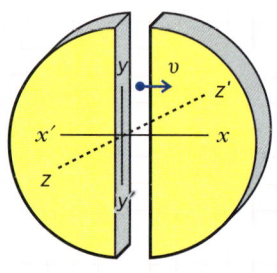

8 다음 장치들을 이용하여 네오듐자석의 자기장의 세기가 거리에 따라 어떻게 달라지는지를 측정하는 실험방법을 제안하시오.

전자저울, 네오듐자석, 종이컵, 스탠드, 대자(50cm), 나무젓가락, 투명테이프

9 세기가 B인 균일한 자기장과 세기가 g인 균일한 중력장이 각각 연직 위 방향과 연직 아래 방향으로 걸려 있는 공간이 있다. 이 공간에 그림과 같이 질량 m, 전하량 $+q$인 입자를 오른쪽 방향으로 v의 속력으로 입사 시켰더니 점선과 같은 나선형 궤도를 따라 운동하였다.

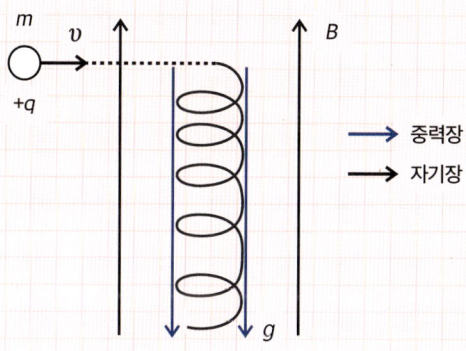

1) 나선형 궤도를 따라 운동하는 이유를 서술하시오.

2) 이 입자가 연직 아래 방향으로 거리 s만큼 낙하했을 때 자기장과 중력장이 한 일을 구하시오.

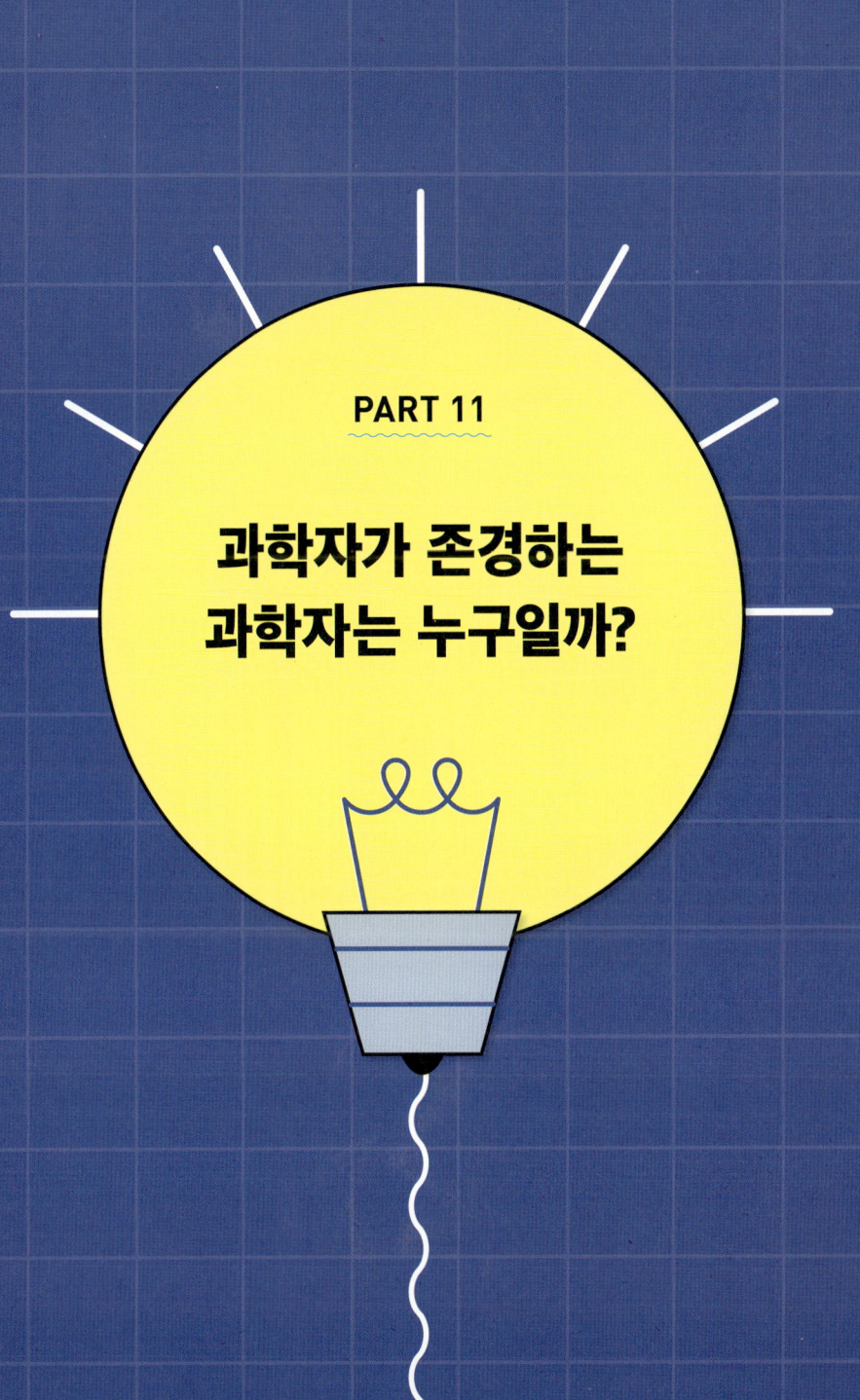

PART 11

과학자가 존경하는
과학자는 누구일까?

전자기유도 교실

패러데이의 발견

전류가 자기장을 형성한다는 것을 발견한 후 세계의 저명한 과학자들이 그 반대 효과, 즉 자기장에 의해 전류가 생성되는 과정을 연구하기 시작했어. 영국의 마이클 패러데이는 그 연구자들 중 한 명이었는데, 1831년에 처음으로 이에 대한 연구 결과를 발표하고 그 성과를 공식적으로 인정받게 되었지. 아인슈타인은 연구실에 패러데이의 초상화를 걸어두었을 정도로 존경했었다고 해.

패러데이는 두 개의 절연된 구리 도선을 둥근 철 고리에 감은 다음, 코일 하나는 검류계에 연결하고 다른 코일은 스위치와 전지에 연결했지. 패러데이가 첫 번째 코일에 전류를 흐르도록 스위치를 닫을 때마다, 그 두 코일이 전기적으로 연결되지 않았는데도 두 번째 코일

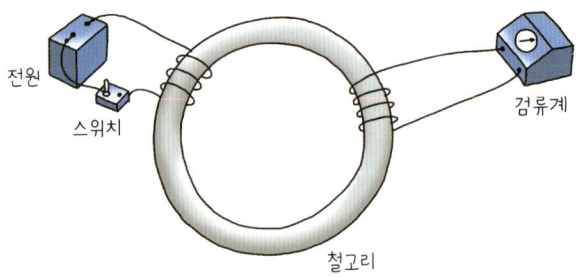

내에서 전류가 흐르는 것이 감지되었어. 하지만 두 번째 코일에 생긴 전류는 금방 사라졌지. 패러데이가 첫 번째 코일의 전류를 끊을 때에도 두 번째 코일에 다시 전류가 흘렀는데 검류계로 측정해 보니 이때에는 전류가 반대 방향으로 흐르는 거야.

스위치를 닫으면 첫 번째 코일을 따라 직류가 흐르게 되지. 그 코일 주위의 자기장은 철 고리를 자화시키게 되어 두 번째 코일의 위치에는 자기장이 형성될 거야. 그 자기장의 세기는 0에서 시작하여 최댓값까지 증가하다가 첫 번째 코일의 전류가 일정하게 흐르는 동안 그 최댓값을 유지할 거야. 패러데이가 첫 번째 코일의 스위치를 열면 금속 고리의 자기장은 그 최댓값으로부터 0으로 줄어들지. 이때 두 번째 코일에서의 자기장 변화 때문에 그 내부에 전류가 유도되는 거지.

이번에는 단지 코일에 자석을 넣고 빼는 단순한 운동만 시켜도 코일 속에 전류가 만들어지는 것을 확인했어. 그림과 같이 전지나 전원이 전혀 필요 없고 오직 코일이나 전선 고리 주위에서 자석을 움직이기만 하면 되는 거야. 즉 코일과 자석(자기장)이 상대적인 운동을

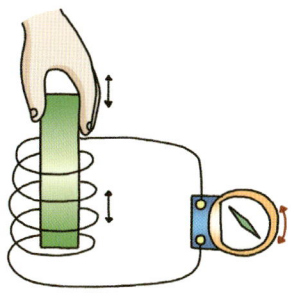

하면 전압이 유도된다는 것을 발견한 거지.

이때 유도되는 전압의 크기는 코일 속을 자석이 얼마나 빨리 통과하는가에 따라 달라져. 아주 천천히 움직이면 전압은 거의 만들어지지 않지만 아주 빨리 움직이면 큰 전압이 만들어지게 돼. 그리고 자기장 속에 있는 코일에 감긴 전선의 수가 많을수록 더 큰 전압이 유도되고 전선 속에서 흐르는 전류도 크게 돼. 두 배 많이 감긴 코일에 자석을 집어넣으면 유도되는 전압도 두 배가 되고, 열 배 많이 감긴 코일에 자석을 집어넣으면 유도되는 전압도 열 배가 되는 거야.

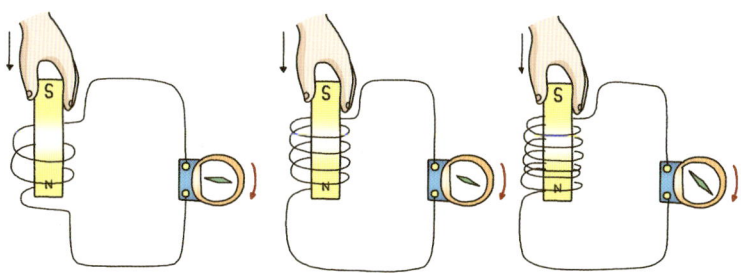

패러데이 법칙

1831년에 패러데이가 다음과 같은 내용을 발표했어. 한번 천천히 잘 읽어봐봐.

> 코일에 유도되는 전압은
> 코일의 감은 수와 코일을 통과하는 자기장의 시간적 변화율에 비례하고
> 코일에는 자기장의 변화를 방해하는 방향으로 유도 전류가 흐른다.

이 내용은 얼핏 보기엔 간단한 관찰같지만 실제로는 거대한 영향력을 미치게 된 발견이었어. 전자기유도 법칙 또는 패러데이 법칙이라고 불리우는데, 이것은 에너지 보존법칙이기도 하고 발전기의 원리가 되기도 하지. 이를 수식으로 나타내면 다음과 같아.

$$V = -N\frac{\Delta \Phi}{\Delta t}$$

(V : 기전력(전압), N : 코일의 감은 수, Φ : 자속, t : 시간, $(-)$: 변화를 방해하는 방향)

패러데이 법칙에 따라 유도되는 기전력(전압)은 자속의 시간적 변화의 반대 방향으로 나타나게 되는데, 즉 유도 전류에 의한 자기장의 방향은 자속의 변화를 방해하는 방향이 되는 거야.

예를 들어 그림 (가)와 같이 코일에 N극을 접근시키면 코일에는 자석과 가까운 쪽에 N극이 되도록 자석을 밀어내는 방향으로 유도 전류가 흐르게 된다는 거야. 반대로 그림 (나)와 같이 N극을 멀리하

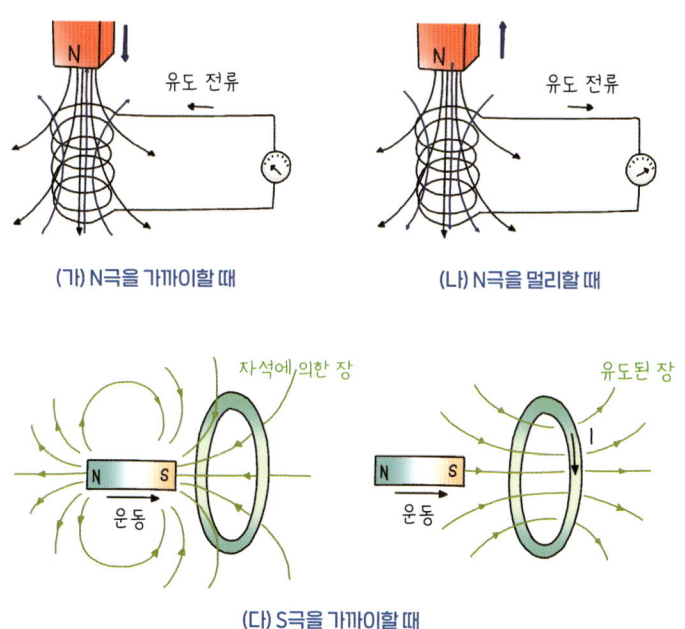

(가) N극을 가까이할 때

(나) N극을 멀리할 때

(다) S극을 가까이할 때

면 코일에는 자석과 가까운 쪽에 S극이 되도록 끌어당기는 방향으로 유도 전류가 흐르게 된다는 거지. 그림 (다)와 같이 S극을 가까이 하면 코일은 S극이 되어 자석을 미는 방향으로 유도 전류가 흐르는 거야.

앞의 실험들은 유도 기전력에 의한 전류는 그것의 자기장이 원래의 자기력선속의 변화를 상쇄시키는 하는 방향으로 흐른다는 것을 보여주는데, 이것을 렌츠의 법칙이라고 해.

렌츠의 법칙은 에너지 보존 법칙의 한 예로 볼 수 있어. 만일 그림 (가)에서 코일의 위쪽에 S극이 유도된다면 자석이 움직이는 순간 인력이 작용하므로 자석은 저절로 가속되어 역학적 에너지가 증가하고, 또한 동시에 코일에는 유도 전류에 의한 전기에너지가 생겨나게 되어 에너지 보존 법칙에 어긋나게 되는 거야. 따라서 이와 같은 일은 일어나지 않고, 코일의 위쪽에 N극이 유도되어 코일과 자석 사이에는 척력이 작용하게 되므로 자석을 움직이는데 역학적으로 일을 해주어야 하는데 이때 자석에 해 준 일 만큼 유도 전류에 의한 전기에너지로 바뀌는 거지.

자체유도와 상호유도

○ 전기회로에 있는 코일로 전류가 흐르면 코일 속에는 자기장이 생겨. 만약 코일에 흐르는 전류가 변한다면 코일에는 전류의 변화를 방해하는 코일 자체의 유도 기전력이 생기지. 물론 전류가 변하지 않으면 코일은 단순한 도선이고 저항값

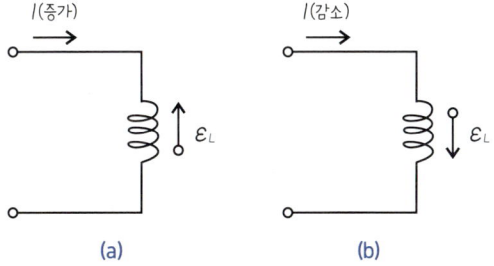

(a) 전류 I가 증가하면 자체유도 기전력 ε_L이 전류의 증가를 방해하는 방향으로 생긴다.
(b) 전류 I가 감소하면 자체유도 기전력 ε_L이 전류의 감소를 방해하는 방향으로 생긴다.

은 0이야. 그러나 직류 전원 장치의 스위치를 열거나 닫을 때와 같은 갑작스런 전류의 변화가 있으면 자체 유도 기전력을 만들어 전류의 변화를 방해하지. 이러한 현상을 자체유도라고 해.

교류는 전류가 계속 변하므로 코일은 전류의 흐름을 계속 방해해. 이때 코일의 저항은 교류의 진동 주기가 클수록 크고 코일을 많이 감은 것일수록 크지. 이 자체 유도 현상으로 코일은 저항역할을 하여 갑작스런 전류의 변화를 막아주기도 해.

그림과 같이 마주 보고 있는 한 쌍의 코일이 있다고 해보자. 하나는 전지에 연결되어 있고 다른 하나는 검류계에 연결되어 있어. 전원에 연결된 코일을 일차코일(입력코일)이라고 하고 다른 쪽을 이차코

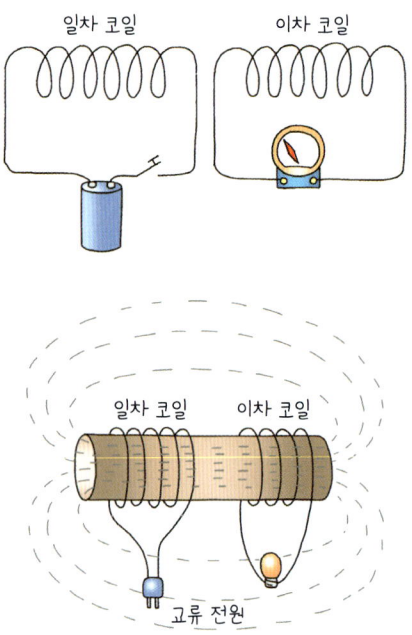

일(출력코일)이라고 하지. 일차코일의 스위치를 닫아서 전류가 흐르면, 두 코일 사이에 연결하는 도선이 없는데도 이차코일에 전류가 흐르게 돼. 그러나 이차코일에 흐르는 전류는 일시적으로 나타날 뿐이야. 잠시 후 일차 스위치를 열면 다시 이차코일에 일시적으로 전류가 다시 흐르는데 방향은 반대야.

이것은 일차코일에서 만들어진 자기장이 이차코일까지 미치기 때문이지. 일차코일의 자기장이 변하면 그것을 이차코일이 감지해. 패러데이 법칙에 의해 이차코일의 자기장의 변화는 이차코일에 전압을 만드는데, 이러한 현상을 상호유도라고 해. 그림처럼 배열해 놓고 일차코일과 이차코일 안에 철심을 넣으면 철심의 자기 구역이 정렬하기 때문에 일차코일 안의 자기장의 세기가 강해져. 자기장이 철심에 집중되어 이차코일까지 미치고 이차코일은 더 큰 자기장의 변화를 겪지. 이렇게 해 놓고 일차코일의 스위치를 열거나 닫으면 검류계에는 더 큰 전류가 흐르는 거야.

변압기의 원리와 전력수송

○ 두 개의 절연 도선이 감긴 패러데이의 금속 고리에서 일차코일에 흐르는 전류가 직류가 아니라 교류라고 가정해볼까. 일차코일에서 전류의 방향이 바뀌는 매 순간마다, 이차코일이 직접 전류의 공급원과 연결되어 있지 않더라도 그 코일에는 전류가 유도되겠지. 게다가 이차코일에 유도된 전압은 각 코

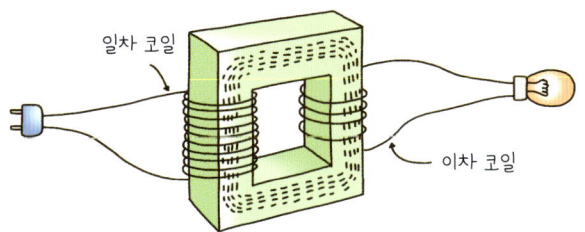

일에 도선이 감긴 수의 비율과 비례해. 따라서 이차코일의 감긴 수를 간단히 변화시키기만 하면 상호유도를 이용하여 그 코일의 전압을 증가 또는 감소시킬 수 있어. 이것이 승압 또는 강압 변압기의 원리야. 그리고 전력 회사가 고전압 송전선을 통하여 각 지역의 강압 변압기로 교류를 전송하여 가정에서 사용하는 220V 전압으로 내려줄 수 있는 거야.

변압기로 전압을 높일 수도 있고 낮출 수도 있는데 어떻게 그렇게 되는지 그림을 보면서 한번 생각해봐. 일차코일에는 1V 교류 전원에 연결된 한 가닥의 고리가 있다고 가정하고, 일차코일에 있는 모든 자기력선이 통과하는 이차코일도 한 가닥의 고리로 된 경우를 생각해 보자. 이때는 이차코일에 1V가 유도되는데 철심에 또 다른 고리를 감으면 변압기는 두 번째 이차코일을 가진 셈이 되고 (b), 여기에

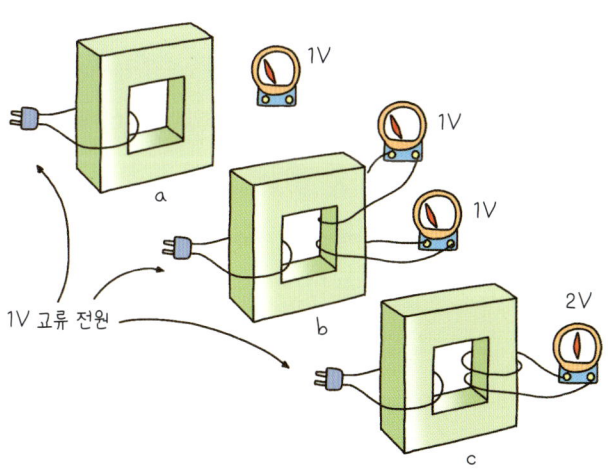

도 같은 자기장 변화가 생기게 돼. 그래서 1V가 유도되는 거야. 이차코일을 떨어뜨려 놓지 않고 연결시켜 놓을 수도 있는데 (c), 그러면 1V+1V=2V가 유도되게 돼. 이것은 일차코일보다 두 배 많이 감긴 이차코일에는 2V가 유도된다는 것을 의미하지. 그래서 일차코일에 비해 두 배 많이 감으면 그만큼 유도되는 전압도 크게 돼. 이차코일을 일차코일에 비해 세 배 감으면 세 배의 전압이 유도되고. 이차코일을 백 배 감으면 백 배의 전압이 유도되지. 일차코일에 비해 이차코일의 감은 수를 더 많게 하면 승압 변압기가 되는데 승압 전압으로 네온사인의 불을 밝히거나 텔레비전 수상기 화면을 조절하는 거야.

이차코일이 일차코일보다 더 적게 감겼으면 이차코일에서 생산되는 교류 전압은 일차코일에 비해 작아지는데, 이것을 강압이라고 해. 이차코일이 일차코일에 비해 반만큼 감겨 있으면 전압도 반만큼 유도되는 거야.

일차코일과 이차코일의 감은 수의 상대적인 비율에 따라, 주어진 교류 전압에서 전기에너지가 일차코일에 들어갔다가 이차코일로 나오면서 전압이 커지거나 작아지지. 전압을 승압시키는 변압기에서는 공짜로 뭔가를 얻은 것 같다는 생각을 하는 사람도 있을 거야. 하지만 그렇지 않은 이유는, 이 경우에도 에너지는 보존되기 때문이지. 변압기는 실제로 에너지를 한 코일에서 다른 코일로 전달하는데, 에너지가 전달되는 비율은 전력이라고 해. 이차코일에서 사용되는 전력만큼 일차코일에서 전력이 공급되지. 에너지가 보존되므로 이차코일에서 사용하는 전력만큼만 일차코일에서 공급하는 거야. 철심에서 발생하는 약간의 열손실을 무시한다고 하면 다음과 같은 식이 성립해.

일차코일로 들어간 전력 = 이차코일로 나가는 전력

이때 전력은 전압 곱하기 전류이므로

(전압×전류)$_{일차코일}$ = (전압×전류)$_{이차코일}$ 이지.

그러므로 변압기에 유도되는 전압을 수식으로 나타내면 다음과 같아.

$$\frac{V_1}{V_2} = \frac{N_1}{N_2} = \frac{I_2}{I_1}$$

이차코일의 전압이 일차코일에서보다 더 크다면, 이차코일의 전류는 더 작게 되고 그 역도 성립해. 이차코일의 전압이 일차코일에서보다 더 작다면, 이차코일의 전류는 더 크게 되지. 변압기를 이용하면 전압을 올리거나 내리는 일이 쉽기 때문에 대부분의 전력 공급은 직류보다 교류로 이루어지는 거야.

발전기와 교류

패러데이는 영구 자석들의 극 사이에 큰 코일을 넣은 발전기를 발명했어. 외부에서 코일을 회전시키면 그 도선은 자기력선(자기장)을 가로지르게 되지. 그러면 도선 주위의 자기장이 변화되어, 회전하는 도선에 전류가 유도되는 것을 패러데이가 발견한 거야. 코일을 회전시켜 그 안에 전류가 생기게 한 거지. 패러데이의 발전기는 현대의 전기 발전기의 원조라 할 수 있어.

고리 모양의 전선이 자기장 안에서 회전하면, 그림과 같이 고리 안의 자기력선의 수가 변하게 돼. 오른쪽 그림을 보면, (a)에서 고리 안에 가장 많은 자기력선이 통과하고 고리가 회전하면 (b)처럼 고리 안을 통과하는 자기력선의 수가 작아지지. (c)에서는 하나도 없고 회전이 계속되면서 (d)처럼 다시 자기력선이 증가하다가 반 바퀴

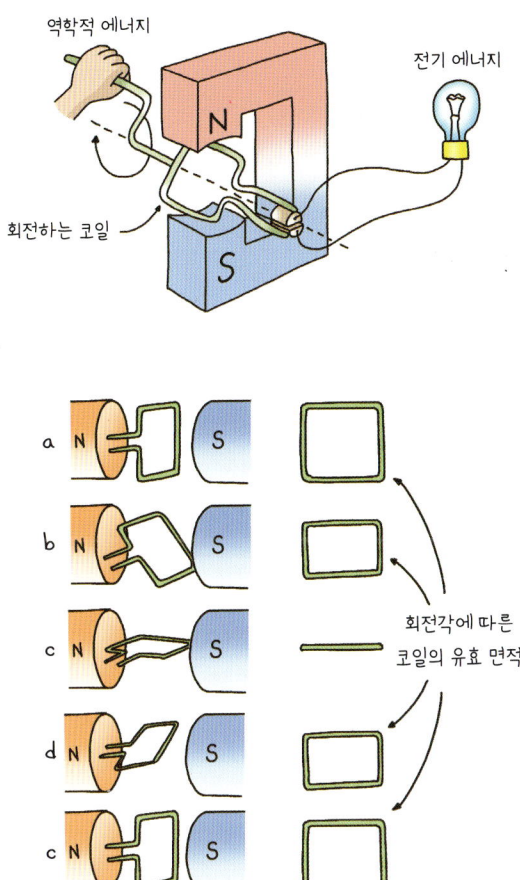

돌고나서는 (e)에서 다시 최대가 되지. 회전함에 따라 고리 안의 자기장은 일정한 주기로 변하게 돼.

그림과 같이 발전기에 의해 유도된 전압의 방향이 주기적으로 바뀌므로 생산되는 전류는 교류야. 교류는 크기와 방향이 주기적으로 변하지. 한국과 미국의 표준 전류는 1초에 60번 변하는 60Hz의 진동수를 갖는 교류야.

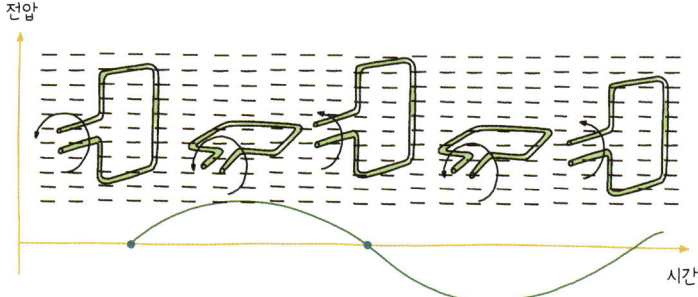

전자기유도의 이용

자속(자기장)이 변하면 유도 기전력이 발생하여 유도전류가 흐르듯이, 그림 (가)와 같이 자기장에서 금속 도체판을 운동시킬 때 도체판에 원형 전류가 흐르게 되는데 이 원형 전류를 맴돌이 전류라고 해. 이때 금속 도체판은 비자성 금속이어야 해. 금속 도체판이 자기장으로 들어갈 때 자속의 변

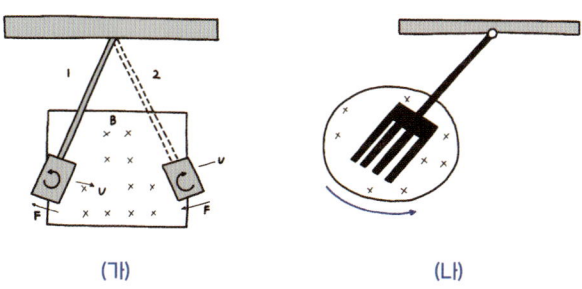

(가) (나)

화가 유도 기전력을 발생시키고 이 때문에 맴돌이 전류가 흐르는 거야. 그런데 이 맴돌이 전류는 자기장에 의해 운동 방향과 반대 방향으로 전자기력을 받게 되어 도체판은 곧 진동을 멈추게 되지. 그러나 그림 (나)과 같이 도체판에 가늘고 긴 틈을 만들면 맴돌이 전류에 의한 저항력은 사라지고 도체판은 자기장에서 자유로이 진동할 수 있게 돼.

고속으로 운행하는 열차에서 차량의 제동 장치는 전자기유도와 맴돌이 전류를 이용하고 있어. 전류에 의해 작동하는 전기 자석이 강철 레일 옆에 위치하고 있어서 전기 자석을 통과하여 큰 전류가 지나갈 때 제동장치가 작동하게 돼. 자석과 레일 사이의 상대적인 운동은 레일에 맴돌이 전류를 유도시키는데 이 전류는 열차의 운동 방향과 반대 방향으로 흐르게 되고 차량이 잃은 역학적 에너지는 열로 바뀌어 차량의 속도가 줄어들면, 맴돌이 전류도 서서히 감소하여 제동이 부드러워지게 되는 거야.

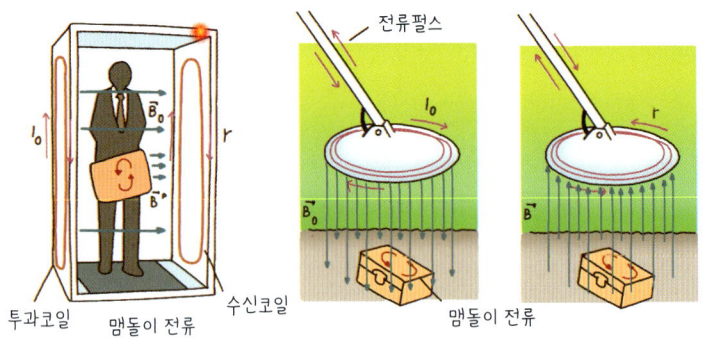

그림과 같은 금속 탐지기도 맴돌이 전류를 이용하여 금속의 위치를 추적할 수 있어. 마이크나 전기 기타, 컴퓨터의 하드디스크, 각종 카드 등에 기록된 정보를 재생하는 장치 등 다양한 분야에서 전자기유도의 원리가 이용되고 있지.

일상생활에서 거의 매일 사용하고 있는 신용카드나 컴퓨터 하드디스크 등은 정보, 음향, 영상 등을 기록하였다가 필요할 때 검색해서 재생할 수 있는 장치들이야. 이러한 장치들의 표면에는 수많은 작은 자석들이 무질서하게 배열된 자성 물질이 코팅되어 있어. 기록 헤드에 흐르는 전류의 세기와 방향에 따른 자기장의 변화에 의해 자성 물질내의 작은 자석들이 배열하게 되어 정보를 기록하게 되지. 자성 물질의 표면에 기록된 자기장의 변화는 재생 헤드가 표면을 지나갈 때 전자기유도에 의해 코일에 유도 전류가 흐르게 되어 정보를 재생할 수 있게 되는 거야.

전기 기타는 금속으로 만들어진 기타줄 근처에 자석이 끼워진 픽업 코일을 가까이 접근시켜 소리를 증폭시키게 돼. 금속 줄은 연자석(soft-magnet)으로 불리는 물질로 구성되어 있어서 줄이 떨릴 때 픽업 코일에 유도기전력을 일으키고 이 신호를 증폭하여 전기 음향을 내는 거야. 다양한 형태의 마이크도 역시 전자기유도 원리를 이용해. 작은 코일이 부착된 진동판이 영구자석 가까이에 놓여 있어서 음파가 진동판을 때리면 자기장 속에서 코일이 움직이면서 기전력을 유도하고 각각의 경우 유도기전력의 진동수는 음파의 진동수와 같고 이 기전력 신호가 증폭되어 확성기나 녹음 장치에 보내지게 되는 거야.

　인덕션은 자체 열을 내는 방식이 아닌, 전자기유도 현상을 이용해. 기기 내에서 발생한 자기장을 이용, 전기유도물질로 만들어진 용기와 반응시켜 열을 만들어내는 제품이야. 전용 용기가 있어야 하는 제약이 있지만, 직접 가열 방식이 아니므로 유해가스가 발생하지 않고, 화재로부터 안전하고 화상의 위험이 없어.

잠시 쉬어가는 이야기

라이덴병과 번개

최초의 축전기는 1700년대 중반에 덴마크의 라이덴 대학에서 발명했어. 라이덴병에 전기를 모으려면, 바깥 금속 종이를 지면에 접지시키고 뚜껑에 꽂혀 있는 금속 막대를 대전된 물체에 접촉시키면 되지. 만약 금속 막대를 (-)전하가 많은 곳에 접촉시키면 안쪽 금속 종이는 (-)전하가 유도되고 바깥쪽 금속 종이에는 (+)전하가 유도돼. 하지만 바깥쪽에 유도된 전하는 접지에 의하여 중화가 되므로 이 상태에서 접지선을 끊으면 라이덴병에 전하를 저장하게 되는데, 이렇게 충전된 라이덴병의 금속 막대를 손으로 잡으면 전하의 이동이 생겨 전기 충격을 받을 수도 있어. 실제로 실험 중에 사람들이 전기 충격으로 실신하는 일이 자주 일어났었다고 해.

프랭클린이 번개가 치는 날에 연을 날려서 전기를 모으는 실험을 할 때도 이 라이덴병을 이용했어. 다행히 프랭클린은 전기 충격의 사고없이 번개와 전기가 동일한 것이라는 것을 증명했어.

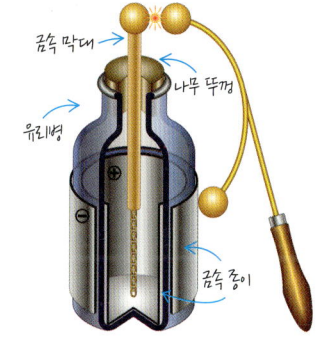

프랭클린 이야기가 나왔으니 한 가지 덧붙이자면, 플랭클린의 최대 업적은 피뢰침의 발견이라고 할 수 있어. 대전체 가까이 금속구를 가져가면 대전체의 전기를 방전시킬 수 있는 원리를 이용한 것인데, 지붕 위의 뾰족한 금속 막대인 피뢰침이 구름에서 방전된 전기를 땅 밑까지 안전한 전기 통로를 제공하여 건물이나 사람을 안전하게 보호하도록 만든 거야.

내용을 잘 이해했는지 확인해볼까?

※ 정답은 445쪽에

1 그림과 같은 장치를 이용하여 전자기유도 실험을 하려고 한다. 나무 막대의 끝에 매달린 막대자석을 오른쪽으로 당겼다가 놓았다고 했을 때 다음 물음에 답하시오.

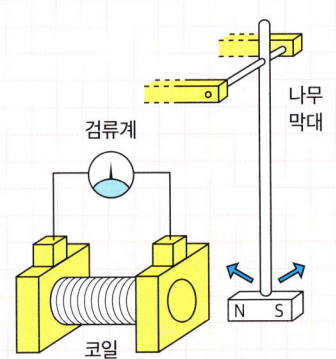
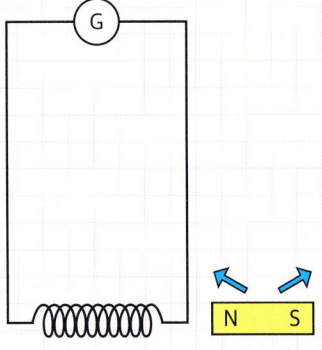

1) 시간에 따른 막대자석의 운동과 검류계 바늘의 움직임에 대해 서술하시오.

2) 자석의 극을 바꾸면 어떻게 되겠는가?

2 그림은 자유로이 회전할 수 있는 2개의 얇은 구리 원판 A, B를 보여주고 있다. 원판 A, B는 크기가 같고 B는 중심으로부터 가장자리를 향해 여러 갈래로 나누어져 있다. 두 원판 A, B를 같은 속력으로 회전시킨 상태에서 두 원판에 각각 수직으로 자석의 N극을 가까이 가져갈 때(접촉시키지는 않는다) 두 원판 A, B의 속력을 비교하여 서술하시오.

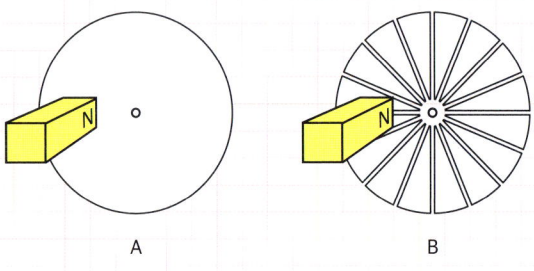

3 그림과 같은 회로에서 스위치 S를 닫으면 AB 사이의 전위차는 0이 된다. 그러나 코일에 흐르는 전류는 곧바로 0이 되지 않는다. 그 이유를 서술하시오.

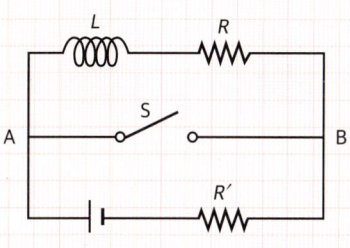

4 일차코일과 이차코일의 감은 수의 비가 1:10인 변압기에서 전력 손실을 무시한다면, 일차코일에 100V, 100W의 전압과 전력을 공급할 때 이차코일에서 얻을 수 있는 최대 전압과 최대 전력은 각각 얼마인가?

조금 더 어려운 문제들도 한번 풀어볼까?

＊ 정답은 445쪽에

5 패러데이 법칙에 의한 유도기전력(전압)은 $V = -N\frac{\Delta \phi}{\Delta t} = -Blv$ 이다. 그림과 같이 직사각형의 도선 위에 놓여 있는 길이 1m의 금속 막대 AB를 5m/s의 일정한 속도로 운동시키고 있다. 균일한 자기장의 세기가 2T, 저항 R_1 = 1Ω, 저항 R_2 = 2Ω이라면 금속 막대에 작용하는 힘은 얼마인가? (단, 모든 마찰은 무시한다.)

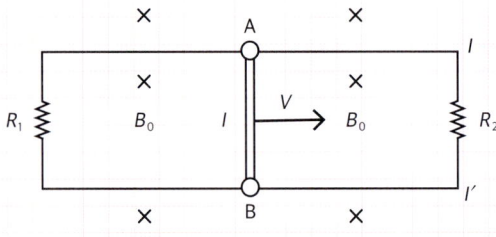

6 그림과 같이 지면 뒤쪽으로 향하는 세기 0.4T의 균일한 자기장에서 길이가 20cm인 두 금속막대 A, B가 길이 10cm의 가는 도선으로 연결되어 아래 방향으로 5m/s의 속력으로 운동하고 있다.

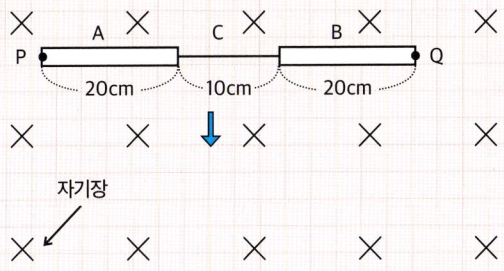

1) 막대의 양끝 P, Q 사이의 전위차는 얼마인가? 또 막대 내부에 생기는 전기장의 방향과 세기는?

2) 도선 C가 끊어지면 막대 A는 어떤 종류의 전기로 대전되는가?

7 그림과 같이 연직 위 방향으로 걸려있는 자기장 B에서 면적 A인 원형 도선이 매초 N번 회전하고 있다. 반 바퀴 도는 동안 원형 도선에 유도되는 평균 기전력(전압)은 얼마인가?

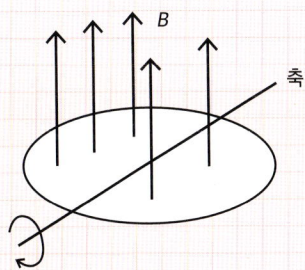

영재문제 창의적으로 생각하고 해결하는 문제에도 도전해보자

＊ 정답은 446쪽에

8 그림과 같이 단위길이당 10g, 가로 12cm, 세로 6cm인 직사각형의 도선이 균일한 자기장으로부터 연직 방향으로 높이 h인 곳에서 자유낙하하고 있다. 도선의 저항이 0.1Ω, 자기장의 세기가 0.5T, 중력가속도가 9.8m/s^{2}일 때 도선이 자기장에 입사하는 순간부터 등속도로 낙하하기 위한 높이 h를 구하시오.

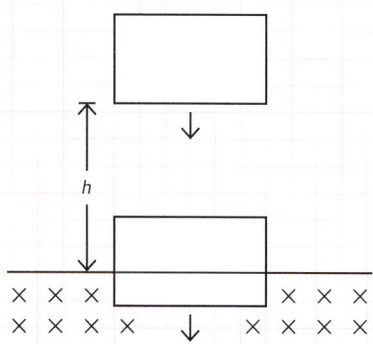

9 그림은 풍력발전기를 개략적으로 나타낸 모식도이다. 길이 L인 막대는 v의 속도로 회전하고 있고, 막대가 회전함에 따라 코일이 세기가 B인 자기장이 걸려 있는 상자 내부에서 면적이 A이고 N번 감긴 직사각형의 코일이 회전하게 된다. 상자 양끝에 유도된 최대 기전력(전압)은 얼마인가?

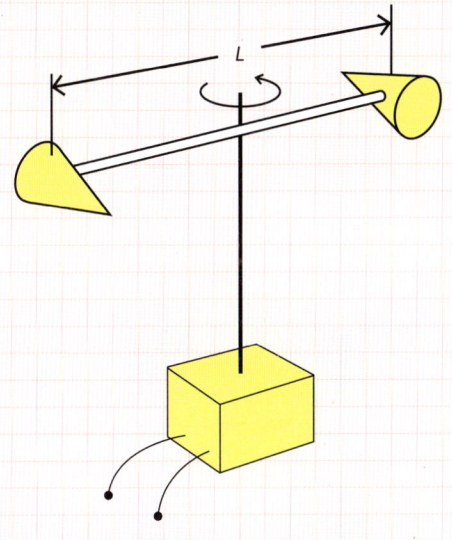

PART 12

세상은 보이지 않는 선으로 연결되어 있다

전자기파 교실

스펙트럼

○ 19세기 말 전자기유도 법칙을 발견한 이후로, 20세기에는 전기 문명의 시대가 열렸고, 21세기인 지금은 전자기파 문명이 꽃을 피우고 있어. 세상 어딜 가든지 네트워크에 접근할 수 있어야 안심할 수 있는 그런 시대가 된 것이지. 전자기파는 특별한 것이 아니야. 우리가 사물을 볼 수 있도록 하는 가시광선도 전자기파의 일부라고 볼 수 있거든. 앞에서 태양열도 전자기파 형식으로 퍼져나가는 것이라는 걸 공부했지. 일반적으로 전자기파는 파장에 따라 라디오파, 초단파, 적외선, 가시광선, 자외선, X선, 감마선 등으로 분류되는데 파장 또는 진동수에 따른 전자기파의 분류를 전자기파의 스펙트럼이라는 것을 알고 있지?

빛을 프리즘과 같은 기구를 이용하여 분해하면 빨주노초파남보의

무지개색 띠가 나타나는데, 이 색 띠를 스펙트럼이라고 하지. 뉴턴은 빛의 입자설을 입증하기 위하여 암실에서 프리즘과 렌즈를 이용하여 스펙트럼을 만들고, 자신의 가설을 입증하는 다양한 실험을 했어.

일반적으로 스펙트럼은 색깔이 연속적으로 변하는 연속 스펙트럼과 특정한 색깔의 빛만 나오는 선 스펙트럼이 있어. 수소, 수은, 네온과 같은 물질을 태울 때 나온 불꽃의 스펙트럼을 연속 스펙트럼과 비교한 그림을 봐봐.

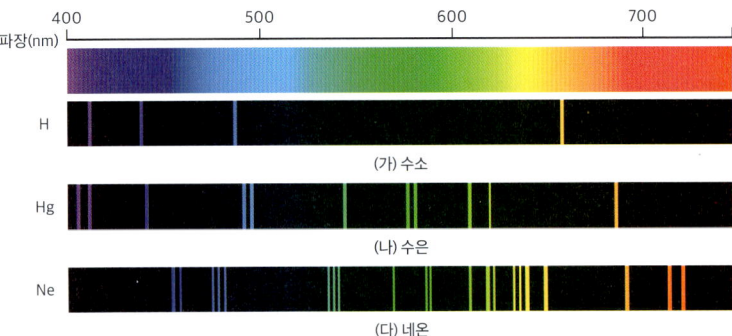

(가) 수소
(나) 수은
(다) 네온

불꽃 스펙트럼은 연속적으로 색깔이 나타나지 않고 띄엄띄엄 특징적인 선이 나타나는데, 이것은 원자의 구조를 나타내는 지문 같은 거야. 이러한 스펙트럼을 선 스펙트럼이라고 하지. 이와 같이 색깔로 나타낼 수 있는 스펙트럼은 전자기파 스펙트럼의 극히 일부라고 볼 수 있어.

스펙트럼은 일반적으로 파장이나 진동수에 따라 빛의 세기가 어떻게 변하는지를 나타내거든. 파장에 따라 전자기파의 세기가 변하는 모습을 보여주는 그래프를 그려보았는데, 이와 같은 수학적인 방법을 쓰면 파장이 매우 짧은 X선부터 파장이 매우 긴 라디오파까지 그 세기를 정확하게 나타낼 수 있어.

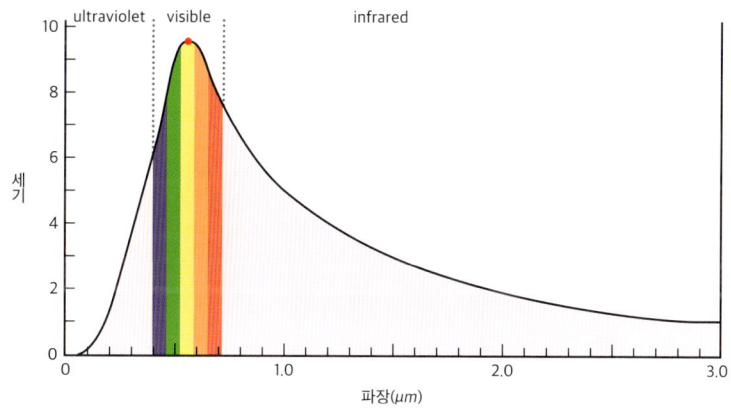

그림의 색깔 부분은 태양빛의 연속 스펙트럼을 나타낸 것으로, 가장 강한 색깔의 빛은 가시광선 영역의 노란색 부근에서 나타나고 색깔에 따라 빛의 세기도 다른 것을 볼 수 있어.

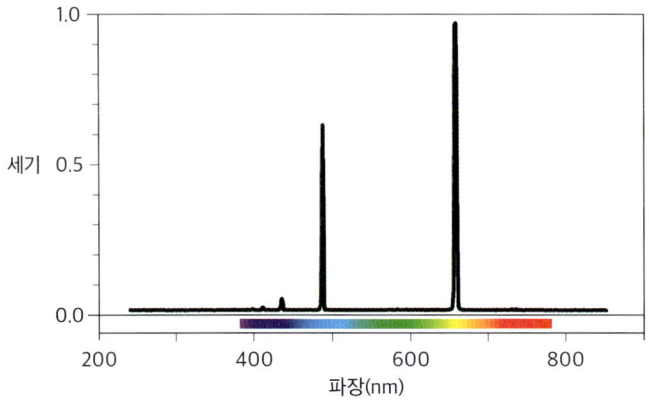

　선 스펙트럼도 유사한 방식으로 나타낼 수 있는데, 위의 그림에서 가시광선 영역에 몇 개의 선이 나타나는 물질의 스펙트럼을 그래프로 나타내 봤어.

　이러한 전자기파 스펙트럼의 특징을 파장의 범위에 따라 정리하면 다음과 같아.

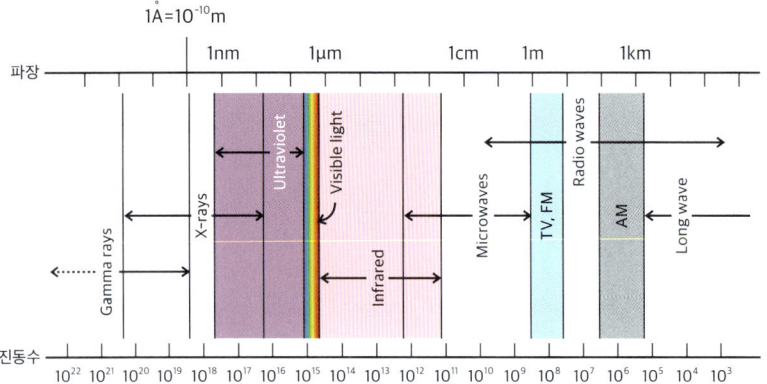

- **라디오파(Radio waves)**는 도선에서 전하를 진동시켜 발생시킬 수 있어. 파장의 길이는 대략 10^4m~0.1m범위이고, 보통 LC 진동자나 수정 진동자와 같은 소자를 이용하여 발생시킬 수 있지.
- **마이크로파(Microwaves)**는 파장의 길이가 0.3m~10^{-4}m의 범위를 갖는 전자기파를 말해. 이 영역의 전자기파는 파장이 비교적 짧아. 레이더와 원자의 구조 연구에 이용되며, 가정용 전기기구인 전기 오븐에서 사용되지.
- **적외선(Infrared wave)**은 10^{-3}m의 파장에서 가시광선의 가장 긴 파장에 속하는 7×10^{-7}m까지의 영역이야. 적외선은 실내 온도의 물질들이 내는 전자기파이며, 분자를 적절한 온도까지 가열함으로써 생성시킬 수 있어. 적외선은 물질의 분자들을 쉽게 흡수하고, 분자들의 내적인 진동으로 바꾸어 내부 에너지를 증가시킬 수 있어.
- **가시광선(Visible light)**은 우리에게 가장 친숙한 전자기파야. 가시광선은 인간의 눈으로 검출할 수 있으며, 가시광선의 파장에 따라 사람의 눈에 인지되는 색깔이 달라져. 가장 파장이 긴 빨간색(λ~7×10^{-7}m)에서 가장 파장이 짧은 보라색(λ~4×10^{-7}m)으로 분류되지.
- **자외선(Ultraviolet wave)**은 4×10^{-7}m에서 6×10^{-10}m까지의 파장 범위를 갖는 빛이야. 자외선은 일반적으로 사람의 피부와 눈에 해를 끼칠 수 있어서 자외선 차단 크림을 바르거나 선글라스를 착용하여 위험을 피할 수 있어. 태양에서 방출되어 지표면에 도달하는 대부분의 자외선은 지구 대기권 상층부의 오존층에서 흡수돼.

- **X선**은 파장 범위가 10^{-8}m에서 10^{-12}m까지인데, 진공관에서 전자를 가속시킨 뒤 금속판에 충돌시키거나 입자 가속기에서 전하를 가속시키는 방법으로 얻을 수 있어. X선은 의학적으로 사람의 몸에 대한 투영 사진을 찍거나 고체의 구조를 분석하는데 이용되기도 해.
- **감마선(γ)**은 핵 반응이 일어날 때 발생하는 전자기파야. 감마선은 매우 투과력이 높아 많은 양의 감마선은 인간의 몸에 치명적인 피해를 줄 수 있어.

전자기파의 발생

그림 (가)와 같이 코일을 통과하는 자기장이 변하면 코일에 유도 전류가 흐르는데, 이 현상이 전자기유도라고 했지.(370쪽, PART 11_패러데이 법칙 참고) 전자기유도에서 자기

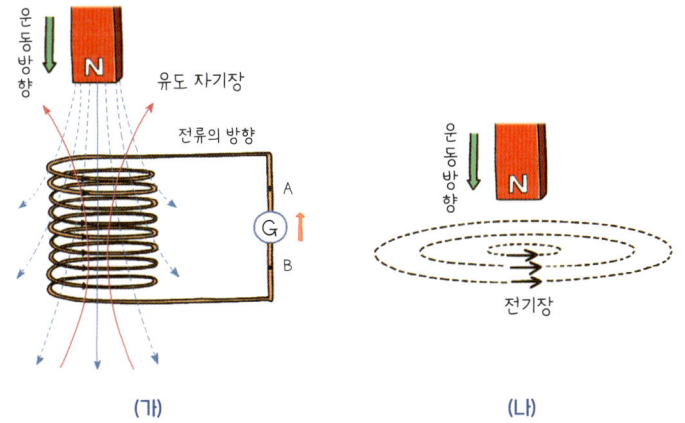

(가)   (나)

장의 시간적인 변화로 인해 전류의 원인이 되는 전기장이 만들어 지잖아. 따라서 그림 (나)처럼 코일이 없는 공간에서도 자기장이 변한다면 전기장이 발생한다고 볼 수 있어.

그렇다면 반대로 전기장이 변하면 자기장이 만들어질까? 지금으로부터 150여 년 전인 1865년 영국의 물리학자 맥스웰은 전기장의 변화로 자기장이 만들어질 것이라고 예측했어.

그림을 보면서 설명해볼게. 그림 (가)와 같이 직류 전원과 스위치로 이루어진 축전기 회로가 있어.

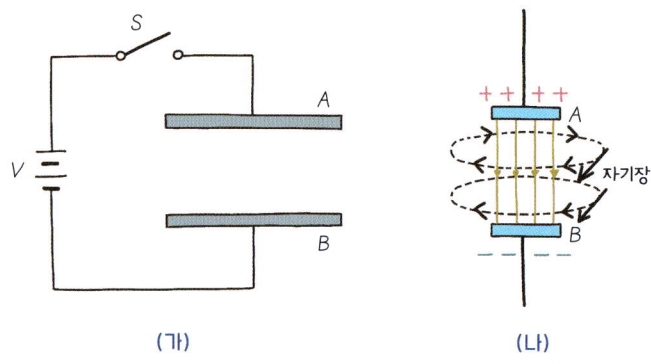

(가)   (나)

스위치를 닫으면 극판 A에는 양(+)전하가, 극판 B에는 음(-)전하가 충전되는 동안 일시적으로 회로에 전류가 흐르겠지. 그런데 잘 생각해봐. 극판 A와 B는 도선으로 연결되지 않았잖아. 그런데도 전류가 흐른다? 뭔가 이상하지 않니? 이런 전류를 변위 전류라고 해.

극판 A에서 B로 직접 전하가 이동하지는 않지만, 전기장의 세기가 증가하는 방향으로 회로에 전류가 흐르는 것과 같은 효과를 주는 전류야. 변위 전류는 극판 사이에 전기장이 시간에 따라 변하는 효과를 의미하는 거야.

그림 (나)를 보면 이해하기 더 쉬울 거야. A에서 B로 변위 전류가 흐르면 오른손 법칙에 따라 전기장과 수직한 평면에 자기장이 형성되는 것을 보여 주고 있어. 물론 전기장의 방향이 달라지면 자기장의 방향도 달라지겠지.

이제 축전기와 직류 전원 대신 2개의 도체 막대와 교류 발전기로 이루어진 회로를 생각해 보자. 교류 발전기는 양쪽 도체 막대에 일정한 시간 간격으로 양(+)전하와 음(-)전하를 교대로 발생시키는 장치야.

양(+)전하와 음(-)전하로 대전된 도체 막대를 먼 거리에서 보게 되면, 두 도체는 양(+)전하와 음(-)전하로 대전된 쌍극자로 보이게 되며, 이러한 안테나를 쌍극자 안테나라고 해.

그림과 같이 도체 막대를 교류발전기에 연결할 때, 두 막대의 중간 지점을 따라 전기장이 어떻게 변해가는지 뒤에 나오는 그림을 확인하면서 읽어봐. 이해하기가 더 쉬울 거야.

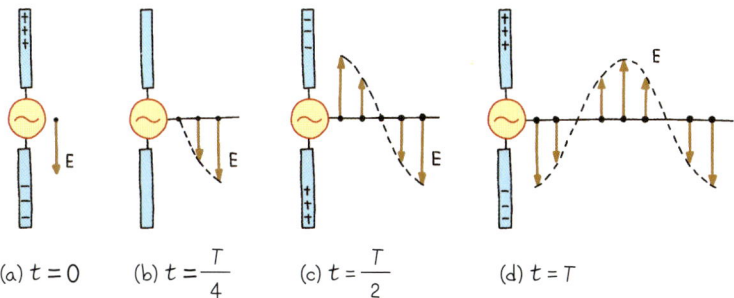

(a)는 $t = 0$일 때 양(+)전하와 음(-)전하로 대전된 도체 막대에 의해 형성된 전기장을 나타낸 거야. (b)는 $t = \frac{T}{4}$ 일 때까지 도체 막대에서 전하들이 점점 줄어들어 0이 되는 동안 전기장의 세기도 점점 약해지다가 0이 됨을 보여주고 있어. (c)는 $t = \frac{T}{4}$ 부터 도체 막대에 전하가 반대로 충전되기 시작하여 $t = \frac{T}{2}$ 일 때 최대로 충전되는 동안 전기장의 변화를 나타내고 있지. 이 경우 전기장의 방향은 반대로 바뀌고 세기도 점점 강해져. (d)는 (a)에서 (c)를 거치는 동안 완전히 역전된 전하의 분포가 원래 상태로 돌아갈 때 전기장의 변화를 나타내고 있어.

결과적으로 전하의 분포가 주기적으로 변함에 따라 전기장의 세기와 방향도 주기적으로 변한다는 것을 알 수 있지. 아래 그림과 같이 전기장과 수직한 방향으로 자기장이 형성된다는 것도 추정할 수 있어.

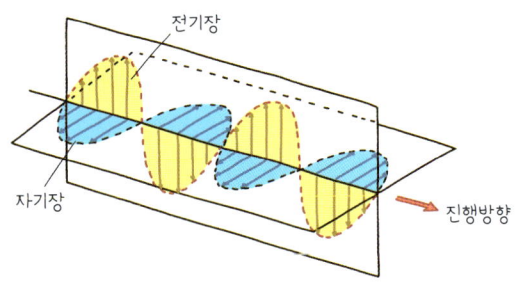

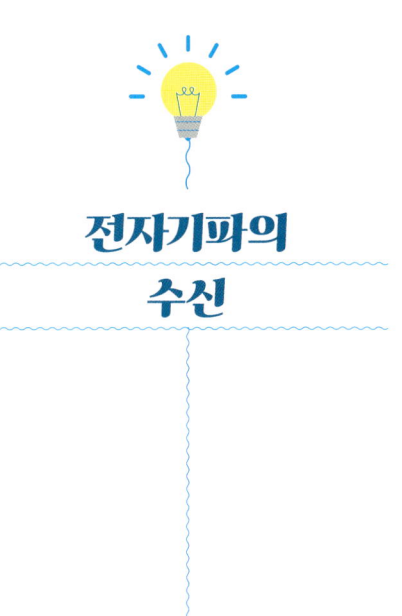

전자기파의 수신

전자기파를 수신하는 과정은 전자기파를 발생하는 과정의 반대야. 다음 그림과 같이 전자기파 속에 금속으로 된 안테나가 놓여있다고 해보자.

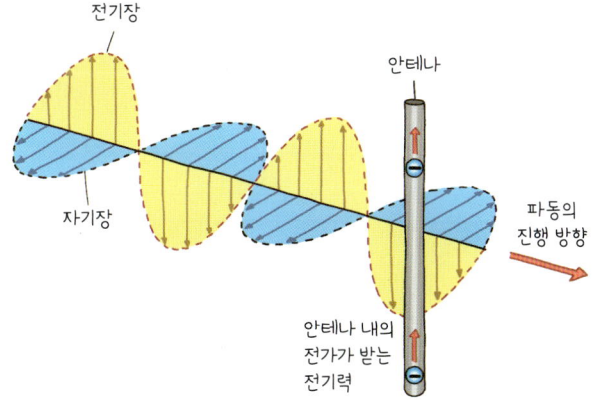

안테나의 전자는 전자기파의 전기장으로부터 전기력을 받아서 안테나를 따라 위아래로 진동하게 돼.(자기력은 전기력에 비해 무시해도 될 만큼 크기가 작음) 그에 따라 안테나에 연결된 회로에는 전자기파의 진동수와 같은 교류 전류가 흐르게 되는 거야.

이러한 현상을 이해하게 되면 라디오나 텔레비전의 주파수 수신에도 적용할 수 있어. 그러면 여러 방송국에서 보내는 다양한 주파수 가운데 원하는 주파수만 골라서 수신하기 위해서는 어떻게 해야 할까? 공명현상(3권 참고)을 이용하면 돼. 코일과 축전기를 이용하면 다음과 같이 공명 회로를 만들 수 있어.

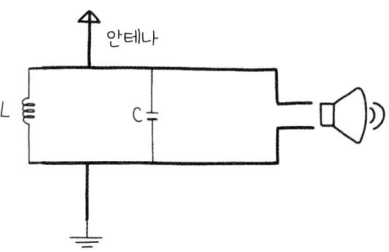

이때 안테나에 연결된 회로가 특정한 공진 주파수를 갖도록 하면 이 주파수와 같은 주파수의 전자기파만 수신하여 회로에 전류가 크게 흐를 수 있지. 이런 현상을 전자기 공명이라고 해.

RFID의 원리

몇 년 전까지만 해도 휴대폰의 이어폰은 대부분 유선이었어. 요즘은 유선을 사용하는 경우는 극히 드물고, 그림과 같은 무선이 대세이지. 이와 같이 요즈음은 전자기파 센서가 자동으로 정보를 읽어서 일을 처리하고 있어. 이러한 전자기파 센서를 RFID(Radio Frequency IDentification, 무선인식 또는 전자태그)라고 하는데, 이것은 전파를 이용하여 직접 접촉하지 않고 정보를 인식하는 기술을 의미해. 이러한 전자기파 센서를 활용하면 정

PART 12_세상은 보이지 않는 선으로 연결되어 있다 • 411

무선키보드

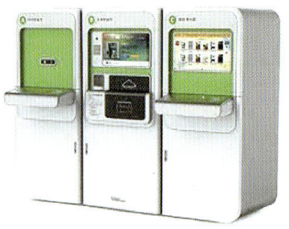
무인책대출기

하이패스
출처_연합뉴스

보의 송수신과 정보의 인식을 빠르게 할 수 있어. 이러한 편리함으로 인해 컴퓨터의 무선키보드, 도서관의 무인 책 대출기, 고속도로 톨게이트의 하이패스, 대형 마트의 상품 관리 등등 다양한 분야에서 폭넓게 활용되고 있지.

    RFID 시스템은 기본적으로 태그(tag), 리더(reader), 호스트(host)로 구성되어 있어. 태그는 도서, 자동차 등과 같은 물체에 부착되어 있는 것으로, 태그 내부에 있는 집적회로(IC) 칩에 물체의 정보가 내장되어 있지. 리더는 안테나로 태그의 정보를 수집하고 판독하며, 호스트는 리더에서 수집하고 판독한 정보를 저장하고 처리해. 이때 리더와 태그는 전파로 정보를 주고 받는데, 이는 리더와 태그에 포함된 회로의 공진주파수가 서로 같기 때문에 나타나는 파동의 공명현상에 해당해. 태그는 다른 종류의 리더에서 발생시킨 전파에는 반응하지 않지. 이러한 특징 덕분에 정보교환 시 혼란을 피할 수 있는 거야.

선생님이 설명한 내용들을 그림으로 보면 아래와 같아.

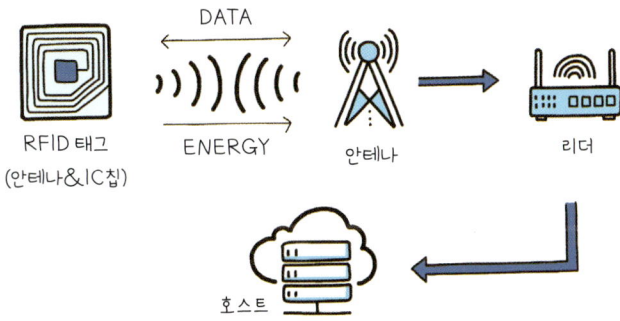

RFID 기술로 인해 우리는 더 편리한 세상에 살게 되었어. 이 책을 읽고 있는 너희들과 같이 과학을 사랑하는 미래의 과학자들에 의해 우리의 생활은 앞으로도 더 편리해지는 방향으로 발전하게 되겠지.

어떤 분야가 새롭게 발견되고 발전하게 될까... 생각만 해도 선생님은 마음이 설렌다. 과학 발전에 대한 부푼 기대를 안고 생소한 물리수업②는 여기에서 마무리하려고 해. 뒷장에서는 선생님이 낸 문제들에 대한 해설과 정답이 있으니 스스로 공부해보고 질문해보는 시간을 갖기를 바라.

그러면 3권에서 또 만나자!

내용을 잘 이해했는지 확인해볼까?

∗ 정답은 447쪽에

1 전자기파의 일종인 X선을 발생시키는 원리를 설명해보자.

2 패러데이는 자기장의 시간적 변화가 공간에 전기장을 형성한다는 전자기 유도 법칙을 발견했다. 이에 비해 맥스웰은 전기장의 시간적 변화가 공간에 자기장을 형성한다는 사실을 밝혀냄으로써 전자기파의 존재를 예측할 수 있었다. 맥스웰이 발견한 변위 전류에 의한 자기장의 형성에 대하여 설명해보자.

3 RFID 시스템은 크게 셋으로 나눌 수 있다. 각각의 이름과 역할을 설명해보자.

조금 더 어려운 문제들도
한번 풀어볼까?

＊ 정답은 448쪽에

4 쌍극자 안테나에서 전자기파가 발생할 때 안테나가 포함된 평면상에서 전기장과 자기장의 전파 과정을 설명해보자.

5 라디오에서 특정 주파수의 방송을 선택하는 과정을 설명해보자.

창의적으로 생각하고 해결하는 문제에도 도전해보자

∗ 정답은 449쪽에

6 X선을 이용한 망원경을 만들면 태양 중심부나 블랙홀에서 방출되는 X선을 관찰하여 별 내부에서 일어나는 물리적 과정을 연구할 수 있다. 그런데 X선은 대부분의 물질을 투과하기 때문에 광학 망원경에서 사용하는 거울이나 렌즈를 사용할 수 없다.

광학 망원경에서는 렌즈나 거울을 이용하여 광선의 운동 방향을 바꾸어 초점을 만들어 내는 것이 기본 원리이다. 미찬가지로 투과성 및 직진성이 강한 X선으로 망원경을 만들고자 할 때 X선의 운동 방향을 바꾸어 초점을 만드는 것이 핵심이다.

X선의 운동방향을 바꿀 수 있는 방안을 설계해보시오.

MEMO

 풀이 확인하고 넘어가세요

PART 1

 내용을 잘 이해했는지 확인해볼까?

1. 열평형 상태의 온도를 T라고 할 때, 20℃의 물이 얻은 열량은 80℃의 물이 잃은 열량과 같다. 따라서 $200 \times (T-20) = 100 \times (80-T)$이므로 $\boxed{T = 40℃}$이다.

2. 콩기름과 미지의 액체를 같은 열량으로 가열했으므로, 콩기름이 얻은 열량을 계산하여 미지의 액체 비열을 계산할 수 있다.
$Q_{콩기름}$ = 0.5kcal/kg·℃ × 0.2kg × 40℃ = 4kcal
$Q_{미지의 액체}$ = 4kcal = c × 0.5kg × 20℃
∴ $\boxed{c = 0.4\text{kcal/kg·℃}}$

3. $\Delta l = l_0 \times \alpha \times \Delta t$ = 4,608m × 1.2×10⁻⁵(℃)⁻¹ × 50℃ = 2.7648m

4. 전도에 의한 열의 이동
$Q = k\dfrac{A\Delta T}{l}t$ = 1.2×10⁻¹ × $\dfrac{10 \times 30}{5 \times 10^{-2}}$ × 1 = $\boxed{7.2 \times 10^2 \text{J}}$

5.
1) 슈테판-볼츠만 법칙을 적용하면
   단위 시간당 단위면적에서 방출되는 에너지: $v = \sigma T^4$
   별의 표면에서 1초당 방출되는 에너지: $P = v \times (4\pi R^2) = 4\pi \sigma T^4 R^2$
   $P = 4\pi \times 5.67 \times 10^{-8} \times (6 \times 10^3)^4 \times (7 \times 10^8)^2 \simeq \boxed{4.52 \times 10^{26} \text{J}}$

2) 빈의 법칙을 적용하면 가장 세기가 강한 빛의 파장은

$$\lambda_{max} = \frac{2.898 \times 10^{-3}}{T} = \frac{2.898 \times 10^{-3}}{6000} = 4.83 \times 10^{-7} m \text{ 이다.}$$

 조금 더 어려운 문제들도 한번 풀어볼까?

6

1) 압력을 일정하게 하는 방법 : 온도가 높아짐에 따라 기체의 부피가 팽창할지라도 기체가 높이 h가 일정하게 유지되도록 수은 통을 위아래로 이동한다.
h가 일정하게 유지된 상태에서 부피 측정한다.
기체 부피의 측정은 수은과 플라스크 내 기체가 이루는 경계면의 위치를 측정하는 것이다.

2) 부피를 일정하게 하는 방법 : 플라스크 내 기체와 수은이 이루는 경계면의 위치가 변하지 않도록 수은 통을 위아래로 이동한다.
압력에 상응하는 h값을 측정한다.

7 황동 고리는 원주를 따라 선팽창하므로 안쪽 반지름과 바깥쪽 반지름 모두 증가한다.
안쪽 원주가 팽창한 길이 :
$2\pi \Delta r_i = 2\pi \times 10cm \times 1.9 \times 10^{-5} (℃)^{-1} \times 200℃ = 2\pi \times 3.8 \times 10^{-2} cm$
이므로 $\Delta r_i = 3.8 \times 10^{-2} cm$ 만큼 증가한다.

바깥쪽 원주가 팽창한 길이 :
$2\pi \Delta r_0 = 2\pi \times 20cm \times 1.9 \times 10^{-5} (℃)^{-1} \times 200℃ = 2\pi \times 7.6 \times 10^{-2} cm$
이므로 $\Delta r_0 = 7.6 \times 10^{-2} cm$ 만큼 증가한다.

8 $\dfrac{P_B}{P_S} = \dfrac{(\sigma T_B^4)(4\pi R_B^2)}{(\sigma T_S^4)(4\pi R_S^2)} = 10{,}000$ 이므로

$R_B^2 = 10{,}000 \times \dfrac{T_S^4}{T_B^4} R_S^2$

$R_B = 100 \times \dfrac{T_S^2}{T_B^2} R_S = 100 \times 4 \times 7 \times 10^8 \text{m} = 2.8 \times 10^{11} \text{m}$

태양 반지름의 약 400배이다.

 창의적으로 생각하고 해결하는 문제에도 도전해보자

9 왼쪽 유리판 안쪽 면의 온도를 T'_1, 오른쪽 유리판의 안쪽면 온도를 T'_2로 잡고, $T_1 > T_2$라고 하자.

단위 시간당 열의 이동량을 Q라고 하면

$Q = k_1 \dfrac{T_1 - T'_1}{l_1} A = k_2 \dfrac{T'_1 - T'_2}{l_2} A = k_3 \dfrac{T'_2 - T_2}{l_3} A$ 의 관계가 성립한다.

따라서 위 식은 다음의 두 개의 방정식과 동일하다.

$k_1 \dfrac{T_1 - T'_1}{l_1} = k_2 \dfrac{T'_1 - T'_2}{l_2}$, $k_1 \dfrac{T_1 - T'_1}{l_1} = k_3 \dfrac{T'_2 - T_2}{l_3}$

위의 방정식으로부터 T'_1과 T'_2를 구하면

$T'_1 = \dfrac{(k_1 k_2 l_3 + k_1 k_3 l_2) T_1 + k_2 k_3 l_1 T_2}{k_1 k_2 l_3 + k_1 k_3 l_2 + k_2 k_3 l_1}$

$T'_2 = \dfrac{k_1 k_2 l_3 T_1 + (k_1 k_3 l_2 + k_2 k_3 l_1) T_2}{k_1 k_2 l_3 + k_1 k_3 l_2 + k_2 k_3 l_1}$ 이다.

따라서 단위시간당 열의 이동량은

$Q = \dfrac{k_1 k_2 k_3 l_2 (T_1 - T_2)}{k_1 k_2 l_3 + k_1 k_3 l_2 + k_2 k_3 l_1} A$ 이다.

10

1) ▶ 열이 유리를 통해서 전도되므로 용액과 유리의 접촉면의 크기를 고려해야 한다.

   물과 식용유의 질량을 m이라고 하면 각각의 부피는
   $V_{물} = \frac{m}{1} = m \text{cm}^3$, $V_{식용유} = \frac{m}{0.92} = 1.087m \text{cm}^3$이다.
   비커의 밑면적을 S라고 하면 비커 안에서 용액의 높이는 각각
   $h_{물} = \frac{m}{S}$, $h_{식용유} = \frac{1.087m}{S}$ 이다.
   용액의 온도가 내려가는 정도가 다른 이유는 용액과 접촉하고 있는 유리를 통해 전도되는 열의 양이 다르기 때문이다. (위나 아래쪽으로 열이 방출되는 조건은 같다고 볼 수 있다.)
   유리의 두께를 l, 용액과 접촉하고 있는 옆면의 면적을 A라고 하면, 단위 시간당 용액과 접촉면을 통해서 전도되는 열량은 다음과 같다.
   $Q = k_{유리} \frac{T-25}{l} A$
   따라서 $Q_{식용유} - Q_{물} = k_{유리} \frac{T-25}{l} \times 0.087A$이고
   식용유가 약 8.7% 정도 열의 이동량이 많다.

   ▶ 공기와의 접촉면이나 바닥 쪽으로는 두 비커의 경우 열의 이동이 동일하다.

2) 열평형 온도는 25℃이고, 식용유가 더 빨리 열평형 온도에 도달한다.

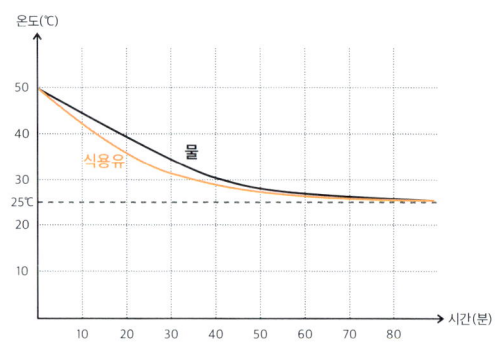

3) 식용유의 끓는 점이 물의 끓는 점보다 높고 물의 밀도가 식용유 밀도보다 크다. 100℃ 이상의 식용유에 물을 떨어뜨리면 물방울이 식용유 속으로 들어가서 순식간에 기화가 되면서 부피가 크게 늘어나므로 뜨거운 식용유가 한꺼번에 튀게 된다.

PART 2

 내용을 잘 이해했는지 확인해볼까?

1 수조로 떨어진 물의 질량을 m이라고 할 때 열에너지로 전환된 양은
$(mgH + \frac{1}{2}mv^2) \times \frac{a}{100} = Q$
$Q = cm\Delta T$인데, 물의 비열 $c = 4.2\text{kJ/kg}\cdot\text{°C}$이므로

$\Delta T = \dfrac{a}{4.2 \times 10^5}(gH + \dfrac{1}{2}v^2)$ 이다.

2

1) 부피를 V_0로 일정하게 유지한 상태에서 압력을 5기압에서 10기압으로 증가시키면

$\dfrac{5\text{기압} \times 50\text{L}}{300\text{K}} = \dfrac{10\text{기압} \times 50\text{L}}{T}$

$T = 600\text{K}$

2) $\dfrac{10\text{기압} \times 50\text{L}}{600\text{K}} = \dfrac{5\text{기압} \times V}{600\text{K}}$

$V = 100\text{L}$

3

1) $W = P\Delta V = 1{,}000\text{N/m}^2 \times 10 \times 10^{-3}\text{m}^3 = $ 10J

2) $PV = nRT$를 적용하면
$1{,}000\text{N/m}^2 \times 10^{-2}\text{m}^3 = nRT_1$ 이므로 $T_1 = \dfrac{10}{nR}$ 이고,
$1{,}000\text{N/m}^2 \times 2 \times 10^{-2}\text{m}^3 = nRT_2$ 이므로 $T_2 = \dfrac{20}{nR}$ 이다.

따라서 내부에너지 변화량 $\Delta E = \dfrac{3}{2}nR\Delta T = \dfrac{3}{2}nR \times \dfrac{10}{nR} = $ 15J이다.

3) 기체가 흡수한 열량 : $Q = \Delta E + W = 10J + 15J =$ **25J**

4

1) $PV = nRT$를 적용하여 a, b, c, d점의 온도를 구한다.

   a : $10^5 \times 8.3 \times 10^{-3} = 1 \times 8.3 \times T_a$, $T_a =$ **100K**

   b : $2 \times 10^5 \times 8.3 \times 10^{-3} = 1 \times 8.3 \times T_b$, $T_b =$ **200K**

   c : $2 \times 10^5 \times 16.6 \times 10^{-3} = 1 \times 8.3 \times T_c$, $T_c =$ **400K**

   d : $10^5 \times 16.6 \times 10^{-3} = 1 \times 8.3 \times T_d$, $T_d =$ **200K**

2) $Q_{a \to b} = \frac{3}{2} R \Delta T = \frac{3}{2} (8.3 \times 10^2) = 1,245J$

   $Q_{a \to c} = \frac{3}{2} R \Delta T + P \Delta V = \frac{3}{2} (2 \times 8.3 \times 10^2)\ 2 \times 10^2 \times 8.3$

   $= 5 \times 8.3 \times 10^2 = 4,150J$

   $Q_{a \to c} = Q_{a \to b} + Q_{b \to c} = \frac{3}{2} \times 8.3 \times 10^2 + 5 \times 8.3 \times 10^2 = 6.5 \times 8.3 \times 10^2 J =$ **5,395J**

3) $Q_{c \to d} = \frac{3}{2} R \Delta T = \frac{3}{2} \times 8.3 \times (-200) = -2,490J$

   $Q_{d \to a} = \frac{3}{2} R \Delta T + P \Delta V = -\frac{5}{2} \times 10^2 \times 8.3 = -2,075J$

   $Q_{c \to d \to a} = -\frac{11}{2} \times 8.3 \times 10^2 =$ **-4,565J**

> **우수문제** 조금 더 어려운 문제들도 한번 풀어볼까?

5

1) 동일한 열로 가열했을 때 두 쇠공은 같은 정도로 부피가 팽창한다. 줄에 매달린 경우는 무게 중심이 아래로 약간 내려가고, 판 위에 있는 경우는 무게 중심이 약간 올라간다.

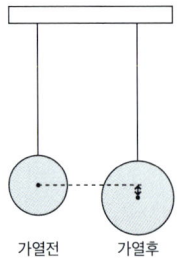
가열전 가열후

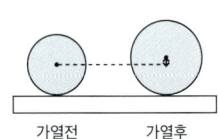
가열전 가열후

2) 열량을 Q, 부피 팽창에 의한 일을 $P\Delta V$, 중력에 의한 위치에너지 변화를 ΔU라고 하자.
$Q = \Delta E + P\Delta V + \Delta U$이므로 내부에너지 ΔE는 다음과 같다.
$\Delta E = Q - P\Delta V - \Delta U$
줄에 매달린 쇠공의 경우 무게 중심이 약간 아래로 내려가므로 $\Delta U < 0$이고,
판 위에 있는 경우 무게 중심이 올라가므로 $\Delta U > 0$이다.
따라서 줄에 매달린 경우가 판 위에 있는 경우보다 온도가 더 높다.

6 $T_1 > T$인 경우, 기체 분자가 벽에 충돌한 다음 속력이 더 빨라질 것이다.
$T > T_1$인 경우, 기체 분자가 벽에 충돌한 다음 속력이 더 느려질 것이다.
따라서 벽의 온도가 기체의 온도보다 높으면($T_1 > T$) 기체의 평균운동에너지 밀도가 높아지므로 내부 압력이 증가할 것이다.

7 바닥에서 압력, 부피, 온도를 각각 P_B, V_B, T_B라 하고, 수면에서 압력, 부피, 온도를 각각 P_S, V_S, T_S라고 하자. 기체 방울 내부의 상태는 보일-샤를의 법칙에 따라 변하므로

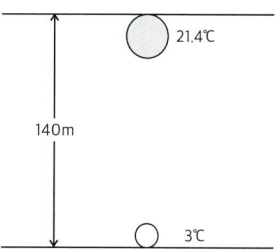

$\dfrac{P_B V_B}{T_B} = \dfrac{P_S V_S}{T_S}$ 이다. 따라서

$V_S = \dfrac{P_B T_S}{P_S T_B} V_B = 15 \times \dfrac{294.4}{276} \times 1\text{cm}^3 = 16\text{cm}^3$이다.

 창의적으로 생각하고 해결하는 문제에도 도전해보자

8 외부 대기압을 P_0, 플라스크 관의 단면적을 a, 중력가속도를 g라고 할 때, 그림 (a)와 같이 수평하게 놓여있는 경우, 수은 방울이 Δx만큼 이동하면 기체가 한 일은 $W = P_0 \Delta V = P_0 a \Delta x$, 기체의 내부에너지 변화량은 $\Delta E = \dfrac{3}{2} nR\Delta T$이다.
따라서 플라스크에 출입한 에너지는 $Q = \dfrac{3}{2} nR\Delta T + P_0 \Delta V$이다.
상태방정식으로부터 $P_0 \Delta V = nR\Delta T$임을 알 수 있으므로

$Q = \frac{5}{2}nR\Delta T$이다.

(b)와 같이 플라스크를 수직으로 세우는 경우 수은 방울이 Δx만큼 위로 이동하는 데 필요한 에너지는 대기압에 수은 방울의 무게에 의해 발생한 압력의 효과를 더해야 한다.

$Q' = Q + (\frac{mg}{a})(a\Delta x) = Q + mg\Delta x$

$\frac{5}{2}nR\Delta T' = \frac{5}{2}nR\Delta T + mg\Delta x$이므로

$\Delta T' = \Delta T + \frac{2mg}{5nR}\Delta x$ 이다.

9 원래 기체의 내부 에너지 : $E_0 = \frac{3}{2}n_1 N_0 kT$

주입된 기체의 내부에너지 : $\frac{1}{2}m_2 v_0^2 \times n_2 N_0$

총에너지 $E = E_0 +$ 주입된 분자들의 운동에너지 $= \frac{3}{2}n_1 N_0 kT + \frac{1}{2}m_2 v_0^2 \times n_2 N_0$

평형 상태에 도달한 후 두 기체 분자들의 평균 속력은

$\frac{1}{2}m_1 \overline{v_1^2} = \frac{1}{2}m_2 \overline{v_2^2}$이므로 총에너지는

$E = \frac{1}{2}n_1 N_0 m_1 \overline{v_1^2} + \frac{1}{2}n_2 N_0 m_2 \overline{v_2^2} = \frac{(n_1+n_2)N_0}{2} m_1 \overline{v_1^2}$이다. 따라서

$E = \frac{(n_1+n_2)N_0}{2} m_1 \overline{v_1^2} = \frac{3}{2}n_1 N_0 kT + n_2 N_0 \frac{1}{2} m_2 v_0^2$이므로

$\sqrt{\overline{v_1^2}} = \sqrt{\frac{3n_1}{n_1+n_2}\frac{kT}{m_1} + \frac{n_2}{n_1+n_2}\frac{m_2}{m_1} v_0^2}$ 이다.

10 작동하지 못한다.

사이펀 원리 때문에 수차의 물레방아 위로 물을 끌어 올릴 수 없다.

`PART 3`

 내용을 잘 이해했는지 확인해볼까?

1 ① 방 안에 향을 피우면 잠시 후 방 전체에 냄새가 퍼진다. 반대로 방 안에 퍼진 향 입자가 저절로 모여 고체 덩어리인 향이 되는 현상은 절대로 일어나지 않는다.

② 순간적으로 쾅 소리와 같은 폭발음이 발생한 경우, 약간 시간이 지나면 폭발은 완전히 사라진다. 반대로 공간으로 퍼진 소리가 저절로 모여서 다시 폭발음으로 되돌아갈 수는 없다.

2 분자 1개가 A에 있을 확률은 $\frac{1}{2}$이므로 N개가 A에 있을 확률은 $\left(\frac{1}{2}\right)^N$ 이다.

3

1) $e = \frac{W}{Q_1}$ 이므로

   $0.2 = \frac{23,000 \text{J}}{Q_1}$ 이다. 따라서 매초당 엔진이 흡수한 열량은

   $Q_1 = 23,000 \times 5 = $ **115,000J**

2) $Q_1 = Q_2 + W$

   $Q_2 = Q_1 - W = 115,000 - 23,000 = $ **92,000J**

우수문제 조금 더 어려운 문제들도 한번 풀어볼까?

4

1) $P = \left(\frac{1}{2}\right)^{100}$ 2) $P = \frac{100}{2^{100}}$

5 카르노 엔진의 경우가 최대 효율을 내므로

$e = \frac{T_H - T_L}{T_H} = \frac{230}{773} = $ **0.297(29.7%)** 이다.

6 엔진의 최대 효율은 $e = \frac{435 - 285}{435} = 0.344$이고

요구 조건은 $Q_1 = 9.0\text{kJ}$, $Q_2 = 4.0\text{kJ}$이다.

요구조건에 맞는 엔진의 효율을 구하면

$e = \dfrac{Q_1 - Q_2}{Q_1} = \dfrac{5}{9} = 0.555$이다.

따라서 최대효율을 초과하는 엔진을 요구하는 것이므로 제작이 불가능하다.

창의적으로 생각하고 해결하는 문제에도 도전해보자

7 바닷물은 에너지를 잃고 배는 에너지를 얻어서 배가 운동하는 상황이다.

열은 고온에서 저온으로 이동한다.

일반적으로 배의 엔진의 온도는 바닷물의 온도보다 높다.

따라서 바닷물로부터 엔진으로 열이 이동하는 것이 원천적으로 불가능하다.

PART 4

내용을 잘 이해했는지 확인해볼까?

1) 돌멩이의 무게가 9.8N - 7.8N = 2N 감소했으므로 부력은 2N
2) 물의 무게 + 부력에 대한 반작용 = 9.8 + 2 = 11.8(N)
3) 물의 무게 + 돌멩이의 무게 + 부력에 대한 반작용 = 9.8 + 7.8 + 2 = 19.6(N)

 대기압이 실린더를 누르는 힘은 $F = PA = Mg$에서 $10^5 \cdot 3 = M \cdot 10$이므로

$M = 3 \times 10^4$kg 이다.

3 얼음의 전체 부피를 V, 잠긴 부피를 V''이라 하면 얼음의 무게와 얼음이 받는 부력이 같으므로 $900Vg = 1,300V'g$에서 잠긴 얼음의 부피는 $V' = 9/13\ V$이다. 한 변의 길이를 a, 잠긴 깊이를 x라 하면 $a = 2+x$ 이다. $900a^3 = 1,300a^2x$이므로 $900a = 1,300x$에서 $x = 4.5$m이다.

4 단면적이 일정한 관 속의 모든 지점에서 이상 유체의 속력은 같고 베르누이의 법칙 ($\frac{1}{2}\rho v^2 + \rho gh + P$ = 일정)에 따라 높이차가 $3h$이므로 압력차는 $\Delta P = 3P_0$이다. $v_B : v_C = 1 : 1$

조금 더 어려운 문제들도 한번 풀어볼까?

5 아르키메데스의 원리에 따라 고체 큐브가 받는 부력은
$F = \rho_물 a^2 hg + \rho_{기}a^2(a-h)g = 6N$,
용수철 저울의 눈금은 물체의 무게에서 부력을 뺀 값이므로
$Mg - F = 0.5$에서 $M = 0.65kg$이다.

6 베르누이의 법칙에 따라 깊이 y에서 나오는 물의 속력은 $\sqrt{2gy}$이다.
수평방향으로는 등속도운동을 하고 연직방향으로는 자유낙하운동을 하므로
$R = \sqrt{2gy} \cdot t$, $h - y = \frac{1}{2}gt^2$에서 $R = 2\sqrt{y(h-y)}$이다.
R이 최대가 되려면 $y(h-y)$가 최대여야 한다. $y(h-y) = -y^2 + hy = -(y-\frac{h}{2})^2 + \frac{h^2}{4}$이므로 $y = \frac{h}{2}$일 때 최댓값 $\frac{h^2}{4}$이다. 따라서
$R = 2\sqrt{\frac{h^2}{4}} = h$ 이다.

7 종단속도는 알짜힘이 0일 때의 속도이므로 (저항력 + 부력 = 물체의 무게)이다.
$6\pi\eta r v_t + \rho Vg = mg$에서 $6\pi\eta r v_t + \rho Vg = \rho' Vg$이고 $V = \frac{4}{3}\pi r^3$이므로
$r = \sqrt{\frac{9\eta v_t}{2g(\rho'-\rho)}}$ 이다.

8 깊이 h인 곳에서 유체에 의한 압력은 $p = \rho gh$이므로 평균 힘은
$F = \frac{1}{2}pA = \frac{1}{2}\rho gh \cdot 2\pi rh = \pi r\rho gh^2$이다.

9 물속에서 공의 가속도는 $ma = mg - f$에서 $\rho Va = \rho Vg - \rho_물 Vg$이므로
$a = -5\text{m/s}^2$이다. $mgh = may$이므로 $y = \underline{20\text{m}}$이다.

 창의적으로 생각하고 해결하는 문제에도 도전해보자

10

1) 유리관이 대기와 통해 있으므로 I점에서 유체의 압력은 대기압과 같은 P_0이다.

2) ・수면이 I까지 도달하기 전까지 O에서 나오는 물의 속력 v는 베르누이 원리에 의해
   $\frac{1}{2}\rho v^2 = \rho gD$이므로 $v = \sqrt{2gD}$ 일정하다.
   ・수면이 I이래로 내려가면 $\frac{1}{2}\rho v^2 = \rho gx$이므로 $v = \sqrt{2gx}$이다. 여기서 x는 O에서 수면까지 높이이다.

3) 병의 내부 압력을 P라고 하면
   ・수면이 I까지 도달하기 전까지 $P_0 = P + \rho gh$이므로 $P = P_0 - \rho gh$이다.
   ・수면이 I 아래로 내려가면 대기압과 같은 P_0이다.

PART 5

 내용을 잘 이해했는지 확인해볼까?

1 금속막대 내부의 전기적인 알짜힘이 0이 되어 전기적인 힘의 평형(전기장의 세기가 0)을 이루기 때문이다.

2

1) 정전기 유도 현상을 이용하면 <u>안쪽은 -Q, 바깥쪽은 +Q</u>의 전하가 분포하게 된다.

2) 금속구와 안쪽의 전하는 상쇄되어 안쪽은 전하량이 0이고 바깥쪽의 전하량은 변하지 않고 <u>+Q</u>이다.

3 도체판에 비해 상대적으로 크기가 작은 가벼운 금속구가 처음에는 전기적 인력에 의해 위로 이동하여 음전하로 대전된 도체판에 닿게 되고 이때 가벼운 금속구는 접촉에 의한 대전으로 음전기를 띠게 되므로 다시 전기적 척력을 받아 아래로 이동하게 된다. 이와같은 과정이 반복되면서 금속구는 진동하게 된다.

조금 더 어려운 문제들도 한번 풀어볼까?

4

1) 점 P에 +1C을 놓으면 점 B와 C의 두 전하로부터 받는 전기력은 상쇄되고, 점 A와 D로부터 받는 전기력은 점 A를 향한다.

$$F = F_A + F_D = k\frac{3q}{(\frac{a}{\sqrt{2}})^2} + k\frac{q}{(\frac{a}{\sqrt{2}})^2} = \boxed{\frac{8kq}{a^2}}$$

2) 점전하 $-2q$는 $\boxed{D}$쪽으로 크기가 $\boxed{\frac{16kq}{a^2}}$인 전기력 을 받는다.

5

1) 풍선 표면에 있는 전하가 점전하 $+q$에 작용하는 전기력은 대칭성에 의해 0이 된다.

2) 전하 사이의 거리는 풍선의 중심으로부터의 거리이므로 $2r$이다. 쿨롱의 법칙을 이용하면 $F = k\frac{Q \cdot 1}{(2r)^2} = \boxed{\frac{kQ}{4r^2}}$ 이다.

6 처음 두 전하 사이에 척력이 작용하고 있으므로 척력을 상쇄시키려면 어떤 전하 Q는 반드시 두 전하가 놓인 직선상의 두 전하 사이에 위치해야 한다. 두 전하 각각이 어떤 전하와 다른 전하로부터 받는 알짜힘이 0이므로 $\frac{qQ}{x^2} + \frac{9q^2}{l^2} = 0$, $\frac{9q^2}{l^2} + \frac{9qQ}{(l-x)^2} = 0$이 된다. 두 식에서 $\boxed{Q = -\frac{9}{16}q}$ 이다.

창의적으로 생각하고 해결하는 문제에도 도전해보자

7 정삼각형의 무게중심은 밑변으로부터 $\frac{1}{3}$ 되는 지점이고 무게중심에 있는 대전입자 $+q$와 세 대전입자 $-q_0$ 사이의 거리는 같다. 꼭짓점에 있는 대전입자가 작용하는 무게중심에 있는 $+q$인 대전입자에 작용하는 전기력은 밑변에 있는 두 대전입자가 작용하는 전기력의 합력과 같으므로 알짜 전기력은 0이다. 따라서 어떤 대전 입자라도 전하량의 크기에 관계없이 항상 평형 상태에 있게 된다.

8 $-q_0$인 4개의 입자를 정사각형 모서리에, $+q$입자를 정사각형의 무게 중심에 놓는다. 모서리 길이가 a인 정사각형의 한 모서리에 있는 (-) 전하에 힘의 평형이 이루어지려면 다음의 관계를 만족해야 한다. $\sqrt{2}\,\dfrac{kq_0^2}{a^2} + \dfrac{kq_0^2}{a^2} = \dfrac{kq_0 q}{(\frac{\sqrt{2}}{2}a)^2}$

따라서 양전하의 전하량은 $q = \left(\dfrac{\sqrt{2}}{2} + \dfrac{1}{4}\right)q_0$ 이어야 한다.

PART 6

 내용을 잘 이해했는지 확인해볼까?

1 전기장의 세기는 1C의 전하가 받는 전기력의 크기이다.

$E_a = -E_A + E_B$, $E_b = E_A' + E_B'$, $E_c = E_A'' - E_B''$ 인데 거리를 고려하여 각 점의 전기장의 세기를 비교하면 $E_b > E_a > E_c$ 이고 E_a는 E_A가 E_B보다 전하량도 크고 거리도 가깝기 때문에 전기장의 세기가 0이 될 수 없고 **전기장의 세기가 0이 될 수 있는 점은 c이다.**

2
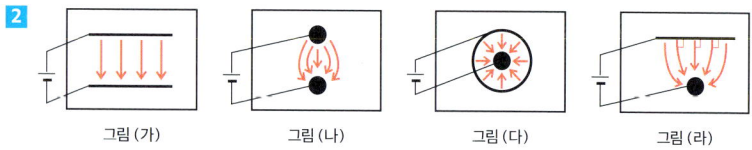

그림 (가)   그림 (나)   그림 (다)   그림 (라)

3 힘의 방향과 이동 방향이 수직이면 힘이 한 일은 0이다. 따라서 전기장에 수직인 방향으

로 이동할 때는 한 일이 0이며 전기장과 나란한 방향으로 이동할 때만 일이 필요하다. 따라서 $W_B = W_C > W_D$이다.

4 꼭짓점 A에 1C의 전하를 놓으면 그림과 같은 두 전기장이 만들어지고 두 전기장의 합 E는 E_B나 E_C와 같으며 오른쪽 방향을 향한다.

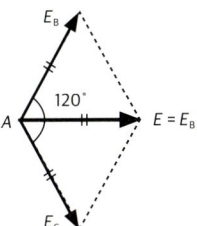

$$E = E_B = E_C = \frac{9 \times 10^9 \times 2 \times 10^{-6}}{5^2} = 720(N/C)$$

조금 더 어려운 문제들도 한번 풀어볼까?

5 만유인력에 의한 위치에너지와 마찬가지로 전기력에 의한 위치(퍼텐셜)에너지는 $E_p = k\frac{Qq}{r}$ 이지만 전기력은 척력과 인력 둘다 존재하므로 부호에 주의하여야 한다.
만유인력에 의한 위치에너지는 항상 음(-)이지만 전기력에 의한 위치에너지는 전기력의 종류에 따라 양(+), 음(-) 둘다 갖는다. 감소한 위치에너지만큼 운동에너지가 증가하므로 $-k\frac{e^2}{a} - (-k\frac{e^2}{\frac{a}{2}}) = k\frac{e^2}{a}$ 이다.

6

1) 균일한 전기장이므로 대전입자가 받는 전기력은 qE로 일정하다. 따라서 세 경우 모두 가속도는 $qE = ma$에서 $a = \frac{qE}{m}$ 이다.
 (a)의 경우 $v' = v + at = v + \frac{qEt}{m}$
 (b)의 경우 $v' = v - at = v - \frac{qEt}{m}$,
 (c)의 경우 $v' = \sqrt{v^2 + (at)^2} = \sqrt{v^2 + (\frac{qEt}{m})^2}$ 이다.

2) 되돌아오는 순간의 속도는 $-v$이므로 $v' = v - at' = v - \frac{qEt'}{m} = -v$에서 $t' = \frac{2mv}{qE}$ 이다.

3) $\tan\theta = \frac{v_x}{v_y} = \frac{mv}{qEt}$ 이다.

7 평행판 축전기의 용량은 $C = \dfrac{Q}{V} = \varepsilon \dfrac{A}{d}$이고 저장된 에너지는 $\dfrac{1}{2}QV$이다. 스위치를 열었으므로 전하량은 불변이다. 거리가 2배 되었으므로 전압이 2배, 용량은 $\dfrac{1}{2}$배가 된다. 전기장의 세기는 $E = \dfrac{V}{d}$이므로 변함이 없다. 또 저장된 에너지는 2배가 된다.

8 운동량 보존 법칙을 이용하면 $4mv_1 + mv_2 = 0$,

에너지 보존을 이용하면 $\dfrac{1}{2} 4mv_1^2 + \dfrac{1}{2} mv_2^2 + k\dfrac{(-2e^2)}{l} = 0$이다.

두 식을 연립하여 풀면 $v_1 - v_2 = \sqrt{\dfrac{5ke^2}{ml}}$ 이다.

 창의적으로 생각하고 해결하는 문제에도 도전해보자

9 그림 (나)와 같이 금속구를 얼음통 속에 넣으면 양으로 대전된 금속구에 의해 얼음통 내벽과 외벽에 같은 크기의 음전하와 양전하가 유도되어 전위계의 눈금이 양(+)의 어떤 값을 가리킨다. 그림 (다)와 같이 금속구를 얼음통의 내벽에 닿게 하면 금속구의 양전하와 얼음통 내벽의 음전하의 크기가 같으므로 전기적으로 중성이 되고 전위계의 눈금은 그대로 있게 된다. 그림 (라)는 전기적으로 중성인 금속구를 밖으로 꺼내는 것이므로 그림 (다)에서와 마찬가지로 전위계의 눈금에 변화가 없다.

10 그래프에서 자극을 받았을 때 전위차(V)가 0.03−(−0.07) = 0.1(V)이므로 축전기에 저장되는 전하량은 $Q = CV = 10^{-6} \times 0.1 = 10^{-7}(C)$ 이다.

11

1) 소 A의 경우 등전위선을 가로질러 서 있어서 400kV의 전압이 걸리게 되므로 감전되어 죽을 수 있고 소 B의 경우 등전위선상에 서 있으므로 전압이 걸리지 않는다.

2) 감전되는 순간 소도 도체로 볼 수 있으므로 $E = \dfrac{\Delta v}{\Delta x} = \dfrac{4 \times 10^5}{2} = 2 \times 10^5 (V/m)$ 이다.

3) 방출되는 에너지는 $W = \frac{1}{2}QV = \frac{1}{2} \times 20 \times 10^8 = 10^9(J)$이다.

PART 7

 내용을 잘 이해했는지 확인해볼까?

1 전류의 방향은 음전하의 이동 방향과 반대이므로 **왼쪽**이다. 전류의 세기는 1초 동안 도선을 통과한 전하량이므로 도선의 한 곳을 1초 동안 통과한 전자 수에 전하량을 곱하면 된다. 속력이 v이므로 1초 동안 전자의 이동거리는 v이다.
따라서 $I = nve$ 이다.

2 (가) 0V 이하에서는 전류가 흐르지 않다가 0V이상에서 전류가 흐른다.
이 물질은 다이오드의 특성을 보여 준다.
(나) 전압이 높아지면 저항이 크게 증가한다. 그 까닭은 물질에서 발생한 열 때문에 물질의 저항이 증가하는 것이다. 이것은 금속의 열작용을 나타낸 것이다.

3 전류가 저항을 통과하면 IR만큼 전압강하가 일어난다.
ab사이의 합성저항은 3Ω + 2Ω = 5Ω이므로
$V = IR = 1.2 \times 5 = $ **6(V)** 이다.

4 $I = \frac{V}{R} = \frac{12-3}{18} = 0.5(A)$이므로 $W = I^2R = 0.5^2 \times 16 = $ **4(W)** 이다.

5 $P_1 = I^2R$, $P_2 = (\frac{1}{2}I)^2R = P_3$이므로 $P_1 = 4P_2 = 4P_3$ 이다.

조금 더 어려운 문제들도 한번 풀어볼까?

6

1) 저항이 병렬로 연결되면 두 저항 중 저항이 작은 값보다 항상 작아지므로 접점 B를 반시계 방향으로 회전시키면 A, B 사이의 합성저항은 점점 증가하다가 다시 감소하게 되므로 전류의 세기는 감소하다가 다시 증가하게 된다.

2) 병렬연결에서 합성 저항은 $R = \dfrac{R_1 R_2}{R_1 + R_2}$ 이고 원형 도선의 길이는 일정하므로 $R_1 + R_2$도 일정한 값을 갖는다. $R_1 = R_2$일 때 합성저항은 최대이므로 $R_{AB} = \dfrac{\pi}{2} \Omega$ 이다.

$I = \dfrac{V}{R} = \dfrac{10}{\frac{\pi}{2}} = \boxed{\dfrac{20}{\pi}}$ (A) 이다.

7 두 저항을 직렬로 연결하면 저항값이 증가하고 병렬로 연결하면 저항값이 감소한다. 직렬연결의 경우 큰 저항값보다 커지고 병렬연결의 경우 작은 저항값보다 작아진다.
$V = IR$이므로 그래프에서 기울기가 저항값이다.

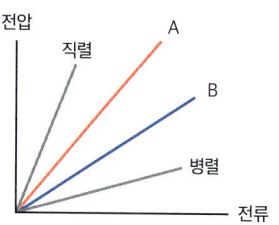

8 원래 회로에는 세기가 $I = \dfrac{2\varepsilon - \varepsilon}{4R} = \dfrac{\varepsilon}{4R}$인 전류가 시계방향으로 흐르므로 AB 양단에 걸린 전압은 $V_A - V_B = -IR + 2\varepsilon = \dfrac{7}{4}\varepsilon$ 이다.

따라서 전지 X의 전압은 $\boxed{\dfrac{7}{4}\varepsilon}$ 이다.

9 전체 저항은 $R' = R + \dfrac{1}{\frac{1}{R} + \frac{1}{r}} = \dfrac{2r + R}{r + R} R$, 전지 ε에 흐르는 전류는 $I = \dfrac{\varepsilon}{R'} = \dfrac{\varepsilon(r+R)}{R(2r+R)}$ 이다.
저항 R에 흐르는 전류를 I_1이라 하면 저항에 걸린 전압과 전압계에 걸린 전압이 같으므로 $RI_1 = r(I - I_1)$에서 $I_1 = \dfrac{rI}{R+r}$ 이므로

$V_{cb} = RI_1 = \boxed{\dfrac{r\varepsilon}{2r+R}}$ 이다.

창의적으로 생각하고 해결하는 문제에도 도전해보자

10

1) 금속판이 전지에 연결되어 있으므로 검은 화살표는 전류의 방향, 회색 화살표는 자기장을 가리킨다. 전자는 전류의 반대 방향으로 움직이는데 플레밍의 왼손법칙에 따라 왼쪽으로 모이게 된다. 따라서 금속판의 왼쪽이 오른쪽보다 전위가 낮아서 전하의 운반체가 음전하인 전자임을 알 수 있다.

2) 전자가 왼쪽으로 이동하였으므로 (가)와 마찬가지로 반도체에는 위쪽 방향의 자기장을 걸어주어야 하며 p형 반도체의 전하운반체는 양공이고, n형 반도체의 전하운반체는 전자이므로 반도체의 왼쪽 부분이 전위가 낮아지면 n형 반도체이고 전위가 높아지면 p형 반도체이다. (나)의 실험에서 전자가 이동하여 전위가 낮아지므로 n형 반도체이다.

11

1) 4가지

2) 8가지

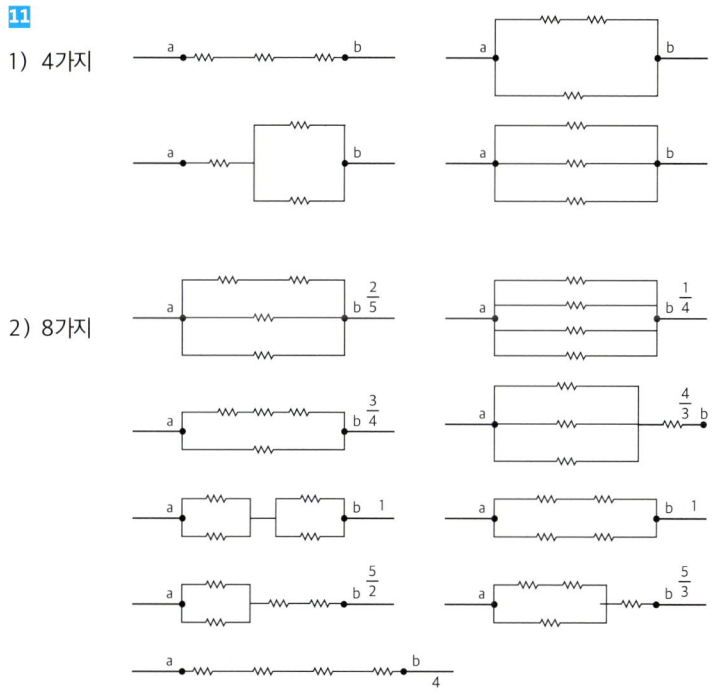

PART 8

 내용을 잘 이해했는지 확인해볼까?

1 $n = \infty$에서 $n = 1$로 전이할 때 발생하는 빛의 파장이다.

$13.6eV = \dfrac{hc}{\lambda}$

$\lambda = \dfrac{hc}{13.6eV} = \dfrac{6.63 \times 10^{-34} \times 3 \times 10^8}{13.6 \times 1.6 \times 10^{-19}} = 9.1 \times 10^{-8} \text{m} = 91\text{nm}$

2 A : 전도띠, B : 원자가띠

3 A : n형 반도체, B : p형 반도체
1) p형에 (+), n형에 (−) 단자를 연결한다.
2) 순방향 연결시 두 반도체의 접촉면에서 전자와 양공이 결합한다.

4 베이스와 이미터 사이에는 순방향 바이어스 전압이 걸리고, 베이스와 컬렉터 사이에는 역방향 바이어스 전압이 걸린 상태일 때 베이스 전류가 일정 비율로 크게 증폭된다.

$V_E < V_B < V_C$

조금 더 어려운 문제들도 한번 풀어볼까?

5 전류

6 $R = \dfrac{V - V_{led}}{I_{led}} = \dfrac{4V - 3V}{0.01A} = 100\Omega$

창의적으로 생각하고 해결하는 문제에도 도전해보자

7 트랜지스터의 증폭률이 100이기 때문에 $\frac{I_C}{I_B}$ = 100이고, V_1과 V_2이 크기가 비슷하다면 $I_B = \frac{I_C}{100}$, $R_{가변} \simeq 100R_{전구}$이다.

따라서 가변저항과 전구에서 소모되는 전력 간에는 다음과 같은 비가 성립한다.

$\dfrac{P_{가변}}{P_{전구}} = \dfrac{\dfrac{V^2}{R_{가변}}}{\dfrac{V^2}{R_{전구}}} \simeq \dfrac{1}{100}$ 이다.

PART 9

 내용을 잘 이해했는지 확인해볼까?

1 자석에 의한 자기장은 양 끝에서 가장 세고 중간 부분에서 가장 약하다. 따라서 막대 B를 막대 A의 중간 부분과 양 끝에 갖다 대어 자기장의 세기를 비교하여 막대 A가 자석임을 확인할 수 있다.

2 산소와 같은 물질은 외부 자기장이 가해졌을 때 물질 내의 무질서하게 배열되어 있던 원자 자석들이 외부 자기장의 방향으로 약하게 자화되는 성질을 갖는 상자성체이다.

조금 더 어려운 문제들도 한번 풀어볼까?

3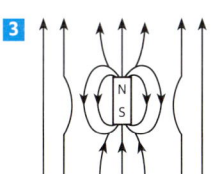

4 자기력선은 자침의 N극이 자기력을 받아 움직여 나아가는 길을 나타내는 선이다. 자석의 N극은 자기장의 방향으로 힘을 받고 S극은 자기장의 반대 방향으로 힘을 받는다. 또 자기력선이 밀한 부분이 소한 부분보다 자기장이 세므로 자기력도 더 크게 받는다. 따라서 아래쪽이 위쪽보다 자기력선이 밀하므로 아래쪽의 자극이 더 큰 힘을 받는다. 1, 5, 6은 알짜힘이 아래쪽을 향한다.

5 전류에 의한 자속밀도 B_1의 방향은 서쪽이고 직선 전류이므로 거리에 반비례한다. $B_1 \propto \dfrac{1}{h}$, 그림과 같이 지구자기장과 수직이므로

$\tan\theta = \dfrac{B_1}{B_e} \propto \dfrac{1}{h}$ 이다.

 창의적으로 생각하고 해결하는 문제에도 도전해보자

6 전자석을 솔레노이드로 근사하면 자기장과 전류의 관계는 다음과 같다.

$B = 4\pi \times 10^{-7} nI$

여기서 n은 단위 길이당 감은 수 밀도이고, I는 도선에 흐르는 전류이다.

예를 들어 $n = 10^4$(1m 당 10,000번 감은 정도, 도선을 20번 겹쳐서 감아야 함)이라면 $I = \dfrac{1}{4\pi} \times 10^3 \approx 79.6A$의 매우 큰 전류가 흐르게 된다.

자기장의 세기를 증가시키기 위해 n을 크게 하면 전자석의 직경이 크게 증가하고, 그에 따라 도선의 길이가 증가하여 전기저항이 증가한다.

전기저항 때문에 줄열이 발생하여 도선의 온도가 올라가므로 다시 전기저항이 더 증가하여 전류가 떨어지게 되고 자기장의 세기가 약해지게 된다.

따라서 자기장의 세기를 강하게 하기 위해서 전류의 세기와 n을 증가시킨다고 해서 자기장의 세기가 비례하여 증가하는 것이 아니고, 자기장의 세기가 최대가 되는 적절한 I와 n값이 존재할 것으로 추정된다.

PART 10

 내용을 잘 이해했는지 확인해볼까?

1 O점에서의 자기장의 세기는 직선 전류에 의한 자기장의 세기와 원형 전류에 의한 자기장의 세기의 $\frac{1}{4}$과의 합과 같다.

$B = k\frac{I}{r} + \frac{1}{4}k'\frac{I}{r} = \boxed{k + \frac{k'}{4}}$ 이다.

2 ■ BA : 지면 뒤, $\sqrt{3}$N ■ AC : 지면 앞, $\sqrt{3}$N ■ BC : 0

전류가 흐르는 도선은 하나의 자석이므로 자기장 내에서 자기력을 받게 되는데 수직인 성분(점 A에서 BC에 그은 수선의 길이는 $\frac{\sqrt{3}}{2}$m이다.)만 자기력을 받게 된다. BAC의 길이(저항)는 BC의 2배이므로 BAC로 1A의 전류가 흐르고 BC에는 2A의 전류가 흐르게 된다. $F_{BA} = F_{AC} = BIL\sin\theta = 2 \times 1 \times \frac{\sqrt{3}}{2} = \sqrt{3}$(N)이다. BC의 경우 전류가 흐르는 도선이 자기장과 나란하므로 힘을 받지 않는다.

3 위쪽 도선에 의한 P점의 자기장의 방향은 a방향이고, 아래쪽 도선에 의한 P점의 자기장의 방향은 d방향이므로 벡터적으로 합성하면 b방향이며, 세기는 $\sqrt{2}k\frac{I}{L}$가 된다.

조금 더 어려운 문제들도 한번 풀어볼까?

4 $m\frac{v^2}{r} = qvB$에서 $mv = p = Bqr$이고 $E_k = \frac{p^2}{2m}$ 이므로 $\boxed{B = \frac{\sqrt{2mE_k}}{qr}}$ 이다.

5 입자가 자기장에 입사하게 되면 로렌츠힘이 구심력 역할($m\frac{v^2}{r} = Bqv$)을 하게 되는데 $r = \frac{mv}{Bq} > b$일 때 $x > b$인 곳에 도달하게 된다.

따라서 $\boxed{v > \frac{Bqb}{m}}$ 이다.

6 금속막대가 받는 자기력과 금속막대의 무게가 같으므로 $F = BIL = k\frac{l}{L}IL = kl^2 = mg$이고, I가 2배이면 금속막대가 연직 위로 받는 자기력도 2배가 되므로 $2kl^2 - mg = ma$에서 $2mg - mg = ma$, $a = g$이다. 따라서 가속도의 방향과 크기는 연직 위 kl^2/m이다.

 창의적으로 생각하고 해결하는 문제에도 도전해보자

7 균일한 자기장에 수직으로 입사한 대전입자는 로렌츠힘을 받아 원운동을 하게 되는데 $m\frac{v^2}{r} = qvB$이므로 궤도반지름은 $r = \frac{mv}{qB} \propto v$이고 $T = \frac{2\pi r}{v} = \frac{2\pi m}{qB}$이다. 사이클로트론은 원운동의 주기가 속도와 무관함을 이용하여 대전 입자를 가속시키는 장치이다. 따라서 전기장은 x방향으로 걸어주어 대전 입자를 가속시키고 자기장은 z방향으로 걸어주어 대전입자를 원운동하게 한다.

8 ① 셀로판테이프를 이용하여 종이컵을 엎은 상태에서 바닥의 뒷면에 자석을 붙이고, 나무젓가락에도 붙인다.
② 스탠드에 클램프를 이용하여 플라스틱 자를 수직으로 세워 고정한다.
③ 자석을 붙인 종이컵을 전자저울 위에 놓고 0점을 맞춘다.
④ 플라스틱 자를 고정한 스탠드를 전자저울 근처에 위치시킨다.
⑤ 나무젓가락과 종이컵의 마주보는 자극이 모두 N 혹은 S극으로 같게 한다.
⑥ 나무젓가락의 자석을 종이컵 자석의 연직 위에 위치시킨 다음 거리를 변화시키면서 전자저울의 눈금을 읽는다.

9
1) 대전입자가 자기장에 수직으로 입사하면 원운동을 하는데 동시에 이 입자에 중력이 작용하여 아래 방향으로 등가속도 운동을 하게 된다. 따라서 나선의 간격이 점점 벌어지는 나선형 궤도를 따라 운동하게 된다.

2) 대전입자는 자기장에서 수직인 방향으로 자기력을 받으므로 자기장이 한 일은 0이다.

따라서 중력장이 한 일만 계산하면 된다. $W = Fs = mgs$

PART 11

 내용을 잘 이해했는지 확인해볼까?

1
1) 자석의 운동을 방해하는 방향으로 유도 전류가 흐르기 때문에 자석이 진동하다가 점점 진동폭이 줄어들면서 멈추게 된다. 따라서 검류계 바늘도 좌우로 진동하다가 멈추게 된다.
2) 자석의 극을 바꾸어도 1)과 똑같은 과정이 반복되며 처음 검류계 바늘의 운동 방향만 바뀔 뿐이다.

2 렌츠의 법칙에 따라 두 원판 모두 속력이 느려지지만 원판 A가 훨씬 빠르게 멈추게 된다. 그 이유는 원판 B의 경우 원판이 여러 갈래로 갈라져 있어서 그 내부에서 맴돌이 전류에 의한 전자기력이 상쇄되기 때문이다.

3 코일에 자기장의 세기를 방해하는 방향으로 유도 기전력이 발생하기 때문이다.

4 변압기의 원리를 이용하면 $\frac{V_1}{V_2} = \frac{N_2}{N_2}$에서 $\frac{100}{V_2} = \frac{1}{10}$이므로 $V_2 = 1{,}000V$이다. 하지만 에너지 보존 법칙에 따라 최대 전력은 100W 이다.

조금 더 어려운 문제들도 한번 풀어볼까?

5 $\varepsilon = Blv = 10V$이므로 $I_{KM} = 10A$, $I_{LN} = 5A$이다.
전체 소비전력이 $10 \times 10 + 10 \times 5 = 150W$이고

속도가 5m/s이므로 $P = Fv$에서
F = 30N 이다.

6

1) 전위차는 $V = Blv = 0.4 \times 0.5 \times 5 = 1(V)$이고 막대 속의 자유전자는 아래로 움직이므로 막대 A쪽으로 자기력을 받아 이동한다. 따라서 A의 전위는 B보다 낮아지므로 **전기장의 방향은 Q → P 이다.**

   전기장의 세기는 $E = \dfrac{V}{d} = Bv = 0.4 \times 5 = $ **2(V/m)** 이다.

2) 막대 A에 자유전자가 모이므로 **음(-)전기**로 대전된다.

7 반 바퀴 도는 동안 자속의 변화량은 $\phi = BA$이고, 걸린 시간은 $\dfrac{1}{2N}$ 초이므로 패러데이법칙을 이용하면 $\varepsilon = -\dfrac{\Delta \phi}{\Delta t} = $ **2NBA** 이다.

 창의적으로 생각하고 해결하는 문제에도 도전해보자

8 도선의 중력과 유도전류가 받는 자기력이 같을 때 등속도 운동을 한다.
$mg = BIl_{가로}$, $V = Bl_{가로}v$에서 $I = \dfrac{Bl_{가로}v}{R}$이므로
$mg = \dfrac{B^2 l^2_{가로} v}{R} \rightarrow v = \dfrac{mgR}{B^2 l^2_{가로}} = \sqrt{2gh} \rightarrow h = $ **4.9cm**

9 $\varepsilon = -\dfrac{\Delta \phi}{\Delta t} = NBA\omega \sin \omega t$이고 $\omega = \dfrac{v}{\frac{L}{2}} = \dfrac{2v}{L}$이므로 최대 전압은 $\varepsilon_{max} = \dfrac{2NBAv}{L}$ 이다.

PART 12

 내용을 잘 이해했는지 확인해볼까?

1 빠른 속도로 충돌하는 전자가 금속 원자의 영향으로 급속하게 감속되거나 또는 정지하는 경우, 원래의 전자가 가지고 있던 운동 에너지가 전자기파의 형태로 변환된다.
양극과 음극 사이에 전압이 대략 5~50kV걸릴 때 발생 가능하다. 보통 30kV정도 거는 경우가 많다.

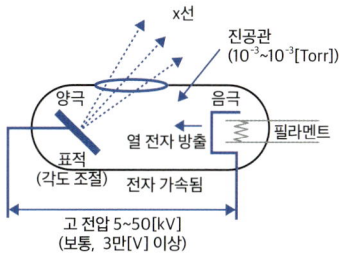

2 그림과 같이 교류 발전기에 축전기가 연결된 회로를 생각해보자.

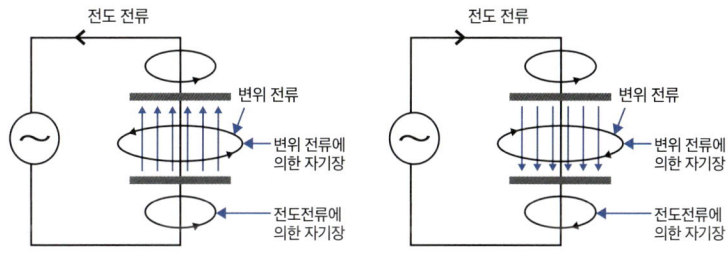

만일 전원이 직류 전원이면 축전기에 의해 회로가 끊어져 있으므로 전류가 흐르지 않는다. 하지만 교류 전원과 같이 축전기 극판 사이에 전기장이 교대로 형성되는 경우, 회로는 끊어져 있지 않고 전류가 흐른다. 즉, 전기장의 시간적 변화가 전류의 효과와 같다는 것이다. 이때 전기장의 시간적 변화를 변위전류라고 한다. 따라서 전기장의 시간적 변화인 변위전류가 흐르면 주변 공간에 자기장이 발생한다.

3 RFID 시스템은 크게 태그, 리더, 호스트로 구성된다. 태그는 물체에 부착하는 것으로, 태그 내부에는 집적회로 칩에 물체의 정보가 저장된다.
리더는 안테나로 태그의 정보를 수집하고 판독한다.
호스트는 리더에서 수집하고 판독한 정보를 저장하고 처리한다.

조금 더 어려운 문제들도 한번 풀어볼까?

4 그림과 같이 전자기파 속에 안테나가 놓여있을 때를 생각해 보자. 안테나에 들어오는 전자기파의 전기장이 시간에 따라 진동하기 때문에 안테나 속의 전자도 그에 따라 진동한다. 따라서 안테나 속에는 교류가 흐르게 된다.

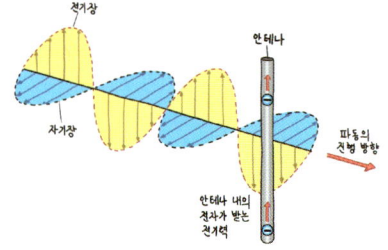

5 라디오나 텔레비전의 주파수 선택과정은 다음과 같다.
안테나에 연결된 회로가 특정한 공진 주파수를 갖도록 하면 이 주파수와 같은 주파수의 전자기파만 수신할 수 있다. 그에 따라 회로에 전류가 크게 흐를 수 있는데 이러한 현상을 전자기파 공명이라고 한다.
라디오에서 코일의 특성을 변화시켜 AM과 FM을 고르고, 다이얼을 돌리면서 축전기의 전기용량을 변화시켜 청취하려는 방송국의 주파수와 공진 주파수를 일치하도록 한다.

창의적으로 생각하고 해결하는 문제에도 도전해보자

6 망원경이나 현미경의 기본 원리는 광선의 방향을 꺾어서 광선들이 한 점(초점)에 모이게 하는 것이다. 렌즈는 굴절을 통해, 거울은 반사를 통해 광선이 초점을 통과하도록 한다.

X선의 경우 파장이 짧아서 대부분의 물질을 투과한다. 문제는 X선의 진행 방향을 꺾어서 한점(초점)을 만드는 것이다.

지금 사용하는 방법 중의 하나는 X선을 잘 반사(회절)시킬 수 있는 물질로 통을 만들고, 그림과 같이 X선이 그 통에 거의 평행하게 입사될 때 안쪽 면에서 반사시켜서 초점을 만들고 있다.

초판 1쇄 발행 2023년 12월 1일

지은이 신학수, 남철주
펴낸이 박 용
기획·구성 이지은
편집부 권미형, 주혜원, 장주은
편집·디자인 씨오디
캐릭터·삽화 백용원

펴낸곳 도서출판 세화
출판등록 1978년 12월 26일(제1-338호)
주 소 경기도 파주시 회동길 325-22(서패동 469-2)
영업부 (031)955-9331~2 편집부 (031)955-9333
팩 스 (031)955-9334
홈페이지 www.sehwapub.co.kr
이메일 sehwa3142@naver.com

ISBN 978-89-317-1231-5 (03420)
ⓒ 신학수, 남철주 2023

- 책값은 뒤표지에 있습니다. 잘못된 책은 구입하신 곳에서 바꿔드립니다.
- 이 책의 내용은 저작권법의 보호를 받는 저작물이므로 무단 전재와 무단 복제를 금합니다.